中國學術思想
研究輯刊

三十編

林慶彰 主編

第 10 冊

《呂氏春秋》學術思想體系研究（下）

俞林波 著

花木蘭文化事業有限公司

國家圖書館出版品預行編目資料

《呂氏春秋》學術思想體系研究（下）／俞林波 著 — 初版 ——
新北市：花木蘭文化事業有限公司，2019〔民108〕
目 6+180 面：19×26 公分
（中國學術思想研究輯刊 三十編；第 10 冊）
ISBN 978-986-485-865-1（精裝）
1. 呂氏春秋　2. 研究考訂
030.8　　　　　　　　　　　　　　　　108011713

中國學術思想研究輯刊
三十編　第 十 冊　　　　　ISBN：978-986-485-865-1

《呂氏春秋》學術思想體系研究（下）

作　　者　俞林波
主　　編　林慶彰
總 編 輯　杜潔祥
副總編輯　楊嘉樂
編　　輯　許郁翎、王筑、張雅淋　美術編輯　陳逸婷
出　　版　花木蘭文化事業有限公司
發 行 人　高小娟
聯絡地址　235 新北市中和區中安街七二號十三樓
　　　　　電話：02-2923-1455／傳真：02-2923-1452
網　　址　http://www.huamulan.tw 信箱 hml 810518@gmail.com
印　　刷　普羅文化出版廣告事業
封面設計　劉開工作室
初　　版　2019 年 9 月
全書字數　340360 字
定　　價　三十編 18 冊（精裝）新台幣 39,000 元　　版權所有 · 請勿翻印

《呂氏春秋》學術思想體系研究（下）

俞林波　著

目次

第三章 《呂氏春秋》的陰陽家思想

第一節 《呂氏春秋》的四時教令思想

一、思想探源

　　陰陽五行家簡稱陰陽家。陰陽家有四時教令思想〔註1〕，這一思想以《管子·四時》所謂的「務時而寄政」〔註2〕爲指導精神。《漢書·藝文志》曰：「陰陽家者流，蓋出於羲和之官，敬順昊天，曆象日月星辰，敬授民時，此其所長也。」〔註3〕「敬順昊天」、「敬授民時」就是陰陽家四時教令思想的重要內容。《史記·太史公自序》概括陰陽家學說的主要內容曰：「夫陰陽四時、八位、十二度、二十四節各有教令，順之者昌，逆之者不死則亡……夫春生夏長，秋收冬藏，此天道之大經也，弗順則無以爲天下綱紀，故曰『四時之大順，不可失也』。」〔註4〕「春生夏長，秋收冬藏」，「春夏爲德，秋冬爲刑」，四時各有教令，順之者昌，逆之者亡。這說的正是陰陽家的四時教令思想。

　　白奚先生認爲《黃帝四經》對於「四時教令」學說的確立具有重要的意

〔註1〕 白奚先生指出：「以『敬順昊天』、『敬授民時』爲宗旨的『四時教令』思想，是陰陽五行學說的主要內容，捨此便不得稱之爲陰陽五行家。」（白奚：《鄒衍四時教令思想考索》，《文史哲》2001 年第 6 期。）

〔註2〕 黎翔鳳：《管子校注》，北京：中華書局，2004 年，第 855 頁。

〔註3〕 班固：《漢書》，北京：中華書局，1962 年，第 1734 頁。

〔註4〕 司馬遷：《史記》，北京：中華書局，1959 年，第 3290 頁。

義：「《黃帝四經》是稷下學的早期作品，其內容自始至終貫穿著陰陽思想。值得重視的是，《四經》並未停留在對自然界的陰陽變化和萬物的生滅構成進行描述和解釋的階段，而是對前人的陰陽思想做了兩點重要的推進：一是將前人對季節變化與農業生產的關係的規律性認識進行了概括總結，上升到哲學的高度，系統地提出了『順天授時』或『敬授民時』的思想，並提出『因天時』，強調人的一切活動都必須順應自然界的陰陽變化。二是將陰陽思想應用於社會政治，提出了『刑陰而陽德』和『春秋〔夏〕爲德，秋冬爲刑』的陰陽刑德理論。《四經》的這兩點推進是關鍵性的，它標誌著『四時教令』學說的確立，在以後相當長的一段時間內，這一學說在思想界和政治領域都產生了極大的影響。」〔註5〕我們認爲此說很有道理，四時教令思想在中國古代影響久遠，主要包括二方面的內容：一是與農業生產緊密相關的「敬授民時」思想；一是與社會政治緊密相關的陰陽刑德思想。

在「四時教令」學說完全確立之前，四時教令思想中的「敬授民時」那部分內容就已經表現在中國的古曆書之中。《夏小正》是中國現存最早的曆書，《禮記・禮運》載孔子曰：「我欲觀夏道，是故之杞，而不足徵也，吾得夏時焉。」「夏時」何指？鄭玄注曰：「得夏四時之書也，其書存者有《小正》。」〔註6〕杞乃夏之後，孔子於杞人處得夏代曆書《夏小正》。又《史記・夏本紀》太史公曰：「孔子正夏時，學者多傳《夏小正》。」〔註7〕據此知《夏小正》是記載夏朝四時氣象、物候、農事的曆書，產生的年代較早。潘鼐《中國恒星觀測史》指出：「《夏小正》的成書雖然在東周的較後時期，然而其中的天象資料，卻確是夏代的。」〔註8〕韓高年先生認爲：「《夏小正》是用於授時儀式的韻文，從其中記載的星象、曆法等內容以及其語言形式來看，它的產生年代應在商周以前。」〔註9〕我們認爲此說有道理，《夏小正》的產生年代在商周以前，在流傳的過程中又被加入了一些春秋時代的內容〔註10〕。

〔註5〕 白奚：《稷下學研究：中國古代的思想自由與百家爭鳴》，北京：生活・讀書・新知三聯書店，1998 年，第 255～256 頁。

〔註6〕 孔穎達：《禮記正義》，《十三經注疏》，北京：中華書局，1980 年，第 1415頁。

〔註7〕 司馬遷：《史記》，北京：中華書局，1959 年，第 89 頁。

〔註8〕 潘鼐：《中國恒星觀測史》，上海：學林出版社，1989 年，第 7 頁。

〔註9〕 韓高年：《上古授時儀式與儀式韻文——論〈夏小正〉的性質、時代及演變》，《文獻》2004 年第 4 期。

〔註10〕 管敏義先生指出《夏小正》「有些天象、物候記錄的時代是比較晚的。如『正

　　《夏小正》有「經」、有「傳」，「經」是曆書原文，「傳」是後人所作，《四庫全書總目‧夏小正戴氏傳提要》曰：「考吳陸璣《詩草木鳥獸蟲魚疏》曰：『《大戴禮‧夏小正傳》云：蘩，由胡。由胡，旁勃也。』則三國時已有『傳』名。疑《大戴禮記》舊本，但有《夏小正》之文，而無其傳。戴德爲之作傳別行，遂自爲一卷，故《隋志》分著於錄。後盧辯作《大戴禮記注》，始采其傳編入書中，故《唐志》遂不著錄耳。又《隋志》根據《七錄》，最爲精覈，不容不知《夏小正》爲三代之書，漫題德撰。疑《夏小正》下當有『傳』字，或『戴德撰』字當作『戴德傳』字，今本僞脫一字，亦未可定。」〔註11〕此說有道理。我們錄《夏小正》正月、二月的「經文」於下以見其大概：「正月：啓蟄。雁北鄉。雉震呴。魚陟負冰。農緯厥耒。初歲祭耒，始用暢。囿有見韭。時有俊風。寒日滌凍塗。田鼠出。農率均田。獺獻魚。鷹則爲鳩。農及雪澤。初服於公田。採芸。鞠則見。初昏參中。斗柄縣在下。柳稊。梅杏杝桃則華。緹縞。雞桴粥。二月：往耰黍，禪。初俊羔，助厥母粥。綏多女士。丁亥，萬用入學。祭鮪。榮菫采蘩。昆小蟲，抵蚳。來降燕，乃睇。剝鱓。有鳴倉庚。榮芸，時有見稊，始收。」〔註12〕《夏小正》成書早，所以《夏小正》的語言簡潔、深奧，多以二言、三言、四言爲主，表現著上古語言古樸的特點。同樣，由於當時人們對氣象、物候的認識還處於比較初級的階段，作爲初創期的曆書《夏小正》對氣象、物候以及農事的記載也表現出初級的特點。《夏小正》所記之事多爲農事，又被認爲是古農書。《夏小正》以指導農業生產爲目的，爲人們的生產、生活提供行動指南，即「敬授民時」。《夏小正》按月記載四時教令思想中的「敬授民時」那部分內容，是我國現存最早的月令，雖然還比較簡單和粗糙，但是它開了月令的先河，爲我國月令體系的形成奠定了基礎。

　　四時教令思想中的陰陽刑德那部分內容，在中國的另一部古曆書《逸周書‧時訓》篇中開始萌芽。《逸周書》又名《周志》《周書》《汲冢周書》，今

　　　月，初昏參中……啓蟄，雁北鄉，魚陟負冰。二月，蒼庚鳴。三月，鳴鳩……六月，鷹始摯……七月，寒蟬鳴。』這與《十二紀》所述是一致的。《十二紀》所反映的天象，據能田忠亮研究，它們的觀察年代是公元前 620 年前後。由此可見，《夏小正》是經過春秋時期的人補訂的，可能成書於戰國時期」。（管敏義：《從〈夏小正〉到〈呂氏春秋‧十二紀〉——中國年鑒的雛形》，《寧波大學學報》2002 年第 2 期。）此說是比較可信的。

〔註11〕永瑢：《四庫全書總目》，北京：中華書局，1965 年，第 175 頁。

〔註12〕王聘珍：《大戴禮記解詁》，北京：中華書局，1983 年，第 24～33 頁。

本《逸周書》的成書比較複雜，羅家湘先生指出：「就《逸周書》編輯而言，可作以下斷語：《逸周書》是以春秋早期編成的《周志》爲底子，在戰國早期由魏國人補充孔子《尚書》不用的材料，編爲《周書》。漢代僅存 45 篇，東晉時加入汲冢出土的《周書》，而稱爲《汲冢周書》。明以後，逐漸改稱《逸周書》。」〔註 13〕《逸周書》的成書年代較早，黃懷信先生說：「七十一篇之書，當係周人於孔子刪《書》之後，取其所刪除不錄者，以及傳世其他周室文獻，又益以當時所作，合爲七十篇，又依《書》之體，按時代進行編次，再仿《書序》作《序》一篇，合訂而成。其時代，大約在晉平公卒後的周景王之世。」〔註 14〕周景王在位於公元前 544 年至公元前 520 年之間，晉平公卒於公元前 532 年，即《逸周書》大約編訂於公元前 532 年至公元前 520 年之間。我們贊同黃懷信先生的觀點，認爲《逸周書》大致成書於春秋末期，其所收的則是不晚於春秋時代的文獻。

　　《逸周書‧時訓解》〔註 15〕將一年劃分爲二十四節氣，每一個節氣十五日，五日一個物候，每個節氣包括三個物候，二十四節氣共七十二個物候。與《夏小正》不同的是，《逸周書‧時訓》篇不是按照一年十二個月來記載每個月的氣象、物候，而是將每個月分爲二個節氣、每個節氣設置三個物候來考察。今錄立春、雨水兩個節氣於下以見其大概：「立春之日東風解凍，又五日蟄蟲始振，又五日魚上冰。風不解凍，號令不行；蟄蟲不振，陰奸陽；魚不上冰，甲冑私藏。雨水之日獺祭魚，又五日鴻雁來，又五日草木萌動。獺不祭魚，國多盜賊；鴻雁不來，遠人不服；草木不萌動，果蔬不熟。」〔註 16〕《逸周書‧時訓》最早記載了一年的二十四節氣、七十二物候及其反常所伴隨的災禍。四時教令思想中與社會政治緊密相關的陰陽刑德思想在《逸周書‧時訓》中開始萌芽。上引兩個節氣每節的後半部分所載物候出現反常所帶來

〔註 13〕 羅家湘：《〈逸周書〉的異名與編輯》，《西北師大學報》2001 年第 5 期。

〔註 14〕 黃懷信：《〈逸周書〉源流考辨》，西安：西北大學出版社，1992 年，第 88～89 頁。

〔註 15〕 今本《逸周書》篇名之中有的有「解」字，有的無「解」字，黃懷信先生認爲篇名中的「解」字「是將漢傳四十五篇本與汲冢本合編者依例而加」。黃懷信先生還指出：「儘管今本文字曾經解者解過，但解者並未對原文作過多的改動。無孔注之篇，則連解也不曾有過。因此我們認爲，今本文字基本未失春秋編定之舊。」（黃懷信：《〈逸周書〉源流考辨》，西安：西北大學出版社，1992 年，第 86 頁。）我們同意這樣的觀點。

〔註 16〕 黃懷信：《逸周書校補注譯》，西安：西北大學出版社，1996 年，第 275～276 頁。

的與社會政治緊密相關的禍災，就是四時教令思想中的陰陽刑德思想開始萌芽的表現。如節氣立春，「立春之日東風解凍，又五日蟄蟲始振，又五日魚上冰。風不解凍，號令不行；蟄蟲不振，陰奸陽；魚不上冰，甲胄私藏」，清陳逢衡《逸周書補注》解釋說：「此占驗之始也。案風爲號令之象，故《易》巽爲風，君子以申命行事。蓋風行於天猶令行於國，今不解凍，是帝出乎震而不齊乎巽也，故其占爲『號令不行』之象。蟲，昆蟲也。昆蟲得陰而藏，得陽而生。今時當孟春而猶不振，是陰氣犯陽，陽氣不能發於黃泉也，故其占爲『陰奸陽』之象。冰有棱角，甲胄之應也。蓋冰薄則魚陟負冰而上下和，冰厚則魚不上冰而陰陽戰。《易》曰『履霜，堅冰至』，防其漸也，故其占爲『甲胄私藏』之象。」〔註17〕陳逢衡能利用《周易》的陰陽卦氣理論對此進行解說，可謂有識。

《逸周書·時訓》重在對一年之中的物候進行考察和對物候出現反常給社會政治所帶來的禍災進行思索，其中後者是四時教令思想中與社會政治緊密相關的陰陽刑德思想開始萌芽的表現。此時四時教令思想的表現形式還比較初級，不成系統，原因是五行理論的缺失、陰陽與五行的分離。四時教令思想的發展與陰陽、五行的發展緊密相連，其中，陰陽與五行的合流是影響四時教令思想發展的一個關鍵的環節。四時教令思想一旦具有了五行相生這一外在表現形式就會更具系統性，這要等到陰陽與五行的合流才能實現。

白奚先生認爲：「陰陽與五行的合流是由《管子》實現的。」〔註18〕此說有道理。「稷下叢書」〔註19〕《管子》是戰國時期稷下學宮學者的著作。《管子》的四時教令思想主要保存在《幼官》《幼官圖》《四時》《五行》《輕重己》這一組陰陽五行家的文章之中〔註20〕。《幼官》《幼官圖》《四時》《五行》《輕

〔註17〕 陳逢衡：《逸周書補注》，道光五年修梅山館刻本，轉引自周玉秀《〈時令〉、〈時訓〉與〈時訓解〉——〈逸周書·時訓解〉探微，《蘭州大學學報》2004 年第 4 期。

〔註18〕 白奚：《稷下學研究：中國古代的思想自由與百家爭鳴》，北京：生活·讀書·新知三聯書店，1998 年，第 235 頁。我們從白奚先生之說。

〔註19〕 顧頡剛：《「周公制禮」的傳說和〈周官〉一書的出現》，《文史》第六輯，北京：中華書局，1979 年，第 16 頁。

〔註20〕 白奚先生指出：「這組文章的作者正是宣、閔時期對齊國的帝制運動最爲熱衷的一批佚名的齊人稷下學者。他們爲了配合齊國的帝制運動，對陰陽五行的思想大加發揮運用，完成了陰陽與五行的合流，在中國文化史上貢獻頗巨。」（白奚：《稷下學研究：中國古代的思想自由與百家爭鳴》，北京：生活·讀書·新知三聯書店，第 221 頁。）所言至確。

重己》五篇文章將陰陽與五行進行了合流。雖然存在缺陷，但是在一定程度上可以說完成了陰陽與五行的合流。陰陽與五行合流之後，四時教令思想不但具有以陰陽理論爲基石的內容，而且具有以五行理論爲基石的形式。陰陽理論是四時教令思想的根據，《管子·四時》曰：「陰陽者，天地之大理也。四時者，陰陽之大徑也。刑德者，四時之合也。刑德合於時則生福，詭則生禍。」〔註21〕不管是「敬授民時」還是施行刑德都要根據陰陽理論，符合陰陽變化規律的就會生福，違背陰陽變化規律的就會生禍。四時教令思想選擇五行相生的表現形式是陰陽與五行合流的結果。同時，木、火、土、金、水五行相生的圖式具有程式化的優點，形式上規範整齊，容易構成系統，有利於思想內容的表現，這也是四時教令思想選擇五行相生這一表現形式的重要原因。

　　由於五行理論的加入、陰陽與五行的合流，四時教令思想在《管子》中開始具有系統性。《幼官》《幼官圖》《四時》《五行》《輕重己》五篇文章之中《四時篇》陰陽與五行的合流最爲成熟，相應的四時教令思想的表現形式也最爲合理。《四時》在《幼官》《幼官圖》的基礎上進一步將陰陽與五行合流〔註22〕：

　　　　東方曰星，其時曰春，其氣曰風。風生木與骨，其德喜贏而發出節時。其事……此謂星德。星者掌發爲風。是故春行冬政則雕，行秋政則霜，行夏政則欲。是故春三月，以甲乙之日發五政……

　　　　南方曰日，其時曰夏，其氣曰陽。陽生火與氣。其德施捨修樂。其事……此謂日德。日掌賞，賞爲暑。夏行春政則風，行秋政則水，行冬政則落。是故夏三月，以丙丁之日發五政……

　　　　中央曰土，土德實輔四時，入出以風雨。節土益力，土生皮肌膚，其德和平用均，中正無私，實輔四時。春贏育，夏養長，秋聚收，冬閉藏。大寒乃極，國家乃昌，四方乃服，此謂歲德。歲掌和，

〔註21〕　黎翔鳳：《管子校注》，北京：中華書局，2004年，第838頁。
〔註22〕　《幼官》《幼官圖》在春、夏、秋、冬四時節之外增設了一個「五和時節」來與土德相配，並將其置於「中」這一方位。雖然《幼官》《幼官圖》增設了一個「五和時節」來佔據五行「土」的位置，但是《幼官》《幼官圖》卻沒有給「五和時節」分配眞正的時日。「五和時節」在一年之中不屬於春、夏、秋、冬任何一季，在現實之中是不存在的，它所佔據的日數是零，只是用來搭配五行「土」的虛設。

和爲雨〔註23〕。

　　西方曰辰，其時曰秋，其氣曰陰。陰生金與甲，其德憂哀，靜正嚴順，居不敢淫佚。其事……此謂辰德〔註24〕。辰掌收，收爲陰。秋行春政則榮，行夏政則水，行冬政則耗。是故秋三月，以庚辛之日發五政……

　　北方曰月，其時曰冬，其氣曰寒。寒生水與血，其德淳越，溫怒周密。其事……此謂月德。月掌罰，罰爲寒。冬行春政則泄，行夏政則雷，行秋政則旱。是故冬三月〔註25〕，以壬癸之日發五政……〔註26〕

與《幼官》《幼官圖》在「中」這一方位上增設一個「五和時節」來搭配五行「土」相似，《四時》直接在「東方曰星」、「南方曰日」、「西方曰辰」、「北方曰月」的行列中增設了一個「中央曰土」來對應「土德」。《四時》將「中央土」設置在一年四季的夏、秋之間，這樣就形成了春、夏、土德、秋、冬與木、火、土、金、水的對應。在此，土德扮演著重要的角色，發揮的是「實輔四時」的作用。「中央土」雖然發揮著重要作用，同時也能與「東方星」、「南方日」、「西方辰」、「北方月」構成一個序列，但是，「土德」在春、夏、土德、秋、冬這一序列中總顯得不協調。

　　與《幼官》《幼官圖》的「五和時節」相比，《四時》「中央土」的提法使五行相生的順序更加清晰，使四時教令思想的表現形式更加整齊和直觀，也更具系統性。雖然如此，但是，「中央土」也不能完全融入春、夏、秋、冬這一四時序列。「中央土」不佔有四時的時日，也是一個虛設。要想將陰陽與五行合流，操作者必須解決偶數與奇數相配對的問題，即四時與五行的配對問題。四時與五行配對，四時一方差一個時令，《四時》不得不增設了一個「中央土」。雖然「中央土」的增設並不能完全合理地解決問題，但是卻是《四時》作者的不得已之舉，也是《管子》將陰陽與五行合流所能達到的最高水平。

〔註23〕　此節的位置從張文虎說重新做了調整。「歲掌和，和爲雨」句原在「日掌賞，賞爲暑」句下，今據上下文移在此處。

〔註24〕　「此謂辰德」四字，原爲小字注文，此據上下文意改。

〔註25〕　「是故冬三月」以下據趙用賢本移於此處。

〔註26〕　上錄《四時》五段文字依次分別見黎翔鳳《管子校注》，北京：中華書局，2004年，第842～843、846～847、847、851、854～855頁。

　　鄒衍將陰陽與五行的合流又推進了一步。鄒衍（約前 305～前 240），齊人，稷下學宮著名學者，是陰陽家的代表人物。《漢書·藝文志》著錄鄒衍的著作有《鄒子》四十九篇、《鄒子終始》五十六篇〔註27〕，可惜的是這些著作皆已不存。據其他古籍的記載，我們可以知道鄒衍有四時教令思想。鄒衍著作有《主運》一篇，《史記·鄒衍列傳》載鄒衍「作《主運》」，唐司馬貞《索隱》曰：「劉向《別錄》云鄒子書有《主運篇》。」〔註28〕《主運篇》記載的就是鄒衍的四時教令思想，《史記·封禪書》載「騶（鄒）衍以陰陽主運顯於諸侯」，劉宋裴駰《集解》引如淳曰：「今其書有《主運》。五行相次轉用事，隨方面為服。」〔註29〕如淳是三國時人，當時見鄒衍《主運篇》，指出其內容是「五行相次轉用事，隨方面為服」。據白奚先生考證，「五行相次轉用事」是指按照五行相生的順序來布政教令，「隨方面為服」是指按照五行相生的順序來安排服色，白奚先生總結指出：「《主運》的基本內容，一是四時所行之政教禁令，一是四時所用之方物服色，合之便是所謂的『四時教令』。」〔註30〕

　　鄒衍有四時教令思想，其具體內容已不可詳考，但是，鄒衍四時與五行配對的處理辦法，即陰陽與五行合流的方案卻保留了下來。《周禮·夏官·司爟篇》鄭司農注引《鄒子》佚文曰：「春取榆柳之火，夏取棗杏之火，季夏取桑柘之火，秋取柞楢之火，冬取槐檀之火。」〔註31〕孫詒讓引皇侃《論語義疏》曰：「改火之木，隨五行之色而變也。榆柳色青，春是木，木色青，故春用榆柳也。棗杏色赤，夏是火，火色赤，故夏用棗杏也。桑柘色黃，季夏是土，土色黃，故季夏用桑柘也。柞楢色白，秋是金，金色白，故秋用柞楢也。槐檀色黑，冬是水，水色黑，故冬用槐檀也。」〔註32〕據皇侃的解釋，鄒衍春、夏、季夏、秋、冬的改木取火正是木、火、土、金、水五行相生的順序，鄒衍四時教令具體內容的安排應當就是按照春、夏、季夏、秋、冬的順序和模式。據《鄒子》佚文，我們知道鄒衍在將時令與五行配對時增設了一個「季夏」。鄒衍對「季夏」的增設當受了《管子·四時》增設「中央土」的啟迪。

〔註27〕班固：《漢書》，北京：中華書局，1962 年，第 1733 頁。
〔註28〕司馬遷：《史記》，北京：中華書局，1959 年，第 2346 頁。
〔註29〕司馬遷：《史記》，北京：中華書局，1959 年，第 1369 頁。
〔註30〕白奚：《鄒衍四時教令思想考索》，《文史哲》2001 年第 6 期。
〔註31〕孫詒讓：《周禮正義》，北京：中華書局，1987 年，第 2396 頁。
〔註32〕孫詒讓：《周禮正義》，北京：中華書局，1987 年，第 2396～2397 頁。

「季夏」看似相當於「中央土」，其實，「季夏」這一提法比「中央土」高明了許多，首先，季夏是一個時節，安排在春、夏、秋、冬之中是協調的；其次，季夏是夏季的第三個月，有自己所佔的日數，是眞眞切切的存在，不再是一個虛設。

在陰陽與五行的合流上，鄒衍提供了看起來更加順暢、更爲協調的方案，是陰陽五行思想的集大成者，是陰陽家的代表人物。與此緊密聯繫，鄒衍所制定的四時教令當更加嚴密合理，更具系統性，因爲只有這樣才足以使「騶（鄒）衍以陰陽主運顯於諸侯」。

二、順時施令之追求

《淮南子·要略》解釋撰《時則訓》之目的曰：「《時則》者，所以上因天時，下盡地力，據度行當，合諸人則，形十二節，以爲法式，終而復始，轉於無極，因循仿依，以知禍福，操捨開塞，各有龍忌，發號施令，以時教期，使君人者知所以從事。」〔註33〕《淮南子》指出《時則訓》之四時教令上因天時，下盡地力，合諸人則，發號施令，以時教期，使君人者知所以從事也，即四時教令追求順時施令。《淮南子·時則訓》從《呂氏春秋》而來，《淮南子》所言也是《呂氏春秋》之實。《呂氏春秋》追求順時施令。

《四庫全書總目·呂氏春秋提要》曰：「其十二紀即《禮記》之《月令》，顧以十二月割爲十二篇，每篇之後，各間他文，四篇惟夏令多言樂，秋令多言兵，似乎有義，其餘絕不可曉，先儒無說，莫之詳矣。」〔註34〕四庫館臣不重子學之雜家，不明《呂氏春秋·十二紀》春、夏、秋、冬所含之意。

余嘉錫先生《四庫提要辯證》分析指出《呂氏春秋·十二紀》春季言生，冬季言死，夏季言樂，秋季言刑，「然則春生而冬死，夏樂而秋刑，其取義何也？曰，此所謂春生夏長秋收冬藏也，其因四時之序而配以人事，則古者天人之學也，說在董子之《春秋繁露》，其《陽尊陰卑篇》曰：『夫喜怒哀樂之發，與清暖寒暑，其實一貫也。喜氣爲暖而當春，怒氣爲清而當秋，樂氣爲太陽而當夏，哀氣爲太陰而當冬。四氣者，天與人所同有也，非人所能蓄也，故可節而不可止也。節之而順，止之而亂。人生於天，而取化於天，喜氣取諸春，樂氣取諸夏，怒氣取諸秋，哀氣取諸冬，四氣之心也。四肢之

〔註33〕劉文典：《淮南鴻烈集解》，北京：中華書局，1989 年，第 702 頁。
〔註34〕永瑢：《四庫全書總目》，北京：中華書局，1965 年，第 1008 頁。

答各有處，如四時；寒暑不可移，若肢體。肢體移易其處，謂之壬人；寒暑
移易其處，謂之敗歲；喜怒移易其歲，謂之亂世。明王正喜以當春，正怒以
當秋，正樂以當夏，正哀以當冬。上下法此以取天之道，春氣愛，秋氣嚴，
夏氣樂，冬氣哀。愛氣以生物，嚴氣以成功，樂氣以養生，哀氣以喪終，天
之志也。是故春氣暖者，天之所以愛而生之；秋氣清者，天之所以嚴而成
之；夏氣溫者，天之所以樂而養之；冬氣寒者，天之所以哀而藏之。春主
生，夏主養，秋主收，冬主藏。生溉其樂以養，死溉其哀以藏，為人子者
也，故四時之比，父子之道，天地之志，君臣之義也，陰陽理人之法也。
陰，刑氣也；陽，德氣也。陰始於秋，陽始於春。春之為言，猶偆偆也；秋
之為言，猶湫湫也。偆偆者，喜樂之貌也；湫湫者，憂悲之狀也。是故春
喜，夏樂，秋憂，冬悲。悲死而樂生，以夏養春，以冬喪秋，大人之志也。
是故先愛而後嚴，樂生而哀終，天之當也，而人資諸天大德而小刑也。』又
《天辨在人篇》曰：『春，愛志也；夏，樂志也；秋，嚴志也；冬，哀志也。
故愛而有嚴，樂而有哀，四時之則也。喜怒之禍，哀樂之義，不獨在人，亦
在於天，而春夏之陽，秋冬之陰，不獨在天，亦在於人。』又《陰陽義篇》
曰：『天之少陰用於功。太陰用於空，人之少陰用於嚴，而太陰用於喪。喪亦
空，空亦喪也。是故天之道以三時成生，以一時喪死。死之者，謂百物枯落
也，喪之者，謂陰氣悲哀也。天亦有喜怒之氣，哀樂之心，與人相副，以類
合之，天人一也。春喜氣也故生，秋怒氣也故殺，夏樂氣也故養，冬哀氣
也故藏，四者天人同有之，有其理而一用之，與天同者大治，與天異者大
亂。』董子之說陰陽，發明天人相感者如此。本傳載其對策曰：『春者，天之
所以生也；仁者，君之所以愛也；夏者，天之所以長也；德者，君之所以養
也；霜者，天之所以殺也；刑者，君之所以罰也。繇此言之，天人之徵，古
今之道也。』其言與《繁露》相表裏。《禮記·鄉飲酒義》曰：『東方者春，
春之為言蠢也，產萬物者，聖也。南方者夏，夏之為言假也，養之長之，假
之仁也。西方者秋，秋之為言愁也，愁之以時，察守義者也。北方者冬，冬
之為言中也，中者，藏也。』與《繁露》言春之言偆偆，秋之言湫湫同義。
蓋陰陽五行之學，出於《周易》及《洪範》，而盛於戰國，大行於秦漢之間。
十二月紀言某時行某令則某事應之，正言天人相感之理，故其《序意篇》
曰：『文信侯曰，嘗得學黃帝之誨顓頊矣，爰有大圜在上，大矩在下，汝能法
之，為民父母。凡十二紀者，所以紀治亂存亡也，所以知壽夭吉凶也，上揆

之天，下驗之地，中審之人，若此，則是非可不可無所遁矣。』夫維上法大圓，下法大矩，上揆之天，下驗之地，中審之人，故十二月紀以第一篇言天地之道，而以四篇言人事，（原注：其實皆言天人相應。）以春爲喜氣而言生，夏爲樂氣而言養，秋爲怒氣而言殺，冬爲哀氣而言死，所謂春生夏長秋收冬藏也。」〔註35〕

　　《呂氏春秋》四時教令所追求的順時施令，大致春令言生，夏令言長，秋令言收，冬令言藏。春生，夏長，秋收，冬藏，是《呂氏春秋》制定治國方略十分重要的依據。天、地、人精通相感，人道依據天道，春生、夏長、秋收、冬藏四季輪迴之天道，自然可以轉化爲治國安民的準則。

　　天道，地道，人道，精通相感，循環一體，這一思想在《呂氏春秋・十二紀》「月令」之始就被特別強調。「孟春」是《十二紀》的開篇之月，《呂氏春秋・孟春》曰：「無變天之道，無絕地之理，無亂人之紀。」〔註36〕天之道，地之理，人之紀，三者一體，四時教令的制定和執行必須遵循這一原則。

三、違時施令之禍災

　　《逸周書・周月》曰：「萬物春生、夏長、秋收、冬藏，天地之正氣，四時之極，不易之道。」〔註37〕四時教令就是按照春生、夏長、秋收、冬藏的規律來制定的，違背了這一規律就會有禍災出現。違時施令就會伴隨相應的禍災，這也是四時教令思想的內容之一。今錄《呂氏春秋》所載違時施令所伴隨的禍災於下：

　　　　孟春行夏令，則風雨不時，草木早槁，國乃有恐。行秋令，則民大疫，疾風暴雨數至，藜莠蓬蒿並興。行冬令，則水潦爲敗，霜雪大摯，首種不入。

　　　　仲春行秋令，則其國大水，寒氣總至，寇戎來征。行冬令，則陽氣不勝，麥乃不熟，民多相掠。行夏令，則國乃大旱，暖氣早來，蟲螟爲害。

　　　　季春行冬令，則寒氣時發，草木皆肅，國有大恐。行夏令，則民多疾疫，時雨不降，山陵不收。行秋令，則天多沉陰，淫雨早降，

〔註35〕余嘉錫：《四庫提要辯證》，北京，中華書局，1980 年，第 819～822 頁。
〔註36〕陳奇猷：《呂氏春秋新校釋》，上海：上海古籍出版社，2002 年，第 2 頁。
〔註37〕黃懷信：《逸周書校補注譯》，西安：西北大學出版社，1996 年，第 272 頁。

兵革並起。

孟夏行秋令，則苦雨數來，五穀不滋，四鄙入保。行冬令，則草木早枯，後乃大水，敗其城郭。行春令，則蟲蝗爲敗，暴風來格，秀草不實。

仲夏行冬令，則雹霰傷穀，道路不通，暴兵來至。行春令，則五穀晚熟，百螣時起，其國乃饑。行秋令，則草木零落，果實早成，民殃於疫。

季夏行春令，則穀實解落，國多風咳，人乃遷徙。行秋令，則丘隰水潦，禾稼不熟，乃多女災。行冬令，則寒氣不時，鷹隼早鷙，四鄙入保。

孟秋行冬令，則陰氣大勝，介蟲敗穀，戎兵乃來。行春令，則其國乃旱，陽氣復還，五穀不實。行夏令，則多火災，寒熱不節，民多瘧疾。

仲秋行春令，則秋雨不降，草木生榮，國乃有大恐。行夏令，則其國旱，蟄蟲不藏，五穀復生。行冬令，則風災數起，收雷先行，草木早死。

季秋行夏令，則其國大水，冬藏殃敗，民多鼽窒。行冬令，則國多盜賊，邊境不寧，土地分裂。行春令，則暖風來至，民氣解墮，師旅必興。

孟冬行春令，則凍閉不密，地氣發洩，民多流亡。行夏令，則國多暴風，方冬不寒，蟄蟲復出。行秋令，則雪霜不時，小兵時起，土地侵削。

仲冬行夏令，則其國乃旱，氣霧冥冥，雷乃發聲。行秋令，則天時雨汁，瓜瓠不成，國有大兵。行春令，則蟲螟爲敗，水泉減竭，民多疾癘。

季冬行秋令，則白露蚤降，介蟲爲妖，四鄰入保。行春令，則胎夭多傷，國多固疾，命之曰逆。行夏令，則水潦敗國，時雪不降，冰凍消釋〔註38〕。

〔註38〕 十二段引文依次分別錄自陳奇猷《呂氏春秋新校釋》，上海：上海古籍出版社，2002年，第2、65、124、189、245、315、381、427、474、523、575、623頁。

　　違時施令就會伴隨相應的禍災，這一思想在四時教令思想發展的早期就已經存在。我們在上所探討的《逸周書・時訓》《管子・四時》就已經存在這種思想。《逸周書・時訓》記載的是二十四節氣、七十二物候，其立春、雨水二節氣的後半部分依次分別爲「風不解凍，號令不行；蟄蟲不振，陰奸陽；魚不上冰，甲冑私藏」、「獺不祭魚，國多盜賊；鴻雁不來，遠人不服；草木不萌動，果蔬不熟」〔註39〕，說的就是物候反常所伴隨的禍災。《管子・四時》曰「春行多政則雕，行秋政則霜，行夏政則欲」；「夏行春政則風，行秋政則水，行冬政則落」；「秋行春政則榮，行夏政則水，行冬政則耗」；「冬行春政則泄，行夏政則雷，行秋政則旱」〔註40〕。這說的也是違時施政所伴隨的禍災。

　　對比《逸周書・時訓》與《管子・四時》，我們會發現二者所記載的禍災在性質上存在著不同。《逸周書・時訓》所記載的多是與社會政治相關的禍災，如：號令不行、甲冑私藏、國多盜賊、遠人不服；《管子・四時》所記載的則是自然禍災，如：春天凋落、秋天榮發、夏天霜雪、冬天風雷，也就是《管子・四時》所謂的「春凋、秋榮、冬雷、夏有霜雪」〔註41〕。《呂氏春秋》所載的違時施令所伴隨的禍災則是綜合了《逸周書・時訓》與《管子・四時》，既包括自然禍災，又包括與社會政治相關的禍災。例如，「孟春行夏令，則風雨不時，草木早槁，國乃有恐。行秋令，則民大疫，疾風暴雨數至，藜莠蓬蒿並興。行冬令，則水潦爲敗，霜雪大摯，首種不入」，其中「風雨不時，草木早槁」、「疾風暴雨數至，藜莠蓬蒿並興」、「水潦爲敗，霜雪大摯」屬於自然禍災；「國乃有恐」、「民大疫」、「首種不入」屬於與社會政治相關的禍災。

　　四時教令思想所包含的由於違時施令而產生的相應禍災，是「反面教材」，具有重要的警示作用，其實是從相反的角度對四時教令思想所作的論述和補充，不違背四時教令思想「務時而寄政」的精神。《管子・四時》曰：「春凋、秋榮、冬雷、夏有霜雪，此皆氣之賊也。刑德易節，失次則賊氣遫至，賊氣遫至，則國多災殃。是故聖王務時而寄政焉。」〔註42〕「春凋、秋榮、

〔註39〕　黃懷信：《逸周書校補注譯》，西安：西北大學出版社，1996 年，第 275 頁。
〔註40〕　春、夏、秋、冬四段引文依次分別錄自黎翔鳳《管子校注》，北京：中華書局，2004 年，第 842～843、847、851、855 頁。
〔註41〕　黎翔鳳：《管子校注》，北京：中華書局，2004 年，第 855 頁。
〔註42〕　黎翔鳳：《管子校注》，北京：中華書局，2004 年，第 855 頁。

多雷、夏有霜雪」都是政令的施行違背了時節所導致的結果,是「刑德易節」的表現。「刑德易節」會給國家帶來眾多的災殃,如上錄《呂氏春秋》所載,所以,聖王要順應時節而立政,即「務時而寄政」。《管子·四時》又曰:「德始於春,長於夏。刑始於秋,流於冬。刑德不失,四時如一。刑德離鄉,時乃逆行。作事不成,必有大殃。」〔註43〕春生、夏長、秋收、冬藏,春夏為德,秋冬為刑,這是「刑德不失,四時如一」,四時教令要按照這樣的順序來制定,否則就會導致「時乃逆行」、「必有大殃」的嚴重後果,這也就是《管子·四時》所說的「刑德合於時則生福,詭則生禍」〔註44〕。

綜上,我們可以對本節做一小結。四時教令思想以「務時而寄政」作為指導精神,主要包括二方面的內容:一是與農業生產緊密相關的「敬授民時」思想;一是與社會政治緊密相關的陰陽刑德思想。陰陽理論是四時教令思想的根據,四時教令思想的豐富和發展是與陰陽、五行的發展緊密聯繫在一起的,其中,陰陽與五行的合流是影響四時教令思想發展的一個極其重要的環節。在陰陽與五行合流之後,四時教令思想不但具有以陰陽理論為基石的內容,而且具有以五行理論為基石的形式。在陰陽與五行的合流上,《管子》(主要是《幼官》《幼官圖》《四時》《五行》《輕重己》五篇文章)嘗試在前,鄒衍總結在後。與陰陽與五行的合流緊密相聯繫,《管子》和鄒衍都有四時教令思想。

在陰陽與五行的合流、四時與五行的配對這一關鍵性的問題上,《呂氏春秋》選擇的模式是來自於《管子·四時》,而不是鄒衍,並且有自己的「新」發展。一些「新」的內容被納入《呂氏春秋》的四時教令思想,比較重要者如:十二律、「明堂」說等。四時教令思想的指導精神是「務時而寄政」,違時施令就會伴隨相應的禍災。違時施令所伴隨的禍災,是「反面教材」,具有重要的警示作用,不違背「務時而寄政」的精神,也是四時教令思想的內容之一。《呂氏春秋》所載的違時施令所伴隨的禍災綜合了《逸周書·時訓》與《管子·四時》,既包括自然禍災,又包括與社會政治相關的禍災,是一種發展和完善。

十二紀紀首,一般被認為是「月令」,《禮記·月令》正義引鄭玄《三禮

〔註43〕 黎翔鳳:《管子校注》,北京:中華書局,2004年,第857頁。
〔註44〕 黎翔鳳:《管子校注》,北京:中華書局,2004年,第838頁。

目錄》曰：「名曰『月令』者，以其記十二月政之所行也，本《呂氏春秋》十二月紀之首章也，以禮家好事抄合之。」〔註 45〕我們贊同鄭玄的看法。蔡邕《明堂月令論》曰：「因天時，制人事，天子發號施令，祀神受職，每月異禮，故謂之月令。」〔註 46〕《呂氏春秋》十二紀紀首就是「因天時，制人事」，即根據一年四季天時的變化來制定政令，尤其是制定天子的行爲規範。比如孟春之月，天子要於立春之日率領臣下「迎春於東郊」，天子要於元日「祈穀於上帝」，天子要「擇元辰」率領臣下「躬耕帝籍田」；天子「不可以稱兵」。天子的行爲準則是《孟春》篇所謂「無變天之道，無絕地之理，無亂人之紀」〔註 47〕。

第二節　《呂氏春秋》的五德終始思想

一、思想探源

鄒衍是陰陽家的代表人物，五德終始思想是鄒衍思想的重要內容之一。《史記‧鄒衍列傳》曰：「騶衍睹有國者益淫侈，不能尚德，若《大雅》整之於身，施及黎庶矣。乃深觀陰陽消息而作怪迂之變，《終始》、《大聖》之篇十餘萬言。」〔註 48〕鄒衍的著作有《終始篇》，《漢書‧藝文志》著錄鄒衍《鄒子終始》五十六篇〔註 49〕。《史記‧封禪書》載「齊威、宣之時，騶子之徒論著終始五德之運」，劉宋裴駰《集解》引如淳曰：「今其書有《五德終始》。五德各以所勝爲行。」〔註 50〕如淳是三國時人，當時見鄒衍《五德終始》，指出其內容是：五德按照五行相勝的順序來運行。《文選‧魏都賦》李善注引《七略》曰：「鄒子有終始五德，從所不勝：木德繼之，金德次之，火德次之，水德次之。」〔註 51〕

五德終始思想是鄒衍創造的，它的理論基礎是五行相勝思想和天人感應

〔註 45〕孔穎達：《禮記正義》，《十三經注疏》，北京：中華書局，1980 年，第 1352 頁。

〔註 46〕蔡邕：《蔡中郎集》，張溥《漢魏六朝百三名家集》，掃葉山房藏版。

〔註 47〕陳奇猷：《呂氏春秋新校釋》，上海：上海古籍出版社，2002 年，第 1~2 頁。

〔註 48〕司馬遷：《史記》，北京：中華書局，1959 年，第 2344 頁。

〔註 49〕班固：《漢書》，北京：中華書局，1962 年，第 1733 頁。

〔註 50〕司馬遷：《史記》，北京：中華書局，1959 年，第 1369 頁。

〔註 51〕蕭統：《文選》，北京，中華書局，1977 年，第 106 頁。

思想。五德終始的五德是指土德、木德、金德、火德、水德。歷史上的每一個朝代都對應著五德中的一德，而五德是終始轉移變動不已的，這決定了朝代的興衰更替。五德轉移是按照五行相勝的順序進行的，即土德→木德→金德→火德→水德→土德的順序。然而，一個朝代屬於五德中的哪一德？鄒衍怎麼來判斷？這涉及機祥符應思想，鄒衍就是通過現實中出現的機祥符應來判斷一個朝代屬於五德中的哪一德的。《史記·鄒衍列傳》曰：「因載其機祥度制……稱引天地剖判以來，五德轉移，治各有宜，而符應若茲。」〔註52〕機祥符應也很重要。

鄒衍的五德終始思想是繼承和發展前人思想理論的結果，五行相勝思想和天人感應思想在鄒衍之前已經存在。「五行」的提法很古老，《尚書·洪範》曰：「五行：一曰水，二曰火，三曰木，四曰金，五曰土。水曰潤下，火曰炎上，木曰曲直，金曰從革，土爰稼穡。潤下作鹹，炎上作苦，曲直作酸，從革作辛，稼穡作甘。」〔註53〕這時的「五行」還是原始的五行觀念，不存在相生、相勝的關係。《國語·鄭語》載史伯曰：「先王以土與金木水火雜，以成百物。」〔註54〕史伯生活在西周末年，至此，五行被看作構成「百物」的五種基本元素，具有了更加普遍的意義。

春秋時期，五行相勝的理論開始出現。《左傳》昭公三十一年（前511）載：「十二月辛亥朔，日有食之。是夜也，趙簡子夢童子羸而轉以歌，且占諸史墨，曰：『吾夢如是，今而日食，何也？』對曰：『六年及此月也，吳其入郢乎！終亦弗克。入郢必以庚辰，日月在辰尾。庚午之日，日始有謫。火勝金，故弗克。』」〔註55〕史墨占卜認為吳國將要攻打楚國的國都郢，由於攻打的時間不對，吳國最終也不會成功。史墨用五行相勝的理論來分析，「火勝金」，所以不會成功。又《左傳》哀公九年（前486）載：「晉趙鞅卜救鄭，遇水適火，占諸史趙、史墨、史龜。史龜曰：『是謂沈陽，可以興兵，利以伐姜，不利子商。伐齊則可，敵宋不吉。』史墨曰：『盈，水名也；子，水位也。名位敵，不可幹也。炎帝為火師，姜姓其後也。水勝火，伐姜則可。』史趙曰：『是謂如川之滿，不可遊也。鄭方有罪，不可救也。救鄭則不吉，

〔註52〕 司馬遷：《史記》，北京：中華書局，1959年，第2344頁。
〔註53〕 孔穎達：《尚書正義》，《十三經注疏》，北京：中華書局，1980年，第188頁。
〔註54〕 徐元誥：《國語集解》，北京：中華書局，2002年，第470頁。
〔註55〕 孔穎達：《春秋左傳正義》，《十三經注疏》，北京：中華書局，1980年，第2127頁。

不知其他。』」〔註56〕趙鞅想要知道能否伐宋救鄭占卜於史趙、史墨、史龜,三位史官占卜都認為不能伐宋救鄭。史墨認為用五行相勝的理論來分析,「水勝火」,不能伐宋救鄭。從史墨運用五行相勝理論來占卜等史料來看,五行相勝理論在春秋時期已經確立,只是這個時候的五行相勝理論主要被用來占卜。

在遇到鄒衍之前,五行相勝理論的市場和影響力比五行相生理論要小很多,這一點我們從上一節所論與五行相生理論緊密聯繫的四時教令思想在鄒衍之前的繁榮興盛程度可以看得出來。五行相生的順序能夠與四時之序相配合,因而五行相生理論被廣泛地運用於農業生產和社會政治。五行相勝的順序不具備與四時之序相配合的條件,所以,五行相勝理論不能在政治領域擁有一席之地。然而,五行相勝理論卻被鄒衍引入了歷史學領域,用於解釋歷史的發展和朝代的更替。五行相勝的順序是土、木、金、火、水,相應的五德就是土德、木德、金德、火德、水德。鄒衍認為歷史上的每一個朝代都對應著「五行」中之一「行」,並具有相應的「五德」中之一「德」的性質。朝代的更替就是木德王朝戰勝土德王朝、金德王朝戰勝木德王朝、火德王朝戰勝金德王朝,水德王朝戰勝火德王朝、土德王朝再戰勝水德王朝,而歷史就是按照從土德→木德→金德→火德→水德→土德這樣的模式循環的發展著。五行相勝理論在鄒衍的五德終始思想裏獲得了新的生命,擁有了新的生存空間。

鄒衍的五德終始思想得到了戰國末期各諸侯國君王的推崇,《史記·曆書》曰:「是時獨有鄒衍,明於五德之傳,而散消息之分,以顯諸侯。」〔註57〕鄒衍的五德終始思想能對各諸侯國君王有吸引力,不僅在於鄒衍的五德終始思想包含了五德轉移這一歷史發展、朝代更替的規律,而且更重要的在於鄒衍的五德終始思想包含了一幅朝代與五德的對應關係圖,《文選·齊故安陸昭王碑文》李善注引《鄒子》曰:「五德從所不勝,虞土,夏木,殷金,周火。」〔註58〕「虞土,夏木,殷金,周火」這一關係圖之所以重要,是因為它揭示了在周王朝已經岌岌可危的戰國末期即將有水德王朝來代替周朝這一火德王朝。哪一個君王具有水德?這是戰國末期各諸侯國君王所關心的。

〔註56〕 孔穎達:《春秋左傳正義》,《十三經注疏》,北京:中華書局,1980 年,第 2165 頁。

〔註57〕 司馬遷:《史記》,北京:中華書局,1959 年,第 1259 頁。

〔註58〕 蕭統:《文選》,北京,中華書局,1977 年,第 823 頁。

鄒衍通過什麼來判斷某一君王具有水德，通過機祥符應，即鄒衍根據自然現象來判斷某一君王是否具有水德。機祥符應思想的理論基礎是天人感應思想，即古人認爲上天是有意志的，能對人間的社會活動做出積極的反應，具有懲惡揚善的功能。上天通過什麼來向人間傳達其意志？通過自然現象。上天通過自然界所出現的奇異現象向人間傳達信息，來表達對人間社會活動的態度。君王做的不好，上天就會警告他，人間就會出現兇惡的奇異現象，即凶兆；君王做的好，上天就會褒獎他，人間就會出現吉祥的奇異現象，即吉兆。

二、「《呂氏春秋》鈔錄《鄒子終始》之文，未加潤色」

《呂氏春秋·應同》曰：

> 凡帝王者之將興也，天必先見祥乎下民。黃帝之時，天先見大螾大螻，黃帝曰「土氣勝」，土氣勝，故其色尚黃，其事則土。及禹之時，天先見草木秋冬不殺，禹曰「木氣勝」，木氣勝，故其色尚青，其事則木。及湯之時，天先見金刃生於水，湯曰「金氣勝」，金氣勝，故其色尚白，其事則金。及文王之時，天先見火，赤烏銜丹書集於周社，文王曰「火氣勝」，火氣勝，故其色尚赤，其事則火。代火者必將水，天且先見水氣勝，水氣勝，故其色尚黑，其事則水。水氣至而不知，數備，將徙於土〔註59〕。

顧頡剛先生根據本段記載提出了兩個值得思考的問題並給出了「二個猜測」：《呂氏春秋》作於秦八年，「那時東、西周都亡了，火德已銷盡了，滅火者（秦）之爲水德已可確定了，爲什麼這部書裏還只說『代火者必將水』呢？爲什麼水德的符應還不肯出來呢？」顧頡剛先生的回答是：「這個問題，以我猜測，或有下列的情形。一，《呂氏春秋》鈔錄《鄒子終始》之文，未加潤色。二，那時六國未滅，秦雖滅周，尚未成一統之功，那時人對於天子的觀念和商、周人不同，一定要統一了所有的土地才算具備了天子的資格，看《禹貢》的分列九州五服可知，故《呂氏春秋》不即以滅周的秦爲水德，亦不爲秦尋出水德的符應。」〔註60〕

〔註59〕 陳奇猷：《呂氏春秋新校釋》，上海：上海古籍出版社，2002年，第682～683頁。
〔註60〕 顧頡剛：《五德終始說下的政治與歷史》，《清華學報》1930年第1期。

　　《呂氏春秋》的五德終始思想是從鄒衍而來，用本段文字來探討鄒衍的五德終始思想大致不差，所以，學者們在討論鄒衍的思想時往往會引用本段文字作爲立論的依據。具體地說，歷史是按照五行相勝的順序循環發展的，木德戰勝土德、金德戰勝木德、火德戰勝金德，水德戰勝火德、土德再戰勝水德，這是五德轉移思想；每一「德」的判斷都由「天」通過自然界的奇異現象給出昭示，土德「天先見大螾大螻」，木德「天先見草木秋冬不殺」，金德「天先見金刃生於水」，火德「天先見火赤烏銜丹書集於周社」，水德「天且先見水氣勝」，這是機祥符應思想。

　　《文選·齊故安陸昭王碑文》李善注引《鄒子》曰：「五德從所不勝，虞土，夏木，殷金，周火。」〔註61〕據李善所引《鄒子》，鄒衍所設計的朝代與五德的對應關係圖是：虞土，夏木，殷金，周火。《呂氏春秋·應同》篇所提供的朝代與五德的對應關係圖是：黃帝土，禹木，湯金，文王火。二者的區別是，李善所引《鄒子》是虞舜對應土德，《呂氏春秋·應同》篇是黃帝對應土德。鄒衍五德終始思想的原貌是黃帝對應土德還是虞舜對應土德？在確定代替周的水德王朝上，黃帝對應土德還是虞舜對應土德並不重要。雖然如此，但是在確定鄒衍五德終始思想的原始面貌上，黃帝對應土德還是虞舜對應土德卻十分重要。這個問題還關係到李善注引《鄒子》的準確性問題。

　　我們認爲鄒衍所設計的朝代與五德的對應關係是黃帝對應土德，而不是虞舜對應土德。秦始皇是鄒衍的五德終始思想的第一個實踐者。《史記·秦始皇本紀》載：「始皇推終始五德之傳，以爲周得火德，秦代周德，從所不勝。方今水德之始，改年始，朝賀皆自十月朔。衣服旄旌節旗皆上黑。數以六爲紀，符、法冠皆六寸，而輿六尺，六尺爲步，乘六馬。更名河曰德水，以爲水德之始。剛毅戾深，事皆決於法，刻削毋仁恩和義，然後合五德之數。於是急法，久者不赦。」〔註62〕秦始皇按照鄒衍的五德終始思想來推演，周爲火德，秦代周而爲帝，則秦爲水德。秦爲水德，所以，按照水德來制定政令。

　　《呂氏春秋》雖然記載了鄒衍的五德終始思想，但是，秦始皇卻不是從《呂氏春秋》得知五德終始思想的。《呂氏春秋》是其政敵呂不韋所主持編撰的，秦始皇恨不得焚之而後快，怎麼可能反過來將其思想作爲行動的依據？

〔註61〕蕭統：《文選》，北京，中華書局，1977年，第823頁。

〔註62〕司馬遷：《史記》，北京：中華書局，1959年，第237～238頁。

而事實上，秦始皇確實不是從《呂氏春秋》得知五德終始思想的。《史記·封禪書》載：「自齊威、宣之時，騶子之徒論著終始五德之運，及秦帝而齊人奏之，故始皇採用之。」〔註63〕據此知鄒衍的五德終始思想是「齊人」上奏秦始皇而被採用的。「齊人」所奏的鄒衍的五德終始思想是什麼樣的？《史記·封禪書》載：「秦始皇既併天下而帝，或曰：『黃帝得土德，黃龍地螾見。夏得木德，青龍止於郊，草木暢茂。殷得金德，銀自山溢。周得火德，有赤鳥之符。今秦變周，水德之時。昔秦文公出獵，獲黑龍，此其水德之瑞。』於是秦更命河曰『德水』，以冬十月為年首，色上黑，度以六為名，音上大呂，事統上法。」〔註64〕

綜合以上兩則材料，「或曰」者當就是上奏秦始皇之「齊人」。據此知「齊人」所奏鄒衍所設計的朝代與五德的對應關係也是黃帝對應土德。至此，我們根據兩則不具有繼承關係的材料（即《呂氏春秋·應同》《史記·封禪書》）可以判斷鄒衍所設計的朝代與五德的對應關係是黃帝對應土德，而不是虞舜對應土德。虞舜對應土德的說法首次出現在西漢末年的《世經》之中〔註65〕。也就是說，李善注引《鄒子》對鄒衍五德終始思想的理解是不準確的。即《呂氏春秋》保存了鄒衍五德終始的「原貌」。

顧頡剛先生的第一個猜測認為：《呂氏春秋》鈔錄《鄒子終始》之文，未加潤色。我們認為這個猜測是合理的。《呂氏春秋》成書時，秦已經滅掉了周，並且呂不韋就是在堅信秦定能統一天下的心態下主持編撰《呂氏春秋》的，依照鄒衍的五德終始思想推斷，秦是水德是很容易得出的結論，也是顯而易見的。然而，《呂氏春秋》卻沒有指明水德是誰，只是交代「代火者必將水」。這說明本段文字應當不是《呂氏春秋》的作者對當時實際情況的描寫，只是把鄒衍的理論抄來而沒有聯繫實際情況進行發揮改變。鄒衍生活的時代還是一個諸侯爭帝的時代，誰最終能統一天下的局勢還不十分明顯，所以鄒衍只能用比較模糊的語言來表達。即這段文字描寫的情況更符合鄒衍生活時代的實際，顧頡剛先生的這個猜測是合理的。

上錄《呂氏春秋·應同》篇結尾處云「水氣至而不知，數備，將徙於土」，這句話怎麼解？我們認為蔣重躍先生的解釋很有道理：「水德來了，渾

〔註63〕司馬遷：《史記》，北京：中華書局，1959年，第1368頁。

〔註64〕司馬遷：《史記》，北京：中華書局，1959年，第1366頁。

〔註65〕顧頡剛：《五德終始說下的政治與歷史》，《清華學報》1930年第1期。

然不知，那麼德運又將繼續轉到有土德的帝王那裡。根據古代天象和五行相結合的傳統，齊地爲玄枵之分野，德運屬水；又根據古代氏族與五行相結合的傳統，田齊爲陳之後裔，陳爲顓頊之族，故爲『水屬』；陳又是大舜之後，舜應土德，齊國田氏又自稱高祖黃帝（見《陳侯因齊敦》銘文），黃帝土德。這樣一來，田齊就既有水德，又有土德，與『水氣至而不知，數備將徙於土』的曆運完全對應起來了。」〔註66〕據蔣重躍先生解釋，田齊既有水德又有土德，既是水德又是土德。周是火德，水德戰勝火德，齊是水德，則齊將代替周來作天子。如果水德到來了而把握不住，那麼德運就將轉爲土德。德運轉爲土德，齊是土德，那麼作天子的還是齊。水德是齊作天子，土德也是齊作天子，這確實能與「水氣至而不知，數備將徙於土」的曆運很好地對應起來。也就是說，「水氣至而不知，數備，將徙於土」這句話是齊國稷下學宮中的著名學者齊人鄒衍專爲齊國稱帝、齊王作天子而設計的，不適用於秦國。《呂氏春秋》編撰者不能理解，不加改動地抄錄了過來。這很好地證明了顧頡剛先生所謂「《呂氏春秋》鈔錄《鄒子終始》之文，未加潤色」的猜測是合理的。

　　然而，歷史並不是按照鄒衍所設計的齊國稱帝、齊王作天子的路線發展的，而是秦國統一了天下，秦王作了天子。秦始皇稱帝之後，水德的符應也終於給秦國找出來了，《史記·封禪書》曰「今秦變周，水德之時。昔秦文公出獵，獲黑龍，此其水德之瑞」。秦國的「水德之瑞」不是出現在秦始皇之時，秦始皇並沒有親見其「水德之瑞」。秦國的「水德之瑞」是黑龍，是秦國的先君秦文公外出打獵的時候捕獲的。這樣被「找出」的符應，意味著早在秦文公（在位時間爲公元前765～前716）之時就已經注定了秦國將來要滅掉周朝來作天子的命運。當然，我們都清楚這是秦王朝爲了論證其獲取政權的合理性、合法性而尋找出來的證據。這些符應看似無稽之談，卻是新興王朝鞏固政權所必需的。

三、假設可大膽，疑古需謹慎

　　顧頡剛先生的第二個猜測認爲：這與《呂氏春秋》編撰時代的人們的「天子」觀念有關，因爲在《呂氏春秋》的編撰者的觀念裏秦還沒有取得完全統一還不具備天子的資格，所以《呂氏春秋》不以秦爲水德也不爲秦找出水德

〔註66〕蔣重躍：《五德終始說與歷史正統觀》，《南京大學學報》2004年第2期。

的符應。

我們認爲顧頡剛先生的第二個猜測不能成立。

呂不韋主持編撰《呂氏春秋》意欲爲秦國編就治國寶典，呂不韋正是在把秦王政當作統一天下的天子的前提下來編撰《呂氏春秋》的。《呂氏春秋・序意》曰：「良人請問《十二紀》。文信侯曰：『嘗得學黃帝之所以誨顓頊矣，爰有大圜在上，大矩在下，汝能法之，爲民父母。蓋聞古之清世，是法天地。凡《十二紀》者，所以紀治亂存亡也，所以知壽夭吉凶也。上揆之天，下驗之地，中審之人，若此則是非可不可無所遁矣。』」〔註67〕呂不韋指出《十二紀》的編撰「上揆之天，下驗之地，中審之人」是爲了「紀治亂存亡」、「知壽夭吉凶」。這正是爲統一天下的天子設計的。此一不能成立。

顧頡剛先生認爲在《呂氏春秋》的編撰時代，人們有這樣的觀念：沒有取得完全統一的君王不具備天子的資格。其立論依據是《禹貢》，即認爲《禹貢》與《呂氏春秋》是同一時代的著作，是戰國末期的人所作，這與顧先生的疑古思想分不開。

史念海先生運用大量材料從歷史地理的角度考證認爲《禹貢》的成書年代應在前四〇三年三家分晉之後，「成書的年代可能在前三七〇年至前三六二年之間，也是梁惠王元年至九年之間」，「至遲不能晚於前三三四年，亦即周顯王三十五年，也是梁惠王後元年」〔註68〕。我們認爲史念海先生的論證很有說服力。又易德生先生利用出土文獻上博楚簡《容成氏》進行考證，得出的結論是：「《禹貢》成書應在公元前 380 年～前 360 年左右，即戰國早期晚段。」〔註69〕史念海、易德生兩位先生運用不同的論證方法得出了相同的結論，我們認爲他們的結論是可信的。顧頡剛先生認爲《禹貢》成書於戰國末期的觀點是很有商量的餘地的。也就是說，顧頡剛先生猜測、假設的依據是不紮實的。此二不能成立。

綜上，我們可以對本節做一小結。五德終始思想是鄒衍的創造，五德轉移思想是從五行相勝理論發展而來的，鄒衍把在春秋時期主要用於占卜的五

〔註67〕 陳奇猷：《呂氏春秋新校釋》，上海：上海古籍出版社，2002 年，第 654 頁。

〔註68〕 史念海：《論〈禹貢〉的著作年代》，史念海《河山集》（二集），北京：生活・讀書・新知三聯書店，1981 年，第 391～392 頁。

〔註69〕 易德生：《從楚簡〈容成氏〉九州看〈禹貢〉的成書年代》，《江漢論壇》2009 年第 12 期。

行相勝理論引入歷史學領域發展出了五德轉移的歷史觀。《呂氏春秋》繼承了鄒衍的五德終始思想，《呂氏春秋·應同》篇所載五德終始思想保留了鄒衍五德終始思想的「原貌」，《呂氏春秋》的編撰者沒有聯繫秦國當時的實際情況來進行修改和加工。從保留陰陽家代表人物鄒衍的思想來說，《呂氏春秋》「不加潤色」地「鈔錄《鄒子終始》之文」確實保存了珍貴的史料。上引《呂氏春秋·應同》篇那段有關五德終始的材料是研究鄒衍、研究陰陽家必不可少的材料，史料價值非常高。這一點可以說是很好地保存了「舊」。但是，從編撰《呂氏春秋》來說，不聯繫實際地照抄不能不說是一種不負責任，是一點瑕疵。

第三節　《呂氏春秋》的機祥符應思想

一、思想來源

　　機祥符應思想古已有之。《尚書·洪範》曰：「庶徵：曰雨，曰暘，曰燠，曰寒，曰風，曰時。五者來備，各以其敘，庶草蕃廡。一極備凶，一極無凶。曰休徵：曰肅，時寒〔雨〕若；曰乂，時暘若；曰晢，時燠若；曰謀，時寒若；曰聖，時風若。曰咎徵：曰狂，恒雨若；曰僭，恒暘若；曰豫，恒燠若；曰急，恒寒若；曰蒙，恒風若。」〔註70〕《尚書·洪範》將自然現象雨、暘、燠、寒、風與人的品行聯繫起來，人的品行如果是好的，雨、暘、燠、寒、風就會符合時節，恰到好處，就是「休徵」；人的品行如果是壞的，雨、暘、燠、寒、風就會違背時節，禍災重重，就是「咎徵」。這是早期質樸的機祥符應思想。又《左傳》昭公七年（前535）載：「夏，四月甲辰朔，日有食之。晉侯問於士文伯曰：『誰將當日食？』對曰：『魯、衛惡之。衛大，魯小。』公曰：『何故？』對曰：『去衛地如魯地，於是有災，魯實受之。其大咎其衛君乎！魯將上卿。』公曰：『《詩》所謂「彼日而食，于何不臧」者，何也？』對曰：『不善政之謂也。國無政，不用善，則自取謫於日月之災，故政不可不慎也。務三而已：一曰擇人，二曰因民，三曰從時。』」〔註71〕太陽出現了日食，晉侯就問士文伯說：「這次日食應驗在誰的身上呢？」士文伯回

〔註70〕 孔穎達：《尚書正義》，《十三經注疏》，北京：中華書局，1980年，第192頁。
〔註71〕 孔穎達：《春秋左傳正義》，《十三經注疏》，北京：中華書局，1980年，第2048～2049頁。

答說:「應驗在魯國、衛國。」這體現的就是機祥符應思想,也就是士文伯所謂的「國無政,不用善,則自取謫於日月之災」。

這些零散的機祥符應思想是鄒衍的機祥符應思想的來源之一。另外,鄒衍的機祥符應思想也與儒家思想有關。鄒衍本有儒家思想,《史記·鄒衍列傳》曰:「騶衍睹有國者益淫侈,不能尚德,若《大雅》整之於身,施及黎庶矣。乃深觀陰陽消息而作怪迂之變,《終始》、《大聖》之篇十餘萬言。」〔註72〕鄒衍「尚德」,一副道義承擔者的形象,心懷黎庶百姓,將「大雅」背在身上。這符合儒家思想。由於儒家的思想得不到重視,鄒衍「乃深觀陰陽消息」創立了陰陽家,說明鄒衍本有儒家思想。《史記·鄒衍列傳》總結鄒衍的思想曰:「要其歸,必止乎仁義節儉,君臣上下六親之施。」〔註73〕這符合儒家思想。顧頡剛先生說:「我很疑騶衍亦儒家。他的學說歸本於『仁義節儉,君臣上下六親之施』,此其一。《史記·平原君傳》《集解》引劉向《別錄》,有騶衍論『辨』一節,適之先生以爲完全是儒家的口吻,與荀子論辯的話相同,此其二。《史記》以他與孟子、荀卿合傳,此其三。西漢儒者如董仲舒、劉向等的學說與他極相像,此其四。」〔註74〕顧頡剛先生的看法是很有道理的。

儒家思孟學派有以天人感應爲基礎的機祥符應思想。《孟子·萬章上》載:「萬章曰:『堯以天下與舜,有諸?』孟子曰:『否,天子不能以天下與人。』『然則舜有天下也,孰與之?』曰:『天與之。』『天與之者,諄諄然命之乎?』曰:『否,天不言,以行與事示之而已矣。』」〔註75〕萬章問孟子:舜的天下是堯給他的嗎?孟子說:舜的天下不是堯給他的,而是「天」給他的。萬章又問:天給舜的時候是通過語言授命給他的嗎?孟子說:天不言語,而是通過「行」和「事」昭示出來的。在這裡,孟子認爲上天是通過其他事情來向人間傳達其意志的,這就是基於天人感應的機祥符應思想。鄒衍在孟子之後,孟子這種基於天人感應的機祥符應思想應當對本來就具有儒家思想的鄒衍有較大影響。鄒衍的機祥符應思想當有一部分是來自於儒家思孟學派。白奚先生指出:「在鄒衍之前的《黃帝四經》和《管子》中,我們

〔註72〕 司馬遷:《史記》,北京:中華書局,1959 年,第 2344 頁。
〔註73〕 司馬遷:《史記》,北京:中華書局,1959 年,第 2344 頁。
〔註74〕 顧頡剛:《五德終始說下的政治與歷史》,《清華學報》1930 年第 1 期。
〔註75〕 舊題孫奭:《孟子注疏》,《十三經注疏》,北京:中華書局,1980 年,第 2737 頁。

只見到其在論四時教令時有災異說，並不見祥瑞符應的跡象，故而此一思想大概與鄒衍所由之分化出來的儒家思孟派有關。如《中庸》云：『國家將興，必有禎祥；國家將亡，必有妖孽。』《孟子·公孫丑下》亦云：『五百年必有王者興，其間必有名世者。由周而來，七百有餘歲矣。以其數則過矣，以其時考之則可矣。』鄒衍正是受到這些思想的影響和啓發，遂將其與五行相勝說結合起來，從而提出了五德終始的歷史發展觀。」〔註76〕白奚先生此說有理。

二、「類固相召，氣同則合，聲比則應」

《呂氏春秋》提出了「類固相召，氣同則合，聲比則應」的觀點。

《呂氏春秋·應同》曰：「類固相召，氣同則合，聲比則應。鼓宮而宮動，鼓角而角動。平地注水，水流濕。均薪施火，火就燥……無不皆類其所生以示人。故以龍致雨，以形逐影。師之所處，必生棘楚。禍福之所自來，眾人以爲命，安知其所。夫覆巢毀卵，則鳳凰不至；刳獸食胎，則麒麟不來；乾澤涸漁，則龜龍不往。物之從同，不可爲記。子不遮乎親，臣不遮乎君。君同則來，異則去。故君雖尊，以白爲黑，臣不能聽；父雖親，以黑爲白，子不能從。黃帝曰：『芒芒昧昧，因天之威，與元同氣。』故曰同氣賢於同義，同義賢於同力，同力賢於同居，同居賢於同名。帝者同氣，王者同義，霸者同力，勤者同居則薄矣，亡者同名則觕矣。其智彌觕者，其所同彌觕，其智彌精者，其所同彌精；故凡用意不可不精。夫精，五帝三王之所以成也。成齊類同皆有合，故堯爲善而眾善至，桀爲非而眾非來。《商箴》云『天降災布祥，並有其職』，以言禍福人或召之也。故國亂非獨亂也，又必召寇。獨亂未必亡也，召寇則無以存矣。」〔註77〕

「覆巢毀卵，則鳳凰不至；刳獸食胎，則麒麟不來；乾澤涸漁，則龜龍不往」，表現的是基於天人感應的機祥符應思想，因爲人類做出了諸如覆巢毀卵、刳獸食胎、乾澤涸漁等惡行，所以鳳凰、麒麟、龜龍等祥瑞就不會出現。天人感應的機祥符應思想已經存在了同類相召的意思，君王施行善政、善待百姓，上天褒獎他就會把祥瑞降臨人間，出現吉兆；君王施行惡

〔註76〕 白奚：《稷下學研究：中國古代的思想自由與百家爭鳴》，北京：生活·讀書·新知三聯書店，1998年，第260頁。
〔註77〕 陳奇猷：《呂氏春秋新校釋》，上海：上海古籍出版社，2002年，第683頁。

政、虐待百姓，上天懲戒他就會把兇惡之象降落人間，出現凶兆。善政能召來吉兆，善與吉在一起；惡政則召來凶兆，惡與凶在一起，這就是同類相召。

《呂氏春秋》同類相召的範圍，包括人與物，人與人，物與物。在人與物，人與人，物與物三者之中，《呂氏春秋》最重視的還是人與物之間的同類相召，因爲其中的一端聯繫著君王。君王爲善則吉兆來，君王爲惡則凶兆現，通過機祥符應可以判斷君王施政的好壞，也可以通過機祥符應來敦促君王廣施善政，所以《呂氏春秋》十分重視機祥符應。「成齊類同皆有合，故堯爲善而眾善至，桀爲非而眾非來。《商箴》云『天降災布祥，並有其職』，以言禍福人或召之也」，強調的就是機祥符應對君王的勸誡作用。

《呂氏春秋》尤其重視凶兆對君王的警示作用，列舉了眾多預示禍災的凶兆。《呂氏春秋·明理》曰：「其雲狀：有若犬、若馬、若白鵠、若眾車；有其狀若人，蒼衣赤首，不動，其名曰天衡；有其狀若懸釜而赤，其名曰雲旍；有其狀若眾馬以鬪，其名曰滑馬；有其狀若眾植華以長，黃上白下，其名蚩尤之旗。其日有鬪蝕，有倍僪，有暈珥，有不光，有不及景，有眾日並出，有晝盲，有霄見。其月有薄蝕，有暈珥，有偏盲，有四月並出，有二月並見，有小月承大月，有大月承小月，有月蝕星，有出而無光。其星有熒惑，有彗星，有天棓，有天欃，有天竹，有天英，有天干，有賊星，有鬪星，有賓星。其氣有上不屬天，下不屬地，有豐上殺下，有若水之波，有若山之楫，春則黃，夏則黑，秋則蒼，冬則赤。其妖孽有生如帶，有鬼投其陴，有菟生雉，雉亦生鴳，有螟集其國，其音匈匈，國有游蚅西東，馬牛乃言，犬彘乃連，有狼入於國，有人自天降，市有舞鴟，國有行飛，馬有生角，雄雞五足，有豕生而彌，雞卵多毈，有社遷處，有豕生狗。國有此物，其主不知驚惶亟革，上帝降禍，凶災必亟。其殘亡死喪，殄絕無類，流散循饑無日矣。此皆亂國之所生也，不能勝數，盡荊、越之竹，猶不能書。」〔註78〕《呂氏春秋》從「其雲」、「其日」、「其月」、「其星」、「其氣」、「其妖孽」等方面總結了亂國所生的凶兆。這些凶兆是上天給亂國之君的警示，告誡他們要棄惡從善、廣施善政。「國有此物，其主不知驚惶亟革，上帝降禍，凶災必亟。其殘亡死喪，殄絕無類，流散循饑無日矣」，意思是說，如果一國之中出現了上列的凶

〔註78〕 陳奇猷：《呂氏春秋新校釋》，上海：上海古籍出版社，2002年，第362～363頁。

兆而國君不知道惶恐、不知道有所變革，那麼上天就會降下禍災，國家的滅
亡也就不遠了。《呂氏春秋》認為像這樣的凶兆太多了，數都數不完，「盡荊、
越之竹，猶不能書」。

又《呂氏春秋‧明理》曰：「凡生非一氣之化也，長非一物之任也，成非
一形之功也。故眾正之所積，其福無不及也；眾邪之所積，其禍無不逮也。
其風雨則不適，其甘雨則不降，其霜雪則不時，寒暑則不當，陰陽失次，四
時易節，人民淫爍不固，禽獸胎消不殖，草木庳小不滋，五穀萎敗不成，其
以為樂也，若之何哉？」〔註 79〕《呂氏春秋》在此也強調了君王「積邪」所
召來的惡果：風雨不適、甘雨不降、霜雪不時、寒暑不當、陰陽失次、四時
易節、人民淫爍、禽獸不殖、草木不滋、五穀不成。《呂氏春秋》以此來警示
君王。

三、凶兆行善，仁政愛民

《呂氏春秋》認為機祥符應通過人為努力是可以改變的。

自然界所出現的奇異現象承載的是上天對人間君王的統治措施所作的評
價，吉兆是褒獎，凶兆是警示。吉兆預示著該君王的統治措施要繼續保持，
凶兆則預示著該君王的統治措施需要改革。《呂氏春秋》認為機祥符應是可以
通過人為努力來改變的。《呂氏春秋‧制樂》曰：「成湯之時，有穀生於庭，
昏而生，比旦而大拱，其吏請卜其故。湯退卜者曰：『吾聞祥者福之先者也，
見祥而為不善則福不至；妖者禍之先者也，見妖而為善則禍不至。』於是早
朝晏退，問疾弔喪，務鎮撫百姓，三日而穀亡。故禍兮福之所倚，福兮禍之
所伏，聖人所獨見，眾人焉知其極。」〔註 80〕「祥者福之先者也，見祥而為
不善則福不至；妖者禍之先者也，見妖而為善則禍不至」，即吉兆是福之先導，
吉兆出現而做惡事，福就不會再來了；凶兆是禍之先導，凶兆出現而做善事，
禍也就不會再來了。吉兆與凶兆，福與禍是可以相互轉化的，也就是「禍兮
福之所倚，福兮禍之所伏」。轉化的條件是人的主觀能動性。

《呂氏春秋‧制樂》曰：「周文王立國八年，歲六月，文王寢疾五日而地
動，東西南北，不出國郊，百吏皆請曰：『臣聞地之動，為人主也。今王寢
疾五日而地動，四面不出周郊，群臣皆恐，曰「請移之」。』文王曰：『若

〔註 79〕 陳奇猷：《呂氏春秋新校釋》，上海：上海古籍出版社，2002 年，第 362 頁。
〔註 80〕 陳奇猷：《呂氏春秋新校釋》，上海：上海古籍出版社，2002 年，第 350 頁。

何其移之也？』對曰：『興事動眾，以增國城，其可以移之乎。』文王曰：『不可。夫天之見妖也，以罰有罪也。我必有罪，故天以此罰我也。今故興事動眾以增國城，是重吾罪也。不可。』文王曰：『昌也請改行重善以移之，其可以免乎。』於是謹其禮秩皮革，以交諸侯；飭其辭令，幣帛，以禮豪士；頒其爵列等級田疇，以賞群臣。無幾何，疾乃止。文王即位八年而地動，已動之後四十三年，凡文王立國五十一年而終，此文王之所以止殃翦妖也。」〔註81〕

周文王八年，文王生病五天發生了地震。百官認為地震的禍災應驗在文王的身上，於是，請求通過發動民眾增修國都的城牆來把禍災從文王身上移走。文王認為這樣的方法不可行，指出上天把妖孽降臨人間是為了懲罰有罪過的人。文王的國家發生了地震，文王認為自己有罪過，這是上天對他的懲罰，不能通過發動民眾增修國都的城牆來移走。

那麼如何才能移走呢？文王的方法是「改行重善以移之」，也就是見到凶兆出現而做善事，禍災就不會再來，也就轉移走了。於是，文王謹慎地修整禮秩、皮革，用來結交諸侯；整飭辭令、幣帛，用來禮待賢士；頒佈爵列、等級、田疇，用來賞賜群臣。文王採取了這些措施，不久，文王的疾病就痊癒了。這就是文王「止殃翦妖」的方法。周文王通過發揮自己的主觀能動性轉移了一場禍災，《呂氏春秋》相信通過人為努力可以改變機祥符應，所以，《呂氏春秋》這樣來記載周文王的「止殃翦妖」。

《呂氏春秋》還指出只要君王有行善之心就可以轉移禍災。《呂氏春秋·制樂》曰：「宋景公之時，熒惑在心，公懼，召子韋而問焉，曰：『熒惑在心，何也？』子韋曰：『熒惑者，天罰也；心者，宋之分野也；禍當於君。雖然，可移於宰相。』公曰：『宰相所與治國家也，而移死焉，不祥。』子韋曰：『可移於民。』公曰：『民死，寡人將誰為君乎？寧獨死。』子韋曰：『可移於歲。』公曰：『歲害則民饑，民饑必死。為人君而殺其民以自活也，其誰以我為君乎？是寡人之命固盡已，子無復言矣。』子韋還走，北面載拜曰：『臣敢賀君。天之處高而聽卑。君有至德之言三，天必三賞君。今夕熒惑其徙三舍，君延年二十一歲。』公曰：『子何以知之？』對曰：『有三善言，必有三賞。熒惑有三徙舍，舍行七星，星一徙當一年，三七二十一，臣故曰君延年二十一歲矣。

〔註81〕陳奇猷：《呂氏春秋新校釋》，上海：上海古籍出版社，2002年，第350～351頁。

臣請伏於陛下以伺候之。熒惑不徙，臣請死。』公曰：『可。』是夕熒惑果徙三舍。」〔註82〕

宋景公的時候出現了「熒惑在心」的凶兆，宋景公感到恐懼就召子韋詢問原因。子韋指出「熒惑在心」宋景公有禍災，不過禍災可以移走。子韋提供了三種移走禍災的方法，即可以把禍災轉移給宰相、民、歲。宋景公懷有一顆慈善之心堅決不肯把禍災轉移給宰相、民、歲，而要獨自來承擔禍災。宋景公有這樣的行善愛民之心，所以，子韋認爲宋景公不會遭受禍災，相反，將會得到獎賞。子韋指出「今夕熒惑其徙三舍，君延年二十一歲」，而結果「是夕熒惑果徙三舍」。

高誘注曰：「以德復星也。徙三舍固其理也。死生有命，不可益矣，而延二十一歲，誘無聞也。」〔註83〕高誘認爲「熒惑徙三舍」是自然規律，本來如此，指出子韋「延年二十一歲」的說法是荒謬的。高誘是正確的，今天看來子韋所謂「延年二十一歲」的說法更是無稽之談。

但是，《呂氏春秋》這樣記載好像並不懷疑，我們認爲《呂氏春秋》這樣做並不一定就深信不疑，而是另有深意。《呂氏春秋》認爲通過人爲努力可以改變機祥符應，而所載多爲把禍災改變爲福瑞的事例。這一做法暗示了《呂氏春秋》是希望君王能夠廣施善政把禍轉化爲福，行善愛民。這是《呂氏春秋》的期待，並且《呂氏春秋》指出通過人爲努力是可以轉禍爲福的。

綜上，我們可以對本節做一小結。第一，《呂氏春秋》發展了機祥符應思想，提出了「類固相召，氣同則合，聲比則應」的觀點。《呂氏春秋》把側重表現人與物關係的機祥符應思想發展成了包括人與物、人與人、物與物的同類相召思想。三者之中，《呂氏春秋》最重視的還是表現人與物關係的機祥符應思想，因爲它與「君」聯繫最密切。第二，《呂氏春秋》認爲通過人爲努力可以改變機祥符應，可以將「禍」轉化爲「福」。「君」只要廣施善政、行善愛民，就能避免災禍，將「禍」轉化爲「福」。秦王政「少恩而虎狼心」，兇狠殘暴，呂不韋希望秦王政統一天下之後能施行仁政、仁愛百姓，因爲只有這樣才能免除災禍，永保秦國的江山。

〔註82〕 陳奇猷：《呂氏春秋新校釋》，上海：上海古籍出版社，2002年，第351頁。
〔註83〕 《呂氏春秋·制樂》注〔三八〕，陳奇猷《呂氏春秋新校釋》，上海：上海古籍出版社，2002年，第361頁。

第四節 《呂氏春秋》的疆域地理思想〔註84〕

一、思想探源

《易經·繫辭上》曰：「易與天地準，故能彌綸天地之道，仰以觀於天文，俯以察於地理，是故知幽明之故。」〔註85〕「仰以觀於天文，俯以察於地理」，王充《論衡》曰：「天有日月星辰謂之文，地有山川陵谷謂之理。」〔註86〕「疆域地理」是指天下國家的地域範圍和山川陵谷等地表形態。

平原、丘陵、高山、大河、沙漠、海洋等構成了人類生存的基本環境和地域範圍，古人對自己生存的環境進行認識和思考就有了疆域地理思想。中國人的疆域地理思想發展較早，《山海經·中山經》載：「禹曰：天下名山，經五千三百七十山，六萬四千五十六里，居地也。」〔註87〕大禹為什麼知道的這麼清楚呢？在中國古代，禹往往被認為是第一個系統調查中國的山川河流並把中國的版圖劃分為「九州」的人。堯、舜、禹之時，洪水氾濫，鯀、禹父子被派去治理洪水，《孟子·滕文公上》載：「當堯之時，天下猶未平，洪水橫流，氾濫於天下。」〔註88〕《山海經·海內經》載：「洪水滔天。鯀竊帝之息壤以堙洪水，不待帝命。帝令祝融殺鯀於羽郊。鯀復生禹。帝乃命禹卒布土以定九州。」〔註89〕禹在其父鯀之後繼續治理洪水並被要求「定九州」。《尚書·益稷》載：「帝曰：『來，禹！汝亦昌言。』禹拜曰：『都，帝！予何言？予思日孜孜。』皋陶曰：『吁！如何？』禹曰：『洪水滔天，浩浩懷山襄

〔註84〕 中國的「疆域地理思想」萌芽發展的相當早，可以說早在「陰陽家」產生之前中國古人就已經開始了對天下「疆域地理」的思考，「疆域地理思想」絕非「陰陽家」所獨有。然而，毫無疑問的是中國古代的「疆域地理思想」發展至「陰陽家」的代表人物鄒衍有了飛躍式的發展——從「九州」說發展為「大九州」說。顧頡剛先生指出鄒衍的「五德終始」歷史學說和「大九州」疆域地理學說奠定了後世陰陽五行學說的基礎（顧頡剛：《鄒衍及其後繼者的世界觀》，《中國古代史論叢》編委會編《中國古代史論叢》第一輯，福州：福建人民出版社，1981年，第3頁。），無疑，「大九州」學說是「陰陽家」的重要思想。《呂氏春秋》疆域地理思想最大的特色是繼承了鄒衍的「大九州」學說，所以，我們把《呂氏春秋》的疆域地理思想放在「陰陽家」來討論。

〔註85〕 孔穎達：《周易正義》，《十三經注疏》，北京：中華書局，1980年，第77頁。

〔註86〕 《論衡佚文》，黃暉：《論衡校釋》，北京：中華書局，1990年，第1211頁。

〔註87〕 袁珂：《山海經全譯》，貴陽：貴州人民出版社，1991年，第185頁。

〔註88〕 舊題孫奭：《孟子注疏》，《十三經注疏》，北京：中華書局，1980年，第2705頁。

〔註89〕 袁珂：《山海經全譯》，貴陽：貴州人民出版社，1991年，第336頁。

陵；下民昏墊。予乘四載，隨山刊木。暨益奏庶鮮食。予決九川，距四海；濬畎澮，距川。暨稷播，奏庶艱食鮮食。懋遷有無化居。烝民乃粒，萬邦作乂。』皋陶曰：『俞，師汝昌言。』」〔註90〕禹治水每天孜孜不倦地工作，三過家門而不入，成為後世傳頌的佳話。禹「隨山刊木」，「決九川，距四海；濬畎澮，距川」，最終制服了洪水，劃定了九州。這是中國古人原始的疆域地理思想。

「九州」觀念是古人疆域地理思想的重要內容，《詩經·商頌·玄鳥》：「古帝命武湯，正域彼四方。方命厥後，奄有九有。」〔註91〕「九有」，即是「九州」。《左傳·襄公四年》引《虞人之箴》曰：「芒芒禹跡，畫為九州。」〔註92〕屈原《天問》曰：「九州安錯？川谷何洿？」〔註93〕「九州體系」的形成有一個過程。《墨子·兼愛中》載：「古者禹治天下，西為西河、漁竇，以泄渠孫皇之水；北為防原泒，注后之邸、嘑池之竇，洒為底柱，鑿為龍門，以利燕、代、胡、貉與西河之民；東方漏之陸，防孟諸之澤，灑為九澮，以楗東土之水，以利冀州之民；南為江、漢、淮、汝，東流之，注五湖之處，以利荊、楚、干、越與南夷之民。此言禹之事，吾今行兼矣。」〔註94〕墨子「尊夏」，以大禹為榜樣，在此墨子描述了禹治理洪水的過程。在墨子的時代，九州的名稱應當還沒有形成，「九州」只出現了一個「冀州」。

《尚書·禹貢》記載大禹治水並劃定了「九州」：「禹敷土，隨山刊木，奠高山大川。冀州：既載壺口，治梁及岐。既修太原，至於岳陽。覃懷底績，至於衡、漳……濟、河惟兗州：九河既道，雷夏既澤，灉、沮會同……海、岱惟青州：嵎夷既略，濰、淄其道……海、岱及淮惟徐州：淮、沂其乂，蒙、羽其藝；大野既豬，東原底平……淮、海惟揚州：彭蠡既豬，陽鳥攸居；三江既入，震澤底定……荊及衡陽惟荊州：江、漢朝宗于海，九江孔殷，沱、潛既道，雲土夢作乂……荊、河惟豫州：伊、洛、瀍、澗既入於河，滎波既豬，導菏澤，被孟豬……華陽、黑水惟梁州：岷、嶓既藝，沱、潛既道，蔡蒙旅平，和夷底績……黑水、西河惟雍州：弱水既西，涇屬渭汭，漆、

〔註90〕孔穎達：《尚書正義》，《十三經注疏》，北京：中華書局，1980年，第141頁。
〔註91〕孔穎達：《毛詩正義》，《十三經注疏》，北京：中華書局，1980年，第623頁。
〔註92〕孔穎達：《春秋左傳正義》，《十三經注疏》，北京：中華書局，1980年，第1933頁。
〔註93〕洪興祖：《楚辭補注》，北京，中華書局，1983年，第91頁。
〔註94〕孫詒讓：《墨子閒詁》，北京：中華書局，2001年，第107～111頁。

沮既從，灃水攸同；荊、岐既旅，終南、惇物，至於鳥鼠；原隰底績，至於豬野；三危既宅，三苗丕敍。」〔註95〕

《禹貢》成書於公元前 380 年～前 360 年左右〔註96〕，記載了九州的名稱：冀州、兗州、青州、徐州、揚州、荊州、豫州、梁州、雍州。九州每州都有自己的地域範圍，大致範圍如下：冀州在兩河之間〔註97〕，兗州在濟、河之間，青州在海、岱之間，徐州在海、岱及淮之間，揚州在淮、海之間，荊州在荊及衡陽之間，豫州在荊、河之間，梁州在華陽、黑水之間，雍州在黑水、西河之間。

上博戰國楚簡《容成氏》也有對禹治理洪水以及「九州」的描述，《容成氏》載：「禹親執耒耜，以陂明都之澤，決九河之阻，於是乎夾州、徐州始可處。禹通淮與沂，東注之海，於是乎競州、莒州始可處也。禹乃通蔞與湯，東注之海，於是乎藕州始可處也。禹乃通三江五湖，東注之海，於是乎荊州、揚州始可處也。禹乃通伊、洛，並瀍、澗，東注之河，於是乎豫州始可處也。禹乃通涇與渭，北注之河，於是乎虘州始可處也。」〔註98〕據《容成氏》，禹治理洪水之後解救了九個州的百姓，這九個州是：夾州、徐州、競州、莒州、藕州、荊州、揚州、豫州、虘州。可以看出《容成氏》九州與《尚書・禹貢》九州的名稱有所不同。易德生先生認爲「《容成氏》成書大約在公元前 300 年左右，也即戰國中期偏晚」〔註99〕，並指出「簡文《容成氏》九州和《尚書・禹貢》九州應屬於一個系統，只是由於時代與版本不同，整理者有所增益，甚至改變，而造成一些差異，這也符合先秦古書的流傳規律」〔註100〕。這一觀點可作參考。《容成氏》九州與《尚書・禹貢》九州存在差別是很正常的事

〔註95〕 孔穎達：《尚書正義》，《十三經注疏》，北京：中華書局，1980 年，第 146～150 頁。

〔註96〕 此從史念海、易德生兩位先生之說，史念海：《論〈禹貢〉的著作年代》，史念海《河山集》（二集），北京：生活・讀書・新知三聯書店，1981 年，第 391～392 頁。易德生：《從楚簡〈容成氏〉九州看〈禹貢〉的成書年代》，《江漢論壇》2009 年第 12 期。

〔註97〕 《爾雅・釋地》曰：「兩河間曰冀州。」（邢昺：《爾雅注疏》，《十三經注疏》，北京：中華書局，1980 年，第 2614 頁。）

〔註98〕 馬承源主編：《上海博物館藏戰國楚竹書（二）》，上海：上海古籍出版社，2002 年，第 268～271 頁。本文按照李零先生的整理將某些文字改爲了通行文字。

〔註99〕 易德生：《從楚簡〈容成氏〉九州看〈禹貢〉的成書年代》，《江漢論壇》2009 年第 12 期。

〔註100〕 易德生：《上博楚簡〈容成氏〉九州芻議》，《江漢論壇》2006 年第 5 期。

情，這代表了古人對天下疆域地理形態不同的認識和思考。

　　《周禮‧職方氏》也有對九州的記載。《周禮》成書於何時，長期以來存在爭議。錢穆先生《〈周官〉著作時代考》從祀典、刑法、田制、其他四個方面進行了考證，認爲《周禮》成書於戰國晚期〔註101〕。錢穆此說在當時具有重大影響，得到不少人的認可，目前學者也多持這一觀點。《周禮‧職方氏》載：「東南曰揚州，其山鎭曰會稽，其澤藪曰具區，其川三江，其浸五湖⋯⋯正南曰荆州，其山鎭曰衡山，其澤藪曰雲瞢，其川江、漢，其浸潁、湛⋯⋯河南曰豫州，其山鎭曰華山，其澤藪曰圃田，其川熒、雒，其浸波、溠⋯⋯正東曰青州，其山鎭曰沂山，其澤藪曰望諸，其川淮、泗，其浸沂、沐⋯⋯河東曰兗州，其山鎭曰岱山，其澤藪曰大野，其川河、沛，其浸盧、維⋯⋯正西曰雍州，其山鎭曰嶽山，其澤藪曰弦蒲，其川涇、汭，其浸渭、洛⋯⋯東北曰幽州，其山鎭曰醫無閭，其澤藪曰豯養，其川河、泲，其浸菑、時⋯⋯河內曰冀州，其山鎭曰霍山，其澤藪曰楊紆，其川漳，其浸汾、潞⋯⋯正北曰并州，其山鎭曰恒山，其澤藪曰昭余祁，其川虖池、嘔夷，其浸淶、易。」〔註102〕《周禮‧職方氏》九州爲：揚州、荆州、豫州、青州、兗州、雍州、幽州、冀州、并州。《周禮‧職方氏》九州與《尚書‧禹貢》九州有不同，《尚書‧禹貢》有徐州、梁州，而《周禮‧職方氏》沒有；《周禮‧職方氏》有幽州、并州，而《尚書‧禹貢》沒有。同一州的地域範圍也有不同，例如揚州，《尚書‧禹貢》爲「淮、海惟揚州」，《周禮‧職方氏》爲「東南曰揚州」。《周禮‧職方氏》對九州的描述更具條理性，每州按照「其山鎭」、「其澤藪」、「其川」、「其浸」的順序記載了該州的山川河流。

　　中國古人的疆域地理思想在陰陽家的代表人物鄒衍這裡有了飛躍性的發展，鄒衍在「九州」說的基礎上發展出了「大九州」說。顧頡剛先生說：「（鄒衍）是齊國的一位有名學者，是一個偉大的探索宇宙問題的思想家，一手組織了歷史和地理的兩個大系統，奠定了後世陰陽五行學說的基礎。」〔註103〕其中所謂的「地理系統」指的就是鄒衍的「大九州」思想。鄒衍的著作皆已亡佚，依據其他文獻，我們可以知道鄒衍「大九州」思想的大概。

〔註101〕錢穆：《〈周官〉著作時代考》，《燕京學報》1933年第11期。

〔註102〕賈公彥：《周禮注疏》，《十三經注疏》，北京：中華書局，1980年，第862～863頁。

〔註103〕顧頡剛：《鄒衍及其後繼者的世界觀》，《中國古代史論叢》編委會編《中國古代史論叢》第一輯，福州：福建人民出版社，1981年，第3頁。

　　《史記‧鄒衍列傳》載：「騶衍睹有國者益淫侈，不能尚德，若《大雅》整之於身，施及黎庶矣。乃深觀陰陽消息而作怪迂之變，《終始》、《大聖》之篇十餘萬言。其語閎大不經，必先驗小物，推而大之，至於無垠。先序今以上至黃帝，學者所共術，大並世盛衰，因載其禨祥度制，推而遠之，至天地未生，窈冥不可考而原也。先列中國名山大川，通谷禽獸，水土所殖，物類所珍，因而推之，及海外人之所不能睹……以爲儒者所謂中國者，於天下乃八十一分居其一分耳。中國名曰赤縣神州。赤縣神州內自有九州，禹之序九州是也，不得爲州數。中國外如赤縣神州者九，乃所謂九州也。於是有裨海環之，人民禽獸莫能相通者，如一區中者，乃爲一州。如此者九，乃有大瀛海環其外，天地之際焉。其術皆此類也。」〔註104〕

　　《鹽鐵論‧論鄒》曰：「鄒子疾晚世之儒墨，不知天地之弘，昭曠之道，將一曲而欲道九折，守一隅而欲知萬方，猶無準平而欲知高下，無規矩而欲知方圓也。於是推大聖終始之運，以喻王公，先列中國名山通谷，以至海外。所謂中國者，天下八十一分之一，名曰赤縣神州，而分爲九州。絕陵陸不通，乃爲一州，有大瀛海圜其外。此所謂八極，而天地際焉。」〔註105〕

　　《論衡‧談天》曰：「鄒衍之書，言天下有九州，《禹貢》之上所謂九州也。《禹貢》九州，所謂一州也。若《禹貢》以上者，九焉。《禹貢》九州，方今天下九州也，在東南隅，名曰赤縣神州。復更有八州，每一州者四海環之，名曰裨海。九州之外，更有瀛海。」〔註106〕

　　綜合這些材料，我們可以勾勒出鄒衍「大九州」思想的大致內容：儒者所謂的中國叫做赤縣神州，赤縣神州之內有九州，也就是《禹貢》所謂的九州，這是「小九州」。像赤縣神州這樣的州共有九個，被稱爲九州，這是「大九州」。「大九州」的每州之外都有「裨海」環繞。這樣的「大九州」天下共有九個，它的外邊有「大瀛海」環繞。這樣，中國只占天下的八十一分之一。赤縣神州，即中國，位於其所在大州的東南一隅。

　　鄒衍的「大九州」思想打破了中國古人由來已久的「中國即天下」的傳統觀念，震驚世人，《史記‧鄒衍傳》曰「王公大人初見其術，懼然顧化」〔註107〕，《論衡‧談天》曰「此言詭異，聞者驚駭」〔註108〕。

〔註104〕司馬遷：《史記》，北京：中華書局，1959年，第2344頁。
〔註105〕王利器：《鹽鐵論校注》，北京：中華書局，1992年，第551頁。
〔註106〕黃暉：《論衡校釋》，北京：中華書局，1990年，第473～474頁。
〔註107〕司馬遷：《史記》，北京：中華書局，1959年，第2344頁。

春秋、戰國時期，我國的航海技術已經比較發達，人們開始了對海外世界的探索。《說苑・正諫》載：「齊景公遊於海上而樂之，六月不歸，令左右曰：『敢有先言歸者，致死不赦。』顏燭趨進諫曰：『君樂治海上，不樂治國，而六月不歸，彼倘有治國者，君且安得樂此海也？』」〔註109〕《史記・封禪書》載：「自威、宣、燕昭使人入海求蓬萊、方丈、瀛洲。」〔註110〕齊景公（在位時間為公元前547～前490）能夠在海上暢遊六個月而不願意歸國，足見當時航海技術發達之一斑。齊威王、宣王和燕昭王派人入海尋找蓬萊、方丈、瀛洲等仙山，開始了對海外世界的探尋。航海技術的發達促進了人們對海外世界的瞭解和認識，如白奚先生所說：「齊國瀕臨大海，航海事業的發展使人們發現了大海還有彼岸，聽到了來自海外的各種奇聞異事，引起了人們對海外世界的遐想。這樣的地理條件啟發了齊地人民豐富的想像力和創造力，為大九州說的出現提供了必不可少的主觀條件，刺激了大九州說的萌芽。」〔註111〕鄒衍是齊國人，航海事業的發展為大九州思想的出現提供了客觀條件。

鄒衍能發如此驚人之宏論，除了當時航海事業的發展等外在條件，鄒衍自身的主觀條件十分重要。首先，鄒衍具有豐富的想像力。鄒衍的想像力與齊國的地理條件有關。齊國瀕臨大海，海上出現的海市蜃樓給人無限的遐想，讓人相信大海還有彼岸而且彼岸是非常的繁華熱鬧。齊國這樣的地理條件為鄒衍張開想像的翅膀提供了條件。其次，鄒衍採取了相對來說比較科學的推理方法。鄒衍採取的推理方法是：「先驗小物，推而大之」、「先序今……推而遠之」，即以小推大、以近推遠的推理方法。鄒衍運用這樣的推理方法，「先列中國名山大川，通谷禽獸，水土所殖，物類所珍，因而推之，及海外人之所不能睹」，最終創造了「大九州」學說。

除了上述原因，《山海經》的存在為鄒衍提供了可以借鑒的範例。《山海經》成書於何時？衛聚賢先生從語法和文獻兩個方面對《山海經》進行了深入研究，認為「《山海經》的作期在西元前四〇八年後三三六年前這七十二年中間。折中計算《山海經》是西元前三七二年左右，即戰國中年作品」

〔註108〕 黃暉：《論衡校釋》，北京：中華書局，1990年，第474頁。
〔註109〕 向宗魯：《說苑校證》，北京：中華書局，1987年，第207頁。
〔註110〕 司馬遷：《史記》，北京：中華書局，1959年，第1369頁。
〔註111〕 白奚：《稷下學研究：中國古代的思想自由與百家爭鳴》，北京：生活・讀書・新知三聯書店，1998年，第270頁。

〔註112〕。我們認為衛聚賢先生的結論是可信的。鄒衍生活在戰國晚期，首先從時間上看，鄒衍看到並借鑒《山海經》是可能的。

其次，鄒衍的推理方法與《山海經》的描述方法是一致的。鄒衍採取以小推大、以近推遠的推理方法從中國赤縣神州推到「中國外如赤縣神州者九」、從「裨海環之」推到「大瀛海環其外」、從「中國」推到「海外」，勾畫了「大九州」的世界地圖。《山海經》也是先中國而後海外、由中國而推海外的創作思路。劉歆《上〈山海經〉表》曰：「內別五方之山，外分八方之海，紀其珍寶奇物，異方之所生，水土草木禽獸昆蟲麟鳳之所止，禎祥之所隱，及四海之外，絕域之國，殊類之人。」〔註113〕劉歆的概括可謂精到。《山海經》的創作思路是「內別五方之山」，「外分八方之海」，「及四海之外，絕域之國，殊類之人」，如袁珂先生所說：「《五藏山經》五篇，在著書人的心目中，其實就是『海內經』。這一部分寫完了，然後才『海外自西南陬至東南陬者……』說到海外。著者把《五藏山經》所記的山川道里，都認為是中國的境界，因此先海內而後海外，先中國而後『四夷』。」〔註114〕二者如此一致，鄒衍大九州思想的形成當受到《山海經》的影響。

顧頡剛先生也認為鄒衍大九州思想的形成受了《山海經》的影響。顧頡剛先生說：「我們在讀了《山海經》之後再看他（引者注：鄒衍）這段話，覺得兩種東西多麼相像呀，他『先列中國名山、大川、通谷、禽獸，水土所殖，物類所珍』，好像即是五篇《山經》。『裨海』是小海，裨海之內接近中國的一大州（即中國以外的八州），好像即是《海內經》。『大瀛海』之內的九州（即大九州），又好像即是《海外經》。這可見他的學說所受《山海經》的影響一定是很大的。」〔註115〕

鄒衍的大九州思想以及其相對來說比較科學的推理方式對後世有重大影響，《呂氏春秋》就是受其影響者。

《呂氏春秋》繼承前人的思想認為古人對天下疆域和地表形態的認識與

〔註112〕 衛聚賢：《山海經的研究》，衛聚賢編《古史研究》（第二集上冊），上海：商務印書館，1934年，第17頁。

〔註113〕 袁珂：《山海經全譯》，貴陽：貴州人民出版社，1991年，第353頁。

〔註114〕 袁珂：《山海經全譯前言》，袁珂《山海經全譯》，貴陽：貴州人民出版社，1991年，第10～11頁。

〔註115〕 顧頡剛：《鄒衍及其後繼者的世界觀》，《中國古代史論叢》編委會編《中國古代史論叢》第一輯，福州：福建人民出版社，1981年，第6頁。

大禹治理洪水、疏導河流有著緊密的聯繫。《呂氏春秋・愛類》曰：「昔上古龍門未開，呂梁未發，河出孟門，大溢逆流，無有丘陵沃衍、平原高阜，盡皆滅之，名曰鴻水。禹於是疏河決江，爲彭蠡之障，乾東土，所活者千八百國，此禹之功也。」〔註116〕又《呂氏春秋・古樂》曰：「禹立，勤勞天下，日夜不懈，通大川，決壅塞，鑿龍門，降通漻水以導河，疏三江五湖，注之東海，以利黔首。」〔註117〕大禹治水的過程中勢必會對天下的地勢地形做一番考察，這往往被看作古人系統的探索認識中國疆域和地表形態的開始。所以，《呂氏春秋》的疆域地理思想也將大禹治水作爲古人認識地表形態的開始。大禹的活動能幫助古人認識天下的疆域和地理風貌。《呂氏春秋・求人》曰：「禹東至榑木之地，日出、九津、青羌之野，攢樹之所，扴天之山，鳥谷、青丘之鄉，黑齒之國；南至交阯、孫樸、續樠之國，丹粟、漆樹、沸水、漂漂、九陽之山，羽人、裸民之處，不死之鄉；西至三危之國，巫山之下，飲露、吸氣之民，積金之山，共肱、一臂、三面之鄉；北至人正之國，夏海之窮，衡山之上，犬戎之國，夸父之野，禺強之所，積水、積石之山。不有懈墮，憂其黔首，顏色黎黑，竅藏不通，步不相過，以求賢人，欲盡地利，至勞也。」〔註118〕大禹尋求賢人，四處探訪，到達了東西南北的諸多地方。這些地方多是遙遠陌生的地方，這些地方有著獨特的山川、河流以及民眾。這擴大了古人的視野、增加了古人的地理知識。從這個角度來說，古人的疆域地理知識多與大禹聯繫著是有一定道理的。

戰國時代，生活在中原的人對周邊地區是有瞭解的。《呂氏春秋・恃君》曰：「非濱之東，夷、穢之鄉，大解、陵魚、其、鹿野、搖山、揚島、大人之居，多無君；揚、漢之南，百越之際，敝凱諸、夫風、餘靡之地，縛婁、陽禺、驩兜之國，多無君；氏、羌、呼唐、離水之西，僰人、野人、篇笮之川，舟人、送龍、突人之鄉，多無君；雁門之北，鷹隼、所鷙、須窺之國，饕餮、窮奇之地，叔逆之所，儋耳之居，多無君；此四方之無君者也。」〔註119〕戰國時代，中原人知道非濱之東，揚、漢之南，氏、羌、呼唐、離水之西，雁門之北都有哪些國家和地區，還知道這些國家都是沒有君主的國家。我們從這些可以大致瞭解當時人的疆域地理知識水平之一斑。

〔註116〕陳奇猷：《呂氏春秋新校釋》，上海：上海古籍出版社，2002年，第1473頁。

〔註117〕陳奇猷：《呂氏春秋新校釋》，上海：上海古籍出版社，2002年，第289頁。

〔註118〕陳奇猷：《呂氏春秋新校釋》，上海：上海古籍出版社，2002年，第1524頁。

〔註119〕陳奇猷：《呂氏春秋新校釋》，上海：上海古籍出版社，2002年，第1331頁。

二、與時俱進的「小九州」說

　　《呂氏春秋》有《有始》篇比較集中地反映了《呂氏春秋》的疆域地理思想。《呂氏春秋·有始》曰：

> 天有九野，地有九州，土有九山，山有九塞，澤有九藪，風有八等，水有六川。何謂九野？中央曰鈞天，其星角、亢、氐。東方曰蒼天，其星房、心、尾。東北曰變天，其星箕、鬥、牽牛。北方曰玄天，其星婺女、虛、危、營室。西北曰幽天，其星東壁、奎、婁。西方曰顥天，其星胃、昴、畢。西南曰朱天，其星觜嶲、參、東井。南方曰炎天，其星輿鬼、柳、七星。東南曰陽天，其星張、翼、軫。何謂九州？河、漢之間為豫州，周也。兩河之間為冀州，晉也。河、濟之間為兗州，衛也。東方為青州，齊也。泗上為徐州，魯也。東南為揚州，越也。南方為荊州，楚也。西方為雍州，秦也。北方為幽州，燕也。何謂九山？會稽，太山，王屋，首山，太華，岐山，太行，羊腸，孟門。何謂九塞？大汾，冥厄，荊阮，方城，殽，井陘，令疵，句注，居庸。何謂九藪？吳之具區，楚之雲夢，秦之陽華，晉之大陸，梁之圃田，宋之孟諸，齊之海隅，趙之鉅鹿，燕之大昭。何謂八風？東北曰炎風，東方曰滔風，東南曰薰風，南方曰巨風，西南曰淒風，西方曰飂風，西北曰厲風，北方曰寒風。
> 何謂六川？河水，赤水，遼水，黑水，江水，淮水[註120]。

　　《呂氏春秋》九州是：豫州、冀州、兗州、青州、徐州、揚州、荊州、雍州、幽州。《尚書·禹貢》九州是：冀州、兗州、青州、徐州、揚州、荊州、豫州、梁州、雍州。《周禮·職方氏》九州是：揚州、荊州、豫州、青州、兗州、雍州、幽州、冀州、并州。九州之中，三者共有者：豫州、冀州、兗州、青州、揚州、荊州、雍州。三者之中，《尚書·禹貢》獨有梁州，《周禮·職方氏》獨有并州。從州名上來看，《呂氏春秋》九州可以說是綜合《尚書·禹貢》九州、《周禮·職方氏》九州而成。《呂氏春秋》捨棄《尚書·禹貢》獨有的梁州和《周禮·職方氏》獨有的并州之後將二者合併而成自己的新九州。

　　《呂氏春秋》這麼做不是簡單的合併，而是根據當時各國形勢的發展而

〔註120〕陳奇猷：《呂氏春秋新校釋》，上海：上海古籍出版社，2002年，第662～663頁。

做的調整，如丁山先生所說：「戰國中葉，魯、衛之政，不亡者僅，未足以表徐、兗；燕起東北，下齊七十城，聲威喧赫，六國震動，《呂覽》特立幽州，是也。」〔註121〕同一州的地域範圍也在變化，例如徐州，《尚書・禹貢》曰「海、岱及淮惟徐州」，即泰山以南、淮河以北，東至於海的區域為徐州；《呂氏春秋》曰「泗上為徐州，魯也」，即徐州在泗上，指魯國。從《尚書・禹貢》到《呂氏春秋》，我們可以看出徐州的地域範圍變小了。《呂氏春秋》所載徐州地域範圍的縮小也是戰國末期實際情況的反映，如丁山先生所說：「考，《呂覽・首時》，『齊以東帝困於天下，而魯取徐州』；則其《有始覽》以魯表泗上徐州，固因戰國末葉區域為說。」〔註122〕

　　《尚書・禹貢》《周禮・職方氏》《呂氏春秋・有始》三者劃分九州疆界的依據有相同的地方，也有不同之處。《尚書・禹貢》開篇曰「禹敷土，隨山刊木，奠高山大川」，這交代了《禹貢》劃分九州疆界的依據是「高山大川」，如「濟、河惟兗州」、「海、岱惟青州」、「海、岱及淮惟徐州」等等。《周禮・職方氏》劃分九州疆界的依據有兩個，一是河流，指黃河，如「河南曰豫州」、「河東曰兗州」、「河內曰冀州」；一是方位，如「東南曰揚州」、「正南曰荊州」等等。《呂氏春秋・有始》劃分九州疆界的依據和《周禮・職方氏》劃分九州疆界的依據很相似，一是河流，如「河、漢之間為豫州」、「兩河之間為冀州」、「河、濟之間為兗州」、「泗上為徐州」，不過這裡的河流不僅限於黃河；一是方位，如「東方為青州」、「東南為揚州」等等。

　　與《尚書・禹貢》九州、《周禮・職方氏》九州不同的是，《呂氏春秋》的九州每州對應著一個國家：「河、漢之間為豫州，周也。兩河之間為冀州，晉也。河、濟之間為兗州，衛也。東方為青州，齊也。泗上為徐州，魯也。東南為揚州，越也。南方為荊州，楚也。西方為雍州，秦也。北方為幽州，燕也。」《呂氏春秋・有始》曰「天有九野，地有九州」，在此《呂氏春秋》的地之「九州」是與天之「九野」對應著的。陰陽家認為陰、陽對立統一，世間萬物都是陰對陽地對應存在著，天對地，地上的事物總能在天上找到其存在的依據，如《史記・天官書》太史公所說：「天則有日月，地則有陰陽。天有五星，地有五行。天則有列宿，地則有州域。」〔註123〕

〔註121〕丁山：《九州通考》，《齊魯學報》1941年第1號。
〔註122〕丁山：《九州通考》，《齊魯學報》1941年第1號。
〔註123〕司馬遷：《史記》，北京：中華書局，1959年，第1342頁。

　　「天則有列宿，地則有州域」，天上的星宿對應著地上的州國。《呂氏春秋·制樂》曰：「宋景公之時，熒惑在心，公懼，召子韋而問焉，曰：『熒惑在心，何也？』子韋曰：『熒惑者，天罰也；心者，宋之分野也；禍當於君。雖然，可移於宰相。』」〔註124〕高誘注曰：「熒惑，五星之一，火之精也。心，東方宿，宋之分野。」〔註125〕「心者，宋之分野也」足見《呂氏春秋》是把地上的州國與天上的星宿對應著的。不過，這種對應關係似乎還沒有完全建立起來。《呂氏春秋·有始》雖然說「天有九野，地有九州」把地之「九州」與天之「九野」對應著，但是地之「九州」與天之「九野」並沒有建立起一一對應的關係，二者是分開羅列的。例如，東方，「九野」之「東方曰蒼天，其星房、心、尾」，「九州」之「東方為青州，齊也」，《呂氏春秋·制樂》曰「心者，宋之分野也」，所以，「九野」之東方星宿並不能與「九州」之東方州國對應起來。雖然如此，但是我們可以肯定的是《呂氏春秋》具有把地之「九州」與天之「九野」對應起來的疆域地理思想。

　　《呂氏春秋·有始》九州與《尚書·禹貢》九州、《周禮·職方氏》九州皆有不同，而與《爾雅》九州頗相似。《爾雅·釋地》曰：「兩河間曰冀州，河南曰豫州，河西曰雝州，漢南曰荊州，江南曰揚州，濟河間曰兗州，濟東曰徐州，燕曰幽州，齊曰營州。」〔註126〕其中只有「齊曰營州」與《呂氏春秋·有始》「東方為青州，齊也」有異。邢昺疏曰：「《周禮》：『正東曰青州。』《禹貢》：『海、岱惟青州。』孔《傳》云：『東北據海，西南距岱。』然則此營州則青州之地也。《博物志》云：『營與青同。』海東有青丘，齊有營丘，豈是名乎？」〔註127〕則「營州」與「青州」同。丁山先生說：「除營州名稍異於《呂覽》外，餘則全同。且『齊曰營州』，《說苑·辨物》引仍作青州；則《爾雅》九州，實襲《呂覽》。《呂覽》之以方位辨疆界，鄒衍之學也。《爾雅》變『東北為青州齊也』曰『齊曰青州』；變『北方為幽州燕也』曰『燕曰幽州』；亦以《呂覽》之州界不明，《禹貢》以岱山別青、徐，青、徐之經界難理，且幽州非《禹貢》所有，亦無由自河統轄其四至。是故《呂覽》之於《禹貢》，為初步修正，《爾雅》之於《禹貢》為再步修正，皆據戰國之列國形勢為說也。」

〔註124〕陳奇猷：《呂氏春秋新校釋》，上海：上海古籍出版社，2002年，第351頁。
〔註125〕《呂氏春秋·制樂》注〔二六〕，陳奇猷《呂氏春秋新校釋》，上海：上海古籍出版社，2002年，第359頁。
〔註126〕邢昺：《爾雅注疏》，《十三經注疏》，北京：中華書局，1980年，第2614頁。
〔註127〕邢昺：《爾雅注疏》，《十三經注疏》，北京：中華書局，1980年，第2615頁。

〔註128〕《呂氏春秋》九州、《爾雅》九州的形成當對《禹貢》九州有所參考。由於《爾雅》成書的時間頗有爭議，丁山先生「《爾雅》九州，實襲《呂覽》」一說或可作參考。

三、有所寄託的「大九州」說

《呂氏春秋》也有「大九州」思想。《呂氏春秋‧有始》曰：

> 凡四海之內，東西二萬八千里，南北二萬六千里，水道八千里，受水者亦八千里，通谷六，名川六百，陸注三千，小水萬數。凡四極之內，東西五億有九萬七千里，南北亦五億有九萬七千里。極星與天俱遊，而天極不移。冬至日行遠道，周行四極，命曰玄明。夏至日行近道，乃參於上。當樞之下無晝夜。白民之南，建木之下，日中無影，呼而無響，蓋天地之中也〔註129〕。

在此《呂氏春秋》所謂「凡四海之內」所描寫的是「小九州」，是《禹貢》九州。在鄒衍的「大九州」思想產生之前，「東西二萬八千里，南北二萬六千里」被認為是天下地域範圍的極限，《山海經‧中山經》曰：「天地之東西二萬八千里，南北二萬六千里，出水之山者八千里，受水者八千里。」〔註130〕又《管子‧地數》曰：「地之東西二萬八千里，南北二萬六千里。其出水者八千里，受水者八千里。」〔註131〕《呂氏春秋》繼承了這種思想，認為「凡四海之內，東西二萬八千里，南北二萬六千里，水道八千里，受水者亦八千里，通谷六，名川六百，陸注三千，小水萬數」。

不過，《呂氏春秋》認為「四海」之外還有「四極」，指出「凡四極之內，東西五億有九萬七千里，南北亦五億有九萬七千里」。「四海之內」是「小九州」，「四海」之外的「四極」自然是「大九州」。「大九州」思想是鄒衍創造的，《呂氏春秋》繼承的是鄒衍的思想。白奚先生說：「《呂氏春秋‧有始》把《管子》所描述的『東西二萬八千里，南北二萬六千里』的地域稱為『四海之內』，此即鄒衍所稱由『裨海』環之的赤縣神州。四海之外更有『四極』，此應即鄒衍所謂『八極』。《有始》曰：『凡四極之內，東西五億有九萬七千里，

〔註128〕丁山：《九州通考》，《齊魯學報》1941年第1號。
〔註129〕陳奇猷：《呂氏春秋新校釋》，上海：上海古籍出版社，2002年，第663頁。
〔註130〕袁珂：《山海經全譯》，貴陽：貴州人民出版社，1991年，第185頁。
〔註131〕黎翔鳳：《管子校注》，北京：中華書局，2004年，第1352頁。

南北亦五億有九萬七千里」，此即鄒衍所謂由『大瀛海』環繞之『天下』。因為在當時蓋天說的觀念中，天有多大，地（包括所環之海）就有多大，《呂氏春秋》所載，極有可能是受了鄒衍大九州說的影響。」〔註132〕我們贊同白奚先生的看法。

《呂氏春秋》認為天下地域範圍的極限是「東西五億有九萬七千里，南北亦五億有九萬七千里」，這比「小九州」時代人們所認為的天下地域的範圍擴大了好多倍。《呂氏春秋》的「大九州」思想來自鄒衍，由於鄒衍著作的亡佚，我們不能確定天下地域範圍的極限「東西五億有九萬七千里，南北亦五億有九萬七千里」這一數據是鄒衍的創造還是《呂氏春秋》的發明。不過，就現存文獻來看，最早記載這一數據者當是《呂氏春秋》。這對於我們考察古人的疆域地理思想具有重要的價值。

我們認為《呂氏春秋》吸收鄒衍的「大九州」說不僅僅是為了繼承「舊」思想，而是有所寄託。「大九州」說打破了中國就是天下的觀念，它告訴世人中國的外面還有世界，中國只是其中很小的一部分。「大九州」說的言外之意是世人要打破狹隘的地域觀念，以一種開放的視野來認識整個世界，以一種開闊的胸懷來接納外來的新鮮事物。「大九州」說表現了一種不但從疆域上統一天下的雄心，而且也要從思想意識上接納天下的壯志。天下那麼大，新鮮的事物那麼多，既然要統一天下，那麼天下所有的事物都要接納和認識，進而來治理天下。

秦王政心胸狹窄，睚眥必報，《史記・秦始皇本紀》載十九年秦滅趙，「秦王之邯鄲，諸嘗與王生趙時母家有仇怨，皆坑之」〔註133〕。秦王政少年時期曾生活於趙國邯鄲，秦滅趙之後，秦王政還要把二十幾年前少年時代的仇家找出來活埋。秦王政這樣狹窄的心胸，呂不韋對他的擔憂是很有道理的。呂不韋利用「大九州」說來教育秦王政要以一種寬廣的心胸來容納天下不同的人和事，在此基礎上來治理天下。我們認為這是呂不韋《呂氏春秋》吸收「大九州」說的寄託所在。

綜上，我們可以對本節做一小結。中國古人的疆域地理思想發展很早，與「芒芒禹跡，畫為九州」緊密聯繫著。大禹治水，劃定「九州」，「九州」

〔註132〕白奚：《稷下學研究：中國古代的思想自由與百家爭鳴》，北京：生活・讀書・新知三聯書店，1998年，第271頁。

〔註133〕司馬遷：《史記》，北京：中華書局，1959年，第233頁。

觀念可以說是中國影響最大的、成系統的最早的疆域地理思想。隨著列國發展形勢的變化，「九州」的名稱、地域也發生著變化。「九州」觀念發展至陰陽家的代表鄒衍，中國的疆域地理思想有了飛躍性的發展，鄒衍創立了「大九州」思想，認爲人們所謂的中國只占天下的八十一分之一。「大九州」思想打破了傳統的「中國即天下」的觀念，創立了全新的疆域地理思想，給世人帶來很大的震驚，影響很大。

《呂氏春秋》既繼承了「小九州」思想，又吸收了「大九州」思想。「小九州」思想方面，《呂氏春秋》根據戰國末期的實際情況對《尚書・禹貢》九州和《周禮・職方氏》九州的名稱進行了變動，形成了自己的「九州」：豫州、冀州、兗州、青州、徐州、揚州、荊州、雍州、幽州。《呂氏春秋》具有把地之「九州」與天之「九野」對應起來的疆域地理思想，認爲地上的州國對應著天上的星宿。「大九州」思想方面，《呂氏春秋》把傳統上所認爲的天下地域範圍的極限「東西二萬八千里，南北二萬六千里」稱爲「四海之內」，即「小九州」。《呂氏春秋》認爲天下地域範圍的眞正極限是「東西五億有九萬七千里，南北亦五億有九萬七千里」，這是「大九州」。

《呂氏春秋》的「大九州」說有所寄託，旨在勸說秦始皇要視野開闊，心胸豁達，容納萬物，治理天下。

第四章 《呂氏春秋》的其他各家思想

第一節 《呂氏春秋》的法家思想

一、思想探源

　　先秦法家分爲齊法家和晉法家，張岱年先生指出：「多年以來，許多哲學史著作講述先秦法家思想，以商鞅、申不害、韓非子爲代表人物，事實上這是片面的觀點。商、申、韓非，可稱爲三晉法家（商鞅在秦國實行變法，但他本來自魏國）。在三晉法家之外，還有推崇管仲的齊國法家。實際上，古代常以『管、商』並稱。《韓非子・五蠹篇》說：『今境內之民皆言治，藏「商、管之法」者家有之。』宋明理學家多訾議『管、商功利之說』。《管子》是法家的大宗，這是歷史的事實。」〔註1〕張岱年先生所言甚是。先秦法家包括齊法家和晉法家，齊法家的代表作是《管子》、《愼子》，晉法家的代表作則是《商君書》、《韓非子》。

　　同爲法家，齊法家和晉法家都表現出對「法」的強調，《史記・太史公自序》載司馬談概括曰：「法家不別親疏，不殊貴賤，一斷於法。」〔註2〕《漢書・藝文志》曰：「法家者流，蓋出於理官，信賞必罰，以輔禮制。《易》曰『先王以明罰飭法』，此其所長也。及刻者爲之，則無教化，去仁愛，專任刑

〔註1〕張岱年：《管子新探序》，胡家聰《管子新探》，北京：中國社會科學出版社，1995年，第2頁。
〔註2〕司馬遷：《史記》，北京：中華書局，1959年，第3291頁。

法而欲以致治，至於殘害至親，傷恩薄厚。」〔註3〕然而，齊法家和晉法家是不同的〔註4〕，如張岱年先生所說：「齊法家與三晉法家的主要不同之點，是立論比較全面，既強調法治，也肯定道德教育的必要性，避免了商、韓忽視文教的缺點。」〔註5〕

我們認爲《慎子》的法家思想屬於齊法家。《史記·孟子荀卿列傳》載：「慎到，趙人……學黃老道德之術，因發明序其指意。故慎到著十二論。」〔註6〕慎到學黃老之學，但又有所「發明」，即「法」的思想。《慎子》包含大量的法家思想，所以，《漢書·藝文志》將《慎子》著錄於法家〔註7〕。郭沫若先生也說：「慎到、田駢的一派是把道家的理論向法理一方面發展了的。嚴格地說，只有這一派或慎到一人才眞正是法家。」〔註8〕

慎到，是趙人，屬於三晉，但是，慎到，是著名的稷下先生，曾長期生活於齊國稷下學宮，受到齊文化的影響。從出生的地域上看，慎到的法家思想應該屬於晉法家，但是，從《慎子》的實際內容來考察，慎到的法家思想卻屬於齊法家。晉法家的一大特點是，主張運用嚴刑峻法來維護君主的絕對專制。慎到則不然，《慎子·威德》曰：「立天子以爲天下，非立天下以爲天子也；立國君以爲國，非立國以爲君也；立官長以爲官，非立官以爲長也。」〔註9〕慎到指出立天子、國君、官長不是爲了某一個人的一己之私，而是爲了整個天下的百姓。這與晉法家所主張的一定要維護君主的絕對權威是不同的。又《慎子·威德》曰：「明君動事分功必由慧，定賞分財必由法，行德制中必由禮。」〔註10〕由此可見慎到不主張一味地施行嚴刑峻法，而是主張將

〔註3〕 班固：《漢書》，北京：中華書局，1962年，第1736頁。

〔註4〕 關於二者的差異，楊玲博士在對《管子》、《商君書》、《韓非子》進行深入比較研究的基礎上得出結論說：「《管子》對和諧、適度、公平的提倡、注重和追求證明了齊法家所具有的『中和』的治國理念，而從《商君書》的『壹』到《韓非子》的『道』體現出的正是晉法家對絕對君主專制的追求。」（楊玲：《先秦法家思想比較研究——以〈管子〉、〈商君書〉、〈韓非子〉爲中心》，浙江大學2005年博士學位論文，第2頁。）此說可作參考。

〔註5〕 張岱年：《管子新探序》，胡家聰《管子新探》，北京：中國社會科學出版社，1995年，第2頁。

〔註6〕 司馬遷：《史記》，北京：中華書局，1959年，第2347頁。

〔註7〕 班固：《漢書》，北京：中華書局，1962年，第1735頁。

〔註8〕 郭沫若：《稷下黃老學派的批判》，郭沫若《十批判書》，北京：東方出版社，1996年，第169頁。

〔註9〕 慎到撰，錢熙祚校：《慎子》，上海：商務印書館，1939年，第3頁。

〔註10〕 慎到撰，錢熙祚校：《慎子》，上海：商務印書館，1939年，第3頁。

「慧」、「法」、「禮」三者結合起來，是一種「中和」的治國理念，具有齊法家的特點。郭沫若先生說：「韓非子的思想，雖然主要是由慎到學說的再發展，但它是發展向壞的方面，攙雜進了申子或關尹、老子的術，使慎到的法理完全變了質。」〔註11〕慎到法家思想與韓非子法家思想的不同也正說明了慎到的法家思想不屬於晉法家。

　　以《管子》、《慎子》為代表的齊法家和以《商君書》、《韓非子》為代表的晉法家是《呂氏春秋》的法家思想產生的根源和背景。《呂氏春秋》的法家思想是對齊、晉法家思想的繼承和發展。接下來，我們以齊、晉法家思想為參照來討論《呂氏春秋》的法家思想。

二、法治

（一）法治為輔，德治為主

　　齊法家強調法治而又不放棄禮教。《管子・任法》曰：「法者，天下之至道也，聖君之實用也。」〔註12〕又《管子・明法》曰：「先王之治國也，不淫意於法之外，不為惠於法之內也。動無非法者，所以禁過而外私也。威不兩錯，政不二門。以法治國，則舉錯而已。是故有法度之制者，不可巧以詐偽。有權衡之稱者，不可欺以輕重。有尋丈之數者，不可差以長短。」〔註13〕《管子》指出一切活動都應該依據「法」，因為「法」是確定不變的標準，可以作為判斷是非對錯的依據，符合「法」的就是正確的，違背「法」的就是錯誤的。正如「有權衡之稱者，不可欺以輕重。有尋丈之數者，不可差以長短」一樣，「有法度之制者，不可巧以詐偽」。用「法」來治理國家，「舉錯而已」，就簡單的多了，所以《管子》主張「動無非法」，「不淫意於法之外，不為惠於法之內」。然而，《管子》在強調法治的同時也不放棄禮治，《形勢解》曰「法度者，萬民之儀表也。禮義者，尊卑之儀表也」〔註14〕，《侈靡》曰「故法而守常，尊禮而變俗」〔註15〕。「法」通過規範人們的行為來保證社會的穩定，「禮」通過確定人們的尊卑地位來維持社會的秩序。《管子》認為「禮」具有

〔註11〕　郭沫若：《稷下黃老學派的批判》，郭沫若《十批判書》，北京：東方出版社，1996 年，第 169 頁。
〔註12〕　黎翔鳳：《管子校注》，北京：中華書局，2004 年，第 906 頁。
〔註13〕　黎翔鳳：《管子校注》，北京：中華書局，2004 年，第 914～916 頁。
〔註14〕　黎翔鳳：《管子校注》，北京：中華書局，2004 年，第 1181 頁。
〔註15〕　黎翔鳳：《管子校注》，北京：中華書局，2004 年，第 661 頁。

輔助「法」的作用，《權脩》曰「朝廷不肅，貴賤不明，長幼不分，度量不審，衣服無等，上下凌節，而求百姓之尊主政令，不可得也」，又曰「法者，將立朝庭者也。將立朝庭者，則爵服不可不貴也。爵服加於不義，則民賤其爵服；民賤其爵服，則人主不尊；人主不尊，則令不行矣」〔註16〕，也就是《形勢解》所說的「動有儀則令行，無儀則令不行」〔註17〕。

《慎子·君人》曰：「君人者，捨法而以身治，則誅賞予奪從君心出矣。然則受賞者雖當，望多無窮；受罰者雖當，望輕無已。君捨法而以心裁輕重，則同功殊賞、同罪殊罰矣，怨之所由生也。是以分馬者之用策，分田者之用鉤，非以鉤策爲過於人智也，所以去私塞怨也。故曰大君任法而弗躬，則事斷於法矣。法之所加，各以其分，蒙其賞罰而無望於君也，是以怨不生而上下和矣。」〔註18〕慎到也指出要以法治國，如果君主捨棄「法」以身治國，把君心作爲裁斷輕重的標準，就會出現「同功殊賞、同罪殊罰」的情況，就會帶來怨恨，原因是「君心」帶有很大的主觀性。君心帶著喜、怒、哀、樂等情感來裁決，因爲沒有一個穩定不變的客觀標準來作爲參照，自然會出現「同功殊賞、同罪殊罰」的情況；因爲缺乏公平、公正，所以，民心會產生怨恨。「法」就是這樣一個評判是非對錯的客觀標準，是公平、公正的，所以，慎到主張君主「任法而弗躬」、「事斷於法」。又《慎子·君臣》曰：「爲人君者不多聽，據法倚數以觀得失。無法之言，不聽於耳；無法之勞，不圖於功；無勞之親，不任於官。官不私親，法不遺愛，上下無事，唯法所在。」〔註19〕慎到認爲君主要「據法倚數以觀得失」，即把「法」作爲行事的標準。「官不私親，法不遺愛，上下無事，唯法所在」說的就是司馬談所概括的「不別親疏，不殊貴賤，一斷於法」的法家精神。然而，慎到重視法治也不忽視禮治，《慎子·威德》曰「定賞分財必由法，行德制中必由禮」，又曰「法制禮籍，所以立公義也」〔註20〕。

晉法家尤其強調法治，主張消除德治。關於《商君書》，我們贊同高亨先生的看法，高先生說：「我們考察此書的內容，都符合商鞅的思想實質，沒有重大的自相矛盾之處，可以說它是商鞅遺著和商鞅一派學者遺著的合編。我

〔註16〕黎翔鳳：《管子校注》，北京：中華書局，2004年，第53、57頁。

〔註17〕黎翔鳳：《管子校注》，北京：中華書局，2004年，第1181頁。

〔註18〕慎到撰，錢熙祚校：《慎子》，上海：商務印書館，1939年，第7～8頁。

〔註19〕慎到撰，錢熙祚校：《慎子》，上海：商務印書館，1939年，第8頁。

〔註20〕慎到撰，錢熙祚校：《慎子》，上海：商務印書館，1939年，第3頁。

們根據它來研究商鞅的思想，沒有多大問題；根據它來研究晚周諸子法家中商鞅一派的思想更沒有問題。」〔註21〕《商君書·君臣》曰：「明主愼法制，言不中法者不聽也，行不中法者不高也，事不中法者不爲也。言中法，則辯之；行中法，則高之；事中法，則爲之。」〔註22〕商鞅指出賢明的君主不聽不中法之言，不高不中法之行，不爲不中法之事，凡事以法爲判斷標準。又《商君書·愼法》曰：「有明主忠臣產於今世而散領其國者，不可以須臾忘於法。破勝黨任，節去言談，任法而治矣。」〔註23〕商鞅認爲明主忠臣治理國家每時每刻都不能離開法，只有任法才能治國。商鞅認爲仁義道德不足以治天下，而只能亡天下，《商君書·去強》曰：「國有禮、有樂、有《詩》、有《書》、有善、有修、有孝、有弟、有廉、有辯，國有十者，上無使戰，必削至亡；國無十者，上有使戰，必興至王。」〔註24〕又《商君書·畫策》曰：「仁者能仁於人，而不能使人仁；義者能愛於人，而不能使人愛；是以知仁義之不足以治天下也。」〔註25〕韓非子強調法治，《韓非子·有度》曰：「當今之時，能去私曲就公法者，民安而國治；能去私行行公法者，則兵強而敵弱。」又曰：「明主使其群臣不遊意於法之外，不爲惠於法之內，動無非法。」〔註26〕韓非子指出治國以「法」不以「德」，《韓非子·顯學》曰「威勢之可以禁暴，而德厚之不足以止亂」，「夫聖人之治國，不恃人之爲吾善也，而用其不得爲非也。恃人之爲吾善也，境內不什數；用人不得爲非，一國可使齊。爲治者用眾而捨寡，故不務德而務法……不恃賞罰而恃自善之民，明主弗貴也。何則？國法不可失，而所治非一人也。故有術之君，不隨適然之善，而行必然之道。」〔註27〕

雖然《呂氏春秋》也有法治思想，但是，《呂氏春秋》主張治理國家以德治爲主，法治只是輔助手段。《呂氏春秋·適音》曰「法立則天下服」〔註28〕，《呂氏春秋·處方》曰「法也者，眾之所同也，賢不肖之所以其力也」〔註29〕。

〔註21〕高亨：《商鞅與商君書的批判》，《山東大學學報》1959年第3期。
〔註22〕蔣禮鴻：《商君書錐指》，北京：中華書局，1986年，第131頁。
〔註23〕蔣禮鴻：《商君書錐指》，北京：中華書局，1986年，第137頁。
〔註24〕蔣禮鴻：《商君書錐指》，北京：中華書局，1986年，第29～30頁。
〔註25〕蔣禮鴻：《商君書錐指》，北京：中華書局，1986年，第113頁。
〔註26〕王先愼：《韓非子集解》，北京：中華書局，1998年，第32、37頁。
〔註27〕王先愼：《韓非子集解》，北京：中華書局，1998年，第461～462頁。
〔註28〕陳奇猷：《呂氏春秋新校釋》，上海：上海古籍出版社，2002年，第276頁。
〔註29〕陳奇猷：《呂氏春秋新校釋》，上海：上海古籍出版社，2002年，第1679頁。

雖然《呂氏春秋》重視法治，但是，法治是處於第二位的，如《呂氏春秋‧用民》所說：「凡用民，太上以義，其次以賞罰。」〔註30〕

治國處於第一位的是德治，《呂氏春秋‧上德》曰：

> 爲天下及國，莫如以德，莫如行義。以德以義，不賞而民勸，不罰而邪止，此神農、黃帝之政也。以德以義，則四海之大，江河之水，不能亢矣；太華之高，會稽之險，不能障矣；闔廬之教，孫、吳之兵，不能當矣。故古之王者，德回乎天地，澹乎四海，東西南北，極日月之所燭，天覆地載，愛惡不臧，虛素以公，小民皆之其之敵而不知其所以然，此之謂順天；教變容改俗而莫得其所受之，此之謂順情。故古之人，身隱而功著，形息而名彰，說通而化奮，利行乎天下而民不識，豈必以嚴罰厚賞哉？嚴罰厚賞，此衰世之政也〔註31〕。

《呂氏春秋》認爲治理天下和國家首選德、義，以德以義，不用厚賞而民眾爭爲善，不用嚴罰而邪亂自消亡，這是「神農、黃帝之政」。德治的力量無比強大，不是高山、大河、嚴教、雄兵所能抵抗的。與德治比起來，法治所用的嚴罰厚賞只不過是「衰世之政」罷了。

嚴罰厚賞，以法治國，是自商鞅變法以來秦國治理國家的傳統。身爲秦國宰相的呂不韋在這裡試圖改變這一傳統，高舉德治的旗幟。呂不韋的這一努力失敗了，因爲秦始皇沒有採納其德治思想依然運用嚴罰厚賞的手段治理國家。然而，歷史證明秦王政嚴酷的法治統治是不能長遠的。呂不韋所倡導的德治與秦始皇殘暴的法治比起來無疑更適合於國家的長治久安。

《呂氏春秋》所主張的德治爲主、法治爲輔，迥異於晉法家的只要法治不要德治，與齊法家的既重視法治又不忽視德治有相似之處，但又與齊法家不同。首先，《呂氏春秋》與齊法家都兼顧法治與德治，齊法家是法治第一、不忽視德治，《呂氏春秋》則是德治第一、法治爲輔。其次，齊法家的德治重視禮教，《呂氏春秋》的德治不重禮教。

（二）因時變法

晉法家認爲治國不能墨守成法，要因時變法。《史記‧商君列傳》記載商

〔註30〕 陳奇猷：《呂氏春秋新校釋》，上海：上海古籍出版社，2002年，第1279頁。
〔註31〕 陳奇猷：《呂氏春秋新校釋》，上海：上海古籍出版社，2002年，第1264～1265頁。

鞅在秦國主持變法之時就主張「治世不一道，便國不法古」〔註32〕。又《商君書‧六法》曰：「先王當時而立法，度務而制事。法宜其時，則治。事適其務，故有功。然則法有時而治。事有當而功。今時移而法不變，務易而事以古，是法與時詭，而事與務易也。故法立而亂益，務爲而事廢。故聖王之治國也，不法古，不循今，當時而立功，在難而能免。今民能變俗矣，而法不易；國形更勢矣，而務以古。夫法者，民之治也；務者，事之用也。國失法則危，事失用則不成。故法不當時而務不適用而不危者，未之有也。」〔註33〕《商君書》認爲君王要「當時而立法」，時代發生變化，「法」也要隨之變化。如果「時移而法不變」，那麼「法與時詭」，不但不能治理國家，反而會危害國家。《韓非子‧心度》曰：「治民無常，唯法爲治。法與時轉則治，治與世宜則有功。故民樸而禁之以名則治，世知維之以刑則從。時移而治不易者亂，能治衆而禁不變者削。故聖人之治民治，法與時移而禁與能變。」〔註34〕韓非也主張因時變法，指出「法與時轉則治」。然而，韓非又認爲法不能很頻繁地變動，要保持相對的穩定性。《韓非子‧解老》曰：「凡法令更則利害易，利害易則民務變，民務變謂之變業。故以理觀之，事大衆而數搖之則少成功，藏大器而數徙之則多敗傷，烹小鮮而數撓之則賊其宰，治大國而數變法則民苦之。是以有道之君貴虛靜而重變法。」〔註35〕法發生變化，民衆的行爲也就隨之而變化。法屢變，民衆無所適從，法的可信度就會降低，法的權威也就隨之喪失。法要變但不能屢變，變是爲了消除過去時代的束縛，不屢變是爲了維護法的穩定性，所以，變法要辯證地來看待。

　　雖然齊法家沒有晉法家的變法主張強烈鮮明，但是，齊法家也有變法思想。《慎子》逸文曰：「治國無其法則亂，守法而不變則衰。有法而行私，謂之不法。以力役法者，百姓也；以死守法者，有司也；以道變法者，君長也。」〔註36〕慎到指出「守法而不變則衰」，即主張要因時變法。《管子》也主張法令應因時而變化，《管子‧四時》曰：「令有時，無時則必視順天之所以來。」〔註37〕又《管子‧侈靡》曰：「法制度量，王者典器也。執故義道，畏變也。

〔註32〕司馬遷：《史記》，北京：中華書局，1959年，第2229頁。
〔註33〕蔣禮鴻：《商君書錐指》，北京：中華書局，1986年，第147～148頁。
〔註34〕王先慎：《韓非子集解》，北京：中華書局，1998年，第475頁。
〔註35〕王先慎：《韓非子集解》，北京：中華書局，1998年，第141～142頁。
〔註36〕慎到撰，錢熙祚校：《慎子》，上海：商務印書館，1939年，第12頁。
〔註37〕黎翔鳳：《管子校注》，北京：中華書局，2004年，第837頁。

天地若夫神之動，化變者也。天地之極也，能與化起而王用，則不可以道山也。」〔註38〕

　　《呂氏春秋》有《察今》篇專講變法問題。商鞅之前的學者多有泥古思想，商鞅主張變古之法，《商君書》第一篇就是《更法》，曰「治世不一道，便國不必法古」〔註39〕。《呂氏春秋》主張「察今」，就是「不法古」，《察今》曰：「凡先王之法，有要於時也，時不與法俱至。法雖今而至，猶若不可法。故擇先王之成法，而法其所以爲法。先王之所以爲法者何也？先王之所以爲法者人也。而己亦人也，故察己則可以知人，察今則可以知古，古今一也，人與我同耳。」〔註40〕《呂氏春秋》指出先王之法是與先王時代的實際情況相切合的，先王之法雖然流傳至今，但是先王的時代並沒有一起到來，時代變了，先王之法已經不適合了。所以，《呂氏春秋》提出應該捨棄「先王之成法」，而取法先王制定法度的依據，並在此基礎上察今而變法。

　　《察今》曰：「治國無法則亂，守法而弗變則悖，悖亂不可以持國。世易時移，變法宜矣。譬之若良醫，病萬變，藥亦萬變。病變而藥不變，嚮之壽民，今爲殤子矣。故凡舉事必循法以動，變法者因時而化。若此論則無過務矣。夫不敢議法者，眾庶也；以死守〔法〕者，有司也；因時變法者，賢主也。是故有天下七十一聖，其法皆不同，非務相反也，時勢異也。故曰良劍期乎斷，不期乎鏌鋣；良馬期乎千里，不期乎驥驁。」〔註41〕

　　治國沒有法度就會陷入混亂，有法而不因時而變就會出現悖謬，「世易時移，變法宜矣」是《呂氏春秋》所提出的正確的變法思想。良醫治病對症下藥，病症發生變化，藥方也要隨之變化，否則，藥不對症，不但不能治病，反而會害死人。因時變法就像良醫治病一樣，時代發生變化，法度也要隨之變化，否則，不但不能治國，反而會亂國。

　　「不敢議法者，眾庶也；以死守法者，有司也；因時變法者，賢主也」，這與《愼子》逸文「以力役法者，百姓也；以死守法者，有司也；以道變法者，君長也」一脈相承。君主是主持變法之人，天下七十一聖之法個個不同，並不是因爲他們要務必與眾不同，而是因爲他們所面對的時勢不同。這也就是《呂氏春秋》所強調的「世易時移，變法宜矣」。

〔註38〕黎翔鳳：《管子校注》，北京：中華書局，2004年，第728頁。
〔註39〕蔣禮鴻：《商君書錐指》，北京：中華書局，1986年，第5頁。
〔註40〕陳奇猷：《呂氏春秋新校釋》，上海：上海古籍出版社，2002年，第944頁。
〔註41〕陳奇猷：《呂氏春秋新校釋》，上海：上海古籍出版社，2002年，第945頁。

三、愼勢

劉向《戰國策書錄》曰：「戰國之時，君德淺薄，爲之謀策者，不得不因勢而爲資，據時而爲口。故其謀扶急持傾，爲一切之權，雖不可以臨國教，化兵革，（亦）救急之勢也。」〔註42〕戰國時代社會混亂，諸子爲君主出謀劃策提出了多種治國方略，法家而言，商鞅重「法」，申不害重「術」，愼到重「勢」，韓非則結合法、術、勢。《尹文子・大道上》曰：「道不足以治則用法，法之不足以治則用術，術之不足以治則用權，權之不足以治則用勢。勢用則反權，權用則反術，術用則反法，法用則反道，道用則無爲而治。」〔註43〕尹文所說的法、術、權、勢的相互爲用剛好可以用來概括法家的治國方略，胡家聰先生說：「田齊法家一個顯著特點是『法、術、權、勢』的結合。它集中體現在《管子・任法》中的『法、術』結合、『權、勢』兼用的學說」，「這就是齊法家系統論述以法治國、加強專制君權的學說，而爲戰國末韓非之所本。」〔註44〕

「勢」是法家重要的治國方略之一。法家的「勢」是指什麼？馮友蘭先生說：「法家認爲君主必須有絕對的威權，這種威權法家叫做『勢』。」又說：「韓非指出，一個政權想推行它的法令，必須有專政的權力。這個威力就是『勢』。」〔註45〕法家把專政絕對的威懾力和權力稱爲「勢」。

愼到十分重視「勢」在治理國家中的作用。《愼子・威德》曰：「騰蛇遊霧，飛龍乘雲，雲罷霧霽，與蚯蚓同，則失其所乘也。故賢而屈於不肖者，權輕也；不肖而服於賢者，位尊也。堯爲匹夫，不能使其鄰家，至南面而王，則令行禁止。由此觀之，賢不足以服不肖，而勢位足以屈賢矣。故無名而斷者，權重也；弩弱而矰高者，乘於風也；身不肖而令行者，得助於眾也。故舉重越高者，不慢於藥；愛赤子者，不慢於保；絕險歷遠者，不慢於御。此得助則成，釋助則廢矣。」〔註46〕愼到用龍、蛇做比方，有雲、霧可乘，龍

〔註42〕 范祥雍：《戰國策箋證》，上海：上海古籍出版社，2006年，第3頁。

〔註43〕 高流水、林恒森：《愼子、尹文子、公孫龍子全譯》，貴陽：貴州人民出版社，1996年，第104～105頁。

〔註44〕 胡家聰：《「法、術、權、勢」結合的學說不是法家韓非首創》，《學術月刊》1985年第11期。

〔註45〕 馮友蘭：《中國哲學史新編》（上），北京：人民出版社，1998年，第535、753頁。

〔註46〕 愼到撰，錢熙祚校：《愼子》，上海：商務印書館，1939年，第2頁。

能飛、蛇能騰，一旦雲消霧散，則龍、蛇墜地，與蚯蚓相同。在政治生活中，賢人向不肖者屈服，是因爲賢人擁有的權力太輕；不肖者服從於賢人，是因爲賢人擁有尊貴的地位。堯爲百姓不能使喚他的鄰家，堯爲帝王則令行禁止。由此，愼到認爲「勢」重於「賢」，指出「賢不足以服不肖，而勢位足以屈賢矣」。愼到過於重視「勢」而輕視「賢」，所以《荀子・解蔽》批評曰「愼子蔽於法而不知賢」〔註47〕。怎樣才能擁有重權保持優越的勢位呢？愼到指出關鍵是「得助於眾」，「得助則成，釋助則廢」。

　　《管子》也貴「勢」，《管子・法法》曰：「凡人君之所以爲君者，勢也，故人君失勢，則臣制之矣。勢在下，則君制於臣矣；勢在上，則臣制於君矣。故君臣之易位，勢在下也。在臣期年，臣雖不忠，君不能奪也。在子期年，子雖不孝，父不能服也。故《春秋》之記，臣有弑其君，子有弑其父者矣……故請入而不出謂之滅，出而不入謂之絕，入而不至謂之侵，出而道止謂之壅。滅絕侵壅之君者，非杜其門而守其戶也，爲政之有所不行也。故曰：令重於寶，社稷先於親戚，法重於民，威權貴於爵祿。故不爲重寶輕號令，不爲親戚後社稷，不爲愛民枉法律，不爲爵祿分威權。故曰：勢非所以予人也。」〔註48〕《管子》指出「君之所以爲君者，勢也」，君一旦失去「勢」就會受制於臣。「勢」在君上，臣受制於君；「勢」在臣下，君受制於臣，《管子・明法解》解釋曰：「人主之所以制臣下者，威勢也。故威勢在下則主制於臣，威勢在上則臣制於主。夫蔽主者，非塞其門，守其戶也，然而令不行，禁不止，所欲不得者，失其威勢也。故威勢獨在於主則群臣畏敬，法政獨出於主則天下服德。」〔註49〕《春秋》所記「臣弑其君」就是因爲君失去了「勢」。「勢非所以予人也」，《管子》認爲「勢」爲君所獨有，不可以給予臣。又《管子・七臣七主》曰「權勢者，人主之所獨守也」〔註50〕，《管子・明法解》曰「明主之治天下也，威勢獨在於主，而不與臣共」〔註51〕，表達的也是要君主獨自佔有「勢」的意思。

　　齊法家重「勢」，晉法家也重「勢」。《商君書・禁使》曰：「凡知道者，勢數也。故先王不恃其強而恃其勢，不恃其信而恃其數。今夫飛蓬遇飄風而

〔註47〕 王先謙：《荀子集解》，北京：中華書局，1988年，第392頁。
〔註48〕 黎翔鳳：《管子校注》，北京：中華書局，2004年，第305～306頁。
〔註49〕 黎翔鳳：《管子校注》，北京：中華書局，2004年，第1212頁。
〔註50〕 黎翔鳳：《管子校注》，北京：中華書局，2004年，第998頁。
〔註51〕 黎翔鳳：《管子校注》，北京：中華書局，2004年，第1212頁。

行千里，乘風之勢也。探淵者知千仞之深，縣繩之數也。故託其勢者雖遠必至，守其數者雖深必得……得勢之至，不參官而潔，陳數而物當。今恃多官眾吏，官立丞監。夫置丞立監者，且以禁人之爲利也，而丞監亦欲爲利，則何以相禁。故恃丞監而治者，僅存之治也。通數者不然也，別其勢，難其道。故曰：其勢難匿者，雖跖不爲非焉。或〔故〕先王貴勢。」〔註52〕《商君書》認爲君主所要瞭解的統治之道是「勢」、「數」，所以先王的統治不依靠自己的強幹而依靠自己的權力、不依靠自己的誠信而依靠自己的手段。如果能「得勢之至」，官吏不需要監督就會奉公廉潔。依靠監督來治理官吏的謀求私利，僅僅能使國家暫時存在。如果君主的威懾力能使邪惡難以隱匿，即使是盜跖這樣的惡人也不敢爲非作歹，那麼國家的治理自然輕鬆容易沒有隱患，所以《商君書》指出「先王貴勢」。又《商君書》認爲「勢」是決定國家治亂的根本因素，《商君書・定分》曰「勢治者不可亂，勢亂者不可治。夫勢亂而治之，愈亂；勢治而治之，則治。」〔註53〕

《韓非子》有《難勢》一篇，看似韓非在詰難「勢」，其實不然，馮友蘭先生說得明白：「韓非中的《難勢》篇，闡述慎到關於重勢的理論，又設爲儒家對於慎到的理論的批評，又設爲慎到的一派反批評。《難勢》的這個『難』字，是指儒家對於慎到重勢的批評，並不是韓非對於慎到的重勢有所責難。」〔註54〕《難勢》曰：「夫堯、舜生而在上位，雖有十桀、紂不能亂者，則勢治也；桀、紂亦生而在上位，雖有十堯、舜而亦不能治者，則勢亂也。故曰：『勢治者則不可亂，而勢亂者則不可治也。』此自然之勢也，非人之所得設也。」〔註55〕又《韓非子・難三》曰：「凡明主之治國也，任其勢。勢不可害，則雖強天下無奈何也，而況孟常、芒卯、韓、魏能奈我何！其勢可害也，則不肖如如耳、魏齊及韓、魏猶能害之。」〔註56〕韓非認爲「勢治」的君主，任何人也不能亂其治；「勢亂」的君主，任何人也不能治其亂。同樣，君主擁有不可害之勢，再強大的敵人也不能奈何他；君主擁有可害之勢，哪怕很弱小的敵人也能打敗他。韓非誇大「勢」的作用，認爲「勢」無所不

〔註52〕 蔣禮鴻：《商君書錐指》，北京：中華書局，1986 年，第 132～133 頁。

〔註53〕 蔣禮鴻：《商君書錐指》，北京：中華書局，1986 年，第 146 頁。

〔註54〕 馮友蘭：《中國哲學史新編》（上），北京：人民出版社，1998 年，第 747～748頁。

〔註55〕 王先慎：《韓非子集解》，北京：中華書局，1998 年，第 391 頁。

〔註56〕 王先慎：《韓非子集解》，北京：中華書局，1998 年，第 379 頁。

能，主張維護君主「勢」的絕對性，《韓非子・外儲說右上》指出「勢不足以化則除之」〔註57〕。雖然齊、晉法家都強調「勢」對於君主、對於治理國家的重要性，但是，晉法家將「勢」絕對化，無限誇大「勢」的作用，走向了極端。

《呂氏春秋》有《慎勢》篇主張謹慎地對待「勢」。《慎勢》開篇曰：「失之乎數，求之乎信，疑。失之乎勢，求之乎國，危。吞舟之魚，陸處則不勝螻蟻。權鈞則不能相使，勢等則不能相併，治亂齊則不能相正，故小大、輕重、少多、治亂不可不察，此禍福之門也。」〔註58〕君主失去了「勢」來治理國家是危險的，就好比處於陸地的「吞舟之魚」還不如螻蟻，這是因為他們都失去了「勢」。權力均等就不能互相役使，勢力相等就不能互相兼併，治亂相同就不能互相匡正，所以，「君」一定要佔有「勢」，並審察大小、輕重、多少、治亂等情況，掌握禍福之門。

又《慎勢》曰：「湯其無郼，武其無岐，賢雖十全，不能成功。湯、武之賢，而猶藉知乎勢，又況不及湯、武者乎？故以大畜小吉，以小畜大滅，以重使輕從，以輕使重凶。自此觀之，夫欲定一世，安黔首之命，功名著乎盤盂，銘篆著乎壺鑒，其勢不厭尊，其實不厭多。多實尊勢，賢士制之，以遇亂世，王猶尚少。天下之民，窮矣苦矣。民之窮苦彌甚，王者之彌易。凡王也者，窮苦之救也。水用舟，陸用車，塗用輀，沙用鳩，山用樏，因其勢也。」〔註59〕如果湯沒有郼、武王沒有岐，那麼他們即使再賢德也不可能成功。像湯、武這樣的賢人尚且需要借助於「勢」，更何況那些不及湯、武之人？所以，君主一定要借助於「勢」。「以大畜小吉，以小畜大滅，以重使輕從，以輕使重凶」，所以，君主一定要擁有「尊勢」。綜合這二點，就是君主要擁有「尊勢」並「因其勢」。

《慎勢》曰：「位尊者其教受，威立者其奸止，此畜人之道也。故以萬乘令乎千乘易，以千乘令乎一家易，以一家令乎一人易。嘗識及此，雖堯、舜不能。諸侯不欲臣於人，而不得已，其勢不便，則奚以易臣？權輕重，審大小，多建封，所以便其勢也。王也者，勢也；王也者，勢無敵也。勢有敵則王者廢矣。有知小之愈於大、少之賢於多者，則知無敵矣。知無敵則似類嫌

〔註57〕 王先慎：《韓非子集解》，北京：中華書局，1998 年，第 309 頁。
〔註58〕 陳奇猷：《呂氏春秋新校釋》，上海：上海古籍出版社，2002 年，第 1119 頁。
〔註59〕 陳奇猷：《呂氏春秋新校釋》，上海：上海古籍出版社，2002 年，第 1120 頁。

疑之道遠矣。故先王之法，立天子不使諸侯疑焉，立諸侯不使大夫疑焉，立適子不使庶孽疑焉。疑生爭，爭生亂。是故諸侯失位則天下亂，大夫無等則朝廷亂，妻妾不分則家室亂，適孽無別則宗族亂。慎子曰：『今一兔走，百人逐之。非一兔足爲百人分也，由未定。由未定，堯且屈力，而況眾人乎？積兔滿市，行者不顧。非不欲兔也，分已定矣。分已定，人雖鄙不爭。故治天下及國，在乎定分而已矣。』」〔註60〕「王也者，勢也；王也者，勢無敵也」，這是《慎勢》篇所表達的中心意思。位尊、威立就可以令行禁止，這是畜人之道。「以萬乘令乎千乘易，以千乘令乎一家易，以一家令乎一人易」，這依然是在強調「君」擁有權威的重要。君主怎樣來增強自己之「勢」呢？權衡輕重，審視大小，多立諸侯，「所以便其勢也」。

　　慎到重「勢」〔註61〕，《呂氏春秋》對慎到的「勢」思想有所繼承。《呂氏春秋・慎勢》曰「立天子不使諸侯疑焉，立諸侯不使大夫疑焉，立適子不使庶孽疑焉。疑生爭，爭生亂。是故諸侯失位則天下亂，大夫無等則朝廷亂，妻妾不分則家室亂，適孽無別則宗族亂」，這一思想從慎到而來，《慎子・德立》曰：「立天子者，不使諸侯疑焉；立諸侯者，不使大夫疑焉；立正妻者，不使嬖妾疑焉；立嫡子者，不使庶孽疑焉。疑則動，兩則爭，雜則相傷，害在有與，不在獨也。故臣有兩位者國必亂，臣兩位而國不亂者，君在也，恃君而不亂矣，失君必亂；子有兩位者家必亂，子兩位而家不亂者，父在也，恃父而不亂矣，失父必亂。臣疑其君，無不危之國；孽疑其宗，無不危之家。」〔註62〕這兩段文字思想一致，語言相近，《呂氏春秋・慎勢》的作者當對《慎子・德立》有所參考。《慎勢》又引慎到「今一兔走，百人逐之」一段話來論證「定分」對於「便其勢」之重要。這也是《慎勢》吸收利用慎到「勢」思想的表現。就此而言，《呂氏春秋》的「勢」思想更接近於齊法家。

四、審分──君無爲而臣有爲

　　《呂氏春秋》有《審分覽》，陳奇猷先生案曰：「分，謂君臣上下之分。

〔註60〕　陳奇猷：《呂氏春秋新校釋》，上海：上海古籍出版社，2002年，第1120～1121頁。
〔註61〕　馮友蘭先生說：「法家『尚法』，可是慎到所強調的實際上是『勢』。」（馮友蘭：《中國哲學史新編》（上），北京：人民出版社，1998年，第493頁。）
〔註62〕　慎到撰，錢熙祚校：《慎子》，上海：商務印書館，1939年，第6～7頁。

人主之分爲執柄御下，人臣之分爲盡職治事，此法治之要。」〔註63〕「分」，是指君臣的「分職」，指君臣各有其分、各有其職。

齊、晉法家都主張君臣各守其分、各盡其職，不得有僭越行爲。《慎子・威德》曰：「古者，工不兼事，士不兼官。工不兼事則事省，事省則易勝；士不兼官則職寡，職寡則易守。故士位可世，工事可常。百工之子不學而能者，非生巧也，言有常事也。」〔註64〕慎到所說的「工不兼事，士不兼官」就是在強調分職，分職可以使官吏各有所專，有利於提高工作效率。《管子》也強調分職，《小問》曰：「明分任職，則治而不亂，明而不蔽矣。」〔註65〕《管子》指出「明主」與「勞主」的一個重要區別就是他們對「分職」認識的不同，《明法解》曰「明主之治也，明於分職而督其成事，勝其任者處官，不勝其任者廢免，故群臣皆竭能盡力以治其事」〔註66〕，《七臣七主》曰「勞主不明分職，上下相干，臣主同則，刑振以豐，豐振以刻，去之而亂，臨之而殆，則後世何得」〔註67〕。明主明於分職使群臣各盡其職而監督之，則群臣都能盡力治其事；勞主不明分職，君臣上下皆僭越行事，就會出現混亂，所以，《管子》強調分職。

晉法家也強調分職。《商君書・君臣》曰：「地廣民眾萬物多，故分五官而守之。」〔註68〕地大物博，人口眾多，自然事類繁雜，所以，《商君書》提出「分五官而守之」，即分職而治之。《韓非子・二柄》曰：「昔者韓昭侯醉而寢，典冠者見君之寒也，故加衣於君之上。覺寢而說，問左右曰：『誰加衣者？』左右對曰：『典冠。』君因兼罪典衣殺典冠。其罪典衣，以爲失其事也；其罪典冠，以爲越其職也。非不惡寒也，以爲侵官之害甚於寒。故明主之畜臣，臣不得越官而有功，不得陳言而不當。越官則死，不當則罪。」〔註69〕韓昭侯醉酒而睡，典冠者擔心君主著涼就給他蓋了件衣服。韓昭侯醒來懲罰了典衣者卻殺害了典冠者，原因是典衣者失職，典冠者越職。法家認爲越職比失職的危害性更大，所以，越職受到的懲罰更嚴重。韓非強調分職，指出「臣

〔註63〕 《呂氏春秋・審分》注〔二〕，陳奇猷《呂氏春秋新校釋》，上海：上海古籍出版社，2002年，第1042頁。

〔註64〕 慎到撰，錢熙祚校：《慎子》，上海：商務印書館，1939年，第2頁。

〔註65〕 黎翔鳳：《管子校注》，北京：中華書局，2004年，第955頁。

〔註66〕 黎翔鳳：《管子校注》，北京：中華書局，2004年，第1217頁。

〔註67〕 黎翔鳳：《管子校注》，北京：中華書局，2004年，第982頁。

〔註68〕 蔣禮鴻：《商君書錐指》，北京：中華書局，1986年，第129頁。

〔註69〕 王先慎：《韓非子集解》，北京：中華書局，1998年，第41頁。

不得越官而有功」、「越官則死」。法家強調分職的最終目的其實是爲了限制官吏的權力，防止官吏的權力超過君主而僭越行事，從而保證君主權力的絕對權威。這是法家針對歷史上所出現的諸多臣下弒君篡位事件而提出的策略。這一策略對於維護君主的地位具有重要作用，所以，司馬談認爲法家「尊主卑臣，明分職不得相逾越，雖百家弗能改也」〔註70〕。

《呂氏春秋》「八覽」之中有《審分覽》，主張明審分職。《呂氏春秋》重視分職，認爲「臣」不能越職行事。《呂氏春秋·不苟》曰：「秦繆公相百里奚，晉使叔虎、齊使東郭蹇如秦，公孫枝請見之。公曰：『請見客，子之事歟？』對曰：『非也。』『相國使子乎？』對曰：『不也。』公曰：『然則子事非子之事也。秦國僻陋戎夷，事服其任，人事其事，猶懼爲諸侯笑。今子爲非子之事，退，將論而罪。』公孫枝出，自敷於百里氏。百里奚請之。公曰：『此所聞于相國歟。枝無罪奚請？有罪奚請焉？』百里奚歸，辭公孫枝。公孫枝徙，自敷於街。百里奚令吏行其罪。定分官，此古人之所以爲法也。今繆公鄉之矣，其霸西戎，豈不宜哉？」〔註71〕叔虎、東郭蹇拜訪秦國，公孫枝請求接見他們，秦繆公因爲公孫枝越俎代庖、行非其事而懲罰了他。《呂氏春秋》指出「定分官，此古人之所以爲法也」，認爲秦繆公能行此法，其稱霸西戎是理所當然之事。

與法家較多地強調「臣」不得僭越行事不同的是，《呂氏春秋》較多地強調了「君」不能僭越行事。《呂氏春秋·審分》曰：「凡爲善難，任善易。奚以知之？人與驥俱走，則人不勝驥矣；居於車上而任驥，則驥不勝人矣。人主好治人官之事，則是與驥俱走也，必多所不及矣。」〔註72〕「君」喜好治理「臣」職權範圍內的事，就好比人與駿馬賽跑，人肯定跑不過駿馬。《呂氏春秋·勿躬》曰：「其臣蔽之，人時禁之，君自蔽則莫之敢禁。夫自爲人官，自蔽之精者也。被簀日用而不藏於篋，故用則衰，動則暗，作則倦。衰、暗、倦三者非君道也。」〔註73〕「臣」蒙蔽「君」，別人還能及時制止，「君」自己蒙蔽自己也就沒人敢去制止了。「君」親自處理「臣」職權範圍內的事，是最嚴重的自我蒙蔽。「君」親自處理「臣」該辦的事情，會使「君」的身心處於衰、暗、倦的狀態，不是爲君之道。《呂氏春秋·分職》曰：「人主之所惑

〔註70〕 司馬遷：《史記》，北京：中華書局，1959 年，第 3291 頁。
〔註71〕 陳奇猷：《呂氏春秋新校釋》，上海：上海古籍出版社，2002 年，第 1593 頁。
〔註72〕 陳奇猷：《呂氏春秋新校釋》，上海：上海古籍出版社，2002 年，第 1039 頁。
〔註73〕 陳奇猷：《呂氏春秋新校釋》，上海：上海古籍出版社，2002 年，第 1088 頁。

者則不然，以其智強智，以其能強能，以其為強為，此處人臣之職也。處人臣之職而欲無壅塞，雖舜不能為。」〔註74〕糊塗之「君」強智、強能、強為，這是在幹「臣」職權範圍內的事，這樣做事而想耳目不受到阻塞，連舜也辦不到。以上這些都是《呂氏春秋》在批判「君」越權，批判「君」親自處理「臣」職權範圍內的事。

《呂氏春秋》強調分職，尤其強調「君」不要越權行事、不要親自處理「臣」職權範圍內的事。《呂氏春秋·勿躬》曰：「夫君人而知無恃其能、勇、力、誠、信，則近之矣。凡君也者，處平靜、任德化以聽其要，若此則形性彌贏，而耳目愈精；百官慎職，而莫敢愉綖；人事其事，以充其名。名實相保，之謂知道。」〔註75〕《呂氏春秋》主張「君」「勿躬」，即勿躬親為「臣」之事。這一主張其實是《呂氏春秋》「君無為而臣有為」思想的體現。《呂氏春秋·任數》曰：「古之王者，其所為少，其所因多。因者，君術也；為者，臣道也。為則擾矣，因則靜矣。因冬為寒，因夏為暑，君奚事哉？故曰君道無知無為，而賢於有知有為，則得之矣。」〔註76〕「因者，君術也；為者，臣道也」，君道無知無為，臣道有知有為。黃老道家講究道、法結合，主張無為而無不為，《呂氏春秋》主張君道無知無為、臣道有知有為，吸收的就是黃老道家思想。

法家強調分職，尤其是晉法家偏重強調「臣」守其本分、盡其本職，不要越權行事，目的是防止「臣」有僭越之舉、防止「臣」弒其「君」，從而來維護和鞏固君主的專制地位。《呂氏春秋》強調分職，偏重強調「君」不要越權行事、勿躬親為「臣」之事，目的是探尋正確的為君之道，這是與法家的不同之處。法家雖然強調君臣分職，但是卻強調「君」有知有為，而《呂氏春秋》不同，《呂氏春秋》指出「君道無知無為」。《呂氏春秋》的君臣分職思想是法家分職思想與黃老道家「無為」思想相結合的產物，它固然有法家的思想在裏面，我們認為《呂氏春秋》更多的是在「君無為而臣有為」思想的指導下來探討君臣的分職，較多地吸收了黃老道家的思想。

綜上，我們可以對本節做一小結。雖然《呂氏春秋》也強調「法」的重

〔註74〕陳奇猷：《呂氏春秋新校釋》，上海：上海古籍出版社，2002年，第1666頁。

〔註75〕陳奇猷：《呂氏春秋新校釋》，上海：上海古籍出版社，2002年，第1089～1090頁。

〔註76〕陳奇猷：《呂氏春秋新校釋》，上海：上海古籍出版社，2002年，第1076頁。

要性，但是《呂氏春秋》治國的最基本方略是以德治爲主，以法治爲輔，所以，可以說《呂氏春秋》的主導思想不是法家思想。《呂氏春秋》認爲「法」要隨著時代的發展而變化，主張察今變法。齊、晉法家都講「勢」，與晉法家誇大「勢」的作用、將「勢」的功能絕對化不同，《呂氏春秋》主張謹慎地對待「勢」，這與慎到的「勢」思想更爲接近。與法家強調分職是爲了加強君主專制、鞏固君主的專制地位的目的不同，《呂氏春秋》強調分職是爲了探尋正確的爲君之道，這是「新」。

第二節 《呂氏春秋》的墨家思想

一、思想探源

戰國時期，墨家號稱顯學，《韓非子·顯學》曰：「世之顯學，儒、墨也。儒之所至，孔丘也。墨之所至，墨翟也。」〔註77〕《韓非子·說一》載：「楚王謂田鳩曰：『墨子者，顯學也。』」〔註78〕墨家思想在當時影響甚巨，《孟子·滕文公下》曰：「楊朱、墨翟之言盈天下。天下之言，不歸楊則歸墨。楊氏爲我，是無君也。墨氏兼愛，是無父也。無父無君，是禽獸也。公明儀曰：『庖有肥肉，廄有肥馬，民有饑色，野有餓莩，此率獸而食人也。』楊、墨之道不息，孔子之道不著，是邪說誣民、充塞仁義也。」〔註79〕孟子之時，墨家之言充盈天下，已經到了阻礙儒家傳播孔子之道的地步，足見墨家之影響。戰國末期，墨家與儒家並稱顯學，影響巨大，《呂氏春秋·有度》曰「孔、墨之弟子徒屬充滿天下」〔註80〕，《呂氏春秋·不侵》曰「孔、墨，布衣之士也；萬乘之主，千乘之君，不能與之爭士也」〔註81〕。

墨家思想從何而來？《淮南子》認爲墨家思想產生於對儒家思想弊端的糾正，《淮南子·要略》曰：「墨子學儒者之業，受孔子之術，以爲其禮煩擾而不說，厚葬靡財而貧民，〔久〕服傷生而害事，故背周道而用夏政。禹之時，天下大水，禹身執虆垂，以爲民先，剔河而道九岐，鑿江而通九路，闢五湖

〔註77〕 王先慎：《韓非子集解》，北京：中華書局，1998 年，第 456 頁。
〔註78〕 王先慎：《韓非子集解》，北京：中華書局，1998 年，第 266 頁。
〔註79〕 舊題孫奭：《孟子注疏》，《十三經注疏》，北京：中華書局，1980 年，第 2714 頁。
〔註80〕 陳奇猷：《呂氏春秋新校釋》，上海：上海古籍出版社，2002 年，第 1660 頁。
〔註81〕 陳奇猷：《呂氏春秋新校釋》，上海：上海古籍出版社，2002 年，第 646 頁。

而定東海。當此之時，燒不暇撌，濡不給扢，死陵者葬陵，死澤者葬澤，故節財、薄葬、閒服生焉。」〔註82〕《淮南子》指出墨子學習孔子之術，認為儒家思想存在「禮煩」、「靡財」、「傷生」等弊端，所以「背周道而用夏政」，創造了墨家學說。「夏政」樸素、簡約，墨子把夏政之創始人大禹當作學習的榜樣，《莊子・天下》載：「墨子稱道曰：『昔禹之湮洪水，決江河而通四夷九州也，名山三百，支川三千，小者無數。禹親自操橐耜而九雜天下之川；腓無胈，脛無毛，沐甚雨，櫛疾風，置萬國。禹大聖也而形勞天下也如此。』使後世之墨者，多以裘褐為衣，以跂蹻為服，日夜不休，以自苦為極，曰：『不能如此，非禹之道也，不足謂墨。』」〔註83〕墨子學習大禹治水的精神，「以自苦為極」，並宣稱「不能如此，非禹之道也，不足謂墨」。《漢書・藝文志》則認為墨家出於「清廟之守」，《漢書・藝文志》曰：「墨家者流，蓋出於清廟之守。茅屋采椽，是以貴儉；養三老五更，是以兼愛；選士大射，是以上賢；宗祀嚴父，是以右鬼；順四時而行，是以非命；以孝視天下，是以上同：此其所長也。及蔽者為之，見儉之利，因以非禮，推兼愛之意，而不知別親疏。」〔註84〕清廟，司馬相如《上林賦》曰「登明堂，坐清廟」，郭璞注曰「清廟，太廟也」〔註85〕。《漢書・藝文志》指出墨家的貴儉、兼愛、上賢、右鬼、非命、上同等思想與太廟之官有重要的關聯。

墨家思想的內容，《墨子・魯問》載墨子曰：「凡入國，必擇務而從事焉。國家昏亂，則語之尚賢、尚同；國家貧，則語之節用、節葬；國家憙音湛湎，則語之非樂、非命；國家淫僻無禮，則語之尊天、事鬼；國家務奪侵凌，即語之兼愛、非攻。」〔註86〕墨家的社會政治思想主要包括十個方面的內容：尚賢、尚同、節用、節葬、非樂、非命、尊天、事鬼、兼愛、非攻，簡稱「墨家十論」。「墨家十論」之中，兼愛、節用又是兩個尤為重要的墨家思想，胡韞玉說：「墨子志在救世。世之相爭鬥也，其故有二。一則以物力不足供所求，於是以飲食之微，致有攘奪之事。一則國家界限太明，於是以細末之故，致有兵戈之舉。墨子有見於此。一以節用救之。一以兼愛救之。其節用也，故非禮，非樂，短喪。其兼愛也，故尚同，法天。節用，兼愛，為墨子學說之

〔註82〕劉文典：《淮南鴻烈集解》，北京：中華書局，1989年，第709～710頁。
〔註83〕郭慶藩：《莊子集釋》，北京：中華書局，1961年，第1077頁。
〔註84〕班固：《漢書》，北京：中華書局，1962年，第1738頁。
〔註85〕蕭統：《文選》，北京，中華書局，1977年，第129頁。
〔註86〕孫詒讓：《墨子閒詁》，北京：中華書局，2001年，第475～476頁。

中堅。」〔註87〕胡韞玉之說很有道理。兼愛、節用確實是墨子用以救世的兩個重要思想。平民百姓生活的痛苦主要來自兩個方面：戰爭年代，百姓流離失所多死於戰火；和平年代，百姓節衣縮食多死於賦稅。墨子指出兼愛則可以消除戰爭，可以使百姓免死於戰火；節用則可以減少暴斂，可以使百姓免死於賦稅。胡韞玉說「節用，兼愛，為墨子學說之中堅」，此言不虛。另外，墨家還在邏輯、科技、軍事等方面有很多重要的創見。

　　《呂氏春秋》的編撰受到了墨家思想的影響，吸收、利用了墨家的一些思想，然而，《呂氏春秋》又有自己的「新」發展。

二、愛治——「以愛利為本，以萬民為義」

　　《呂氏春秋》重視以愛治國，對墨家的兼愛思想多有吸收利用。兼愛，是墨子積極倡導的重要思想，是墨家舉起的一面鮮豔的思想旗幟。《尸子·廣澤》曰：「墨子貴兼。」〔註88〕梁啓超先生認為「兼愛」是墨學的根本觀念，梁啓超說：「墨學所標綱領，雖有十條，其實只從一個根本觀念出來，就是兼愛。孟子說：『墨子兼愛，摩頂放踵利天下為之。』這兩句話實可以包括全部《墨子》。『非攻』是從兼愛衍出來，最易明白，不用多說了。『節用』、『節葬』、『非樂』，也出於兼愛。因為墨子所謂愛是以實利為標準；他以為有一部分人奢侈快樂，便損了別部分人的利了；所以反對他。『天志』、『明鬼』，是借宗教的迷信來推行兼愛主義。『非命』，因為人人信有命便不肯做事不肯愛人了；所以反對他。」〔註89〕據梁啓超所說，「兼愛」確實可以稱為墨學的根本觀念。

　　《墨子·兼愛下》曰「兼即仁矣，義矣」〔註90〕，《墨子·經說下》曰「仁，仁愛也。義，利也」〔註91〕，據此言之，「兼」包括仁愛、義利兩層意思，也就是兼相愛、交相利。梁啓超先生指出：「墨子講兼愛，常用『兼相愛交相利』六字連講，必合起來，他的意思才明。兼相愛是理論，交相利是實行這理論的方法。兼相愛是托爾斯泰的利他主義，交相利是科爾璞特金的互助主義。」〔註92〕即墨子所講的「兼愛」包括愛、利兩個方面的內容。

〔註87〕轉引自陳柱《墨學十論》，上海：商務印書館，1928年，第27～28頁。
〔註88〕尸佼著，汪繼培輯：《尸子》，上海，上海古籍出版社，1989年，第12頁。
〔註89〕梁啓超：《墨子學案》，上海：商務印書館，1923年，第15～16頁。
〔註90〕孫詒讓：《墨子閒詁》，北京：中華書局，2001年，第120頁。
〔註91〕孫詒讓：《墨子閒詁》，北京：中華書局，2001年，第391頁。
〔註92〕梁啓超：《墨子學案》，上海：商務印書館，1923年，第16頁。

　　墨子爲什麼提倡「兼愛」？《墨子·兼愛上》曰：「聖人以治天下爲事者也，不可不察亂之所自起。當察亂何自起？起不相愛。臣子之不孝君父，所謂亂也。子自愛不愛父，故虧父而自利；弟自愛不愛兄，故虧兄而自利；臣自愛不愛君，故虧君而自利，此所謂亂也。雖父之不慈子，兄之不慈弟，君之不慈臣，此亦天下之所謂亂也。父自愛也不愛子，故虧子而自利；兄自愛也不愛弟，故虧弟而自利；君自愛也不愛臣，故虧臣而自利。是何也？皆起不相愛。雖至天下之爲盜賊者亦然，盜愛其室，不愛其異室，故竊異室以利其室；賊愛其身，不愛人，故賊人以利其身。此何也？皆起不相愛。雖至大夫之相亂家、諸侯之相攻國者，亦然。大夫各愛其家，不愛異家，故亂異家以利其家；諸侯各愛其國，不愛異國，故攻異國以利其國，天下之亂物具此而已矣。察此何自起？皆起不相愛。」〔註 93〕墨子指出天下之亂皆起於「不相愛」。之所以會出現君臣、父子、兄弟互虧，盜賊亂室，大夫亂家，諸侯亂國這樣混亂的現象，是因爲君臣、父子、兄弟、盜賊、大夫、諸侯皆自愛、自利而不愛人、不利人。墨子認爲天下混亂的根源是人與人之間不相愛，爲了消除天下混亂的根源，墨子提倡兼愛。

　　墨子認爲人與人之間的愛惡是相互的，《墨子·兼愛中》曰：「愛人者，人必從而愛之；利人者，人必從而利之；惡人者，人必從而惡之；害人者，人必從而害之。」〔註 94〕你愛別人、給別人帶來福利，別人也會愛你、給你帶來福利；你厭惡別人、給別人帶來傷害，別人也會厭惡你、給你帶來傷害。墨子主張人與人之間要兼相愛、交相利，而不是互相厭惡、互相傷害。

　　如何實現兼相愛、交相利呢？《墨子·兼愛中》曰：「然則兼相愛、交相利之法將奈何哉？子墨子言：視人之國若視其國，視人之家若視其家，視人之身若視其身。是故諸侯相愛則不野戰，家主相愛則不相篡，人與人相愛則不相賊，君臣相愛則惠忠，父子相愛則慈孝，兄弟相愛則和調。天下之人皆相愛，強不執弱，眾不劫寡，富不侮貧，貴不敖賤，詐不欺愚。凡天下禍篡怨恨可使毋起者，以相愛生也，是以仁者譽之。」〔註 95〕墨子指出兼相愛、交相利的方法是平等對待、一視同仁，看待別人的國家就像看待自己的國家一樣，看待別人的家室就像看待自己的家室一樣，看待別人的身體就像看待

〔註 93〕　孫詒讓：《墨子閒詁》，北京：中華書局，2001 年，第 99～100 頁。
〔註 94〕　孫詒讓：《墨子閒詁》，北京：中華書局，2001 年，第 104 頁。
〔註 95〕　孫詒讓：《墨子閒詁》，北京：中華書局，2001 年，第 103 頁。

自己的身體一樣。這樣，諸侯之間兼愛就不會再有戰爭，家主之間兼愛就不會相互篡奪，人與人之間兼愛就不會互相賊害，君臣之間兼愛就會君惠臣忠，父子之間兼愛就會父慈子孝，兄弟之間兼愛就會和睦相處、關係協調。平等地看待自己與別人，愛自己就是愛別人，愛別人也是愛自己，這就是墨子兼相愛、交相利的方法。

　　《墨子・兼愛上》曰：「視人之室若其室，誰竊？視人身若其身，誰賊？……視人家若其家，誰亂？視人國若其國，誰攻？」〔註96〕墨子的兼愛是不分貴賤、尊卑、遠近、親疏的無差別的愛。兼愛，關鍵在「兼」，與「兼」相對的是「別」，何謂「兼」、「別」？梁啓超先生說：「承認私有權的叫做『別』，不承認私有權的叫做『兼』。」〔註97〕兼愛，是無差別的愛，愛別人就是愛自己；別愛，是有差別的愛，愛自己而不愛別人。墨子認為「別非而兼是」，《墨子・兼愛下》曰「分名乎天下惡人而賊人者，兼與？別與？即必曰別也。然即之交別者，果生天下之大害者與？是故別非也」〔註98〕，「分名乎天下愛人而利人者，別與？兼與？即必曰兼也。然即之交兼者，果生天下之大利者與？是故子墨子曰兼是也」〔註99〕。

　　《墨子・兼愛下》把「士」分為「別士」、「兼士」，把「君」分為「別君」、「兼君」，進一步論證了「別非而兼是」的觀點。執「別」之人與執「兼」之人在言行上的表現迥然有別，「別士」稱不能像對待自己的身體那樣對待朋友的身體、不能像對待自己的親人那樣對待朋友的親人，於是，這樣對待朋友：飢餓不給他食物，寒冷不給他衣服，生病不侍養他，死亡不埋葬他。「兼士」稱要像對待自己的身體那樣對待朋友的身體、要像對待自己的親人那樣對待朋友的親人，於是，這樣對待朋友：飢餓給他食物，寒冷給他衣服，生病侍養他，死亡埋葬他。面對「別士」和「兼士」不同的言行，墨子發問：在這樣的戰亂年代，人死之後，要把妻兒老小整個家室託付給「別士」來照顧還是託付給「兼士」來照顧？墨子認為任何人都會毫不猶豫地選擇「兼士」〔註100〕。「別君」稱不能像對待自己的身體那樣對待萬民的身體，於是，這樣對待萬民：飢餓不給他們食物，寒冷不給他們衣服，生病不

〔註96〕孫詒讓：《墨子閒詁》，北京：中華書局，2001年，第101頁。
〔註97〕梁啓超：《墨子學案》，上海：商務印書館，1923年，第18頁。
〔註98〕孫詒讓：《墨子閒詁》，北京：中華書局，2001年，第114頁。
〔註99〕孫詒讓：《墨子閒詁》，北京：中華書局，2001年，第115頁。
〔註100〕孫詒讓：《墨子閒詁》，北京：中華書局，2001年，第117～118頁。

侍養他們，死亡不埋葬他們。「兼君」稱要先考慮萬民而後再考慮自己，於是，這樣對待萬民：飢餓給他們食物，寒冷給他們衣服，生病侍養他們，死亡埋葬他們。面對「別君」和「兼君」不同的言行，墨子發問：在當今瘟疫肆虐、朝不保夕的世道，萬民是選擇「別君」還是選擇「兼君」？墨子認為萬民會一致地選擇「兼君」〔註101〕。墨子認為「別非而兼是」，所以主張「兼以易別」〔註102〕。梁啓超先生認為「墨子最要緊一句話，是『兼以易別』」〔註103〕，有相當的道理。

　　《呂氏春秋》重視以愛治國，治國講究「愛利」，繼承了墨家的兼愛思想，《精通》曰「聖人南面而立，以愛利民為心，號令未出而天下皆延頸舉踵矣」〔註104〕，《聽言》曰「愛利之為道大矣」〔註105〕，《離俗》曰「以愛利為本，以萬民為義」〔註106〕。

　　墨子的兼愛思想要求消除戰爭，所以墨子「非攻」，《墨子・魯問》載墨子曰「國家務奪侵凌，則語之兼愛、非攻」，如梁啓超先生所說：「他（墨子）要從社會心理上施一番救濟；所以提倡『兼愛』。再從『兼愛』的根本觀念上，建設『非攻』主義。」〔註107〕「非攻」體現的依然是「兼愛」思想。《呂氏春秋・審應》載公孫龍為趙惠王說偃兵之意曰：「偃兵之意，兼愛天下之心也。兼愛天下，不可以虛名為也，必有其實。今藺、離石入秦，而王縞素布總；東攻齊得城，而王加膳置酒。秦得地而王布總，齊亡地而王加膳，所非兼愛之心也。此偃兵之所以不成也。」〔註108〕據陳奇猷先生考證，戰國時主張偃兵者有公孫龍、惠施、惠盎、宋鈃、尹文，並認為他們的偃兵思想和墨家有一定聯繫〔註109〕。公孫龍說「偃兵之意，兼愛天下之心也」，據此可以看出偃兵思想與墨家的兼愛確有聯繫。「偃兵」與墨家的「非攻」有著共同的思想基礎——兼愛，但是，「偃兵」與「非攻」又有不同，如陳奇猷先生所說：

〔註101〕孫詒讓：《墨子閒詁》，北京：中華書局，2001年，第118～119頁。
〔註102〕孫詒讓：《墨子閒詁》，北京：中華書局，2001年，第115頁。
〔註103〕梁啓超：《墨子學案》，上海：商務印書館，1923年，第18頁。
〔註104〕陳奇猷：《呂氏春秋新校釋》，上海：上海古籍出版社，2002年，第513頁。
〔註105〕陳奇猷：《呂氏春秋新校釋》，上海：上海古籍出版社，2002年，第703頁。
〔註106〕陳奇猷：《呂氏春秋新校釋》，上海：上海古籍出版社，2002年，第1243頁。
〔註107〕梁啓超：《墨子學案》，上海：商務印書館，1923年，第6頁。
〔註108〕陳奇猷：《呂氏春秋新校釋》，上海：上海古籍出版社，2002年，第1152頁。
〔註109〕《呂氏春秋・順說》注〔一〕，陳奇猷《呂氏春秋新校釋》，上海：上海古籍出版社，2002年，第915頁。

「墨子言兼愛，故非攻，但主張堅守以御攻，是兵仍不可廢。至於偃兵之說，以為既廢軍備，當無攻戰，自無堅守之必要。故偃兵之說較墨子非攻更進一步，然其出發點皆係兼愛天下之意。」〔註110〕然而，《呂氏春秋》不取「非攻」、「偃兵」之說，並對二者進行了批判，《振亂》曰「今之世，學者多非乎攻伐。非攻伐而取救守，取救守則鄉之所謂長有道而息無道、賞有義而罰不義之術不行矣」〔註111〕，《蕩兵》曰「今世之以偃兵疾說者，終身用兵而不自知悖，故說雖強，談雖辨，文學雖博，猶不見聽。故古之聖王有義兵而無有偃兵」〔註112〕。《呂氏春秋》之所以要批評墨家的「非攻」，是因為在秦國積極統一天下的時候提倡「非攻」很不合時宜。混亂的天下需要統一，統一就需要攻戰，呂不韋是明白這一點的。攻戰不可避免，但是，呂不韋反對秦國的攻戰方式，秦國攻城大肆殺戮、甚至屠城，過於殘忍，呂不韋主張利用「義兵」來統一天下。

　　《呂氏春秋》雖然不取「非攻」、「偃兵」之說，但是取其「兼愛」之意。《愛類》：「仁於他物，不仁於人，不得為仁；不仁於他物，獨仁於人，猶若為仁。仁也者，仁乎其類者也。故仁人之於民也，可以便之，無不行也。《神農之教》曰：『士有當年而不耕者，則天下或受其饑矣；女有當年而不績者，則天下或受其寒矣。』故身親耕，妻親績，所以見致民利也。」〔註113〕「愛類」說的就是愛其同類，自己是人，別人也是人，同是人類，愛自己的同類就是愛別人。這是一種消除了差別的愛，只要是自己的同類則愛之。「仁也者，仁乎其類者也」，這也是在強調一視同仁，愛其同類，愛全人類。這是墨家的兼愛精神。《愛類》篇緊接著又列舉墨子不辭辛苦、不顧生死止楚攻宋的事蹟和大禹疏江導河、勤勞為民的事蹟來證明「聖王通士不出於利民者無有」的觀點。墨子止攻伐、大禹治洪水都是為了減輕民眾的痛苦、為民眾謀福利，這表現的是墨家兼愛天下之意。墨家從「夏政」，大禹是墨家學習的榜樣。《愛類》篇講兼愛，又舉墨子、大禹的事蹟為例，當是墨家後學所作。

〔註110〕《呂氏春秋・審應》注〔二六〕，陳奇猷《呂氏春秋新校釋》，上海：上海古籍出版社，2002 年，第 1161 頁。

〔註111〕陳奇猷：《呂氏春秋新校釋》，上海：上海古籍出版社，2002 年，第 399 頁。

〔註112〕陳奇猷：《呂氏春秋新校釋》，上海：上海古籍出版社，2002 年，第 389 頁。

〔註113〕陳奇猷：《呂氏春秋新校釋》，上海：上海古籍出版社，2002 年，第 1472～1473 頁。

　　《呂氏春秋》注重將墨家的兼愛思想與其他家的思想結合起來加以運用。《呂氏春秋》將兼愛思想與儒家思想相結合，《適威》曰：「古之君民者，仁義以治之，愛利以安之，忠信以導之，務除其災，思致其福。」〔註114〕儒、墨兩家皆講仁、義，而墨家又講愛利。據上所論，我們知道墨家之「兼」包括仁、義兩層意思，並且與儒家不同的是墨家的「義」是指「利」，如《墨子‧經說下》所說「仁，仁愛也。義，利也」〔註115〕。《適威》所云「仁義以治之，愛利以安之，忠信以導之」是對仁義、愛利、忠信的綜合運用，是兼愛思想與儒家思想的結合。《呂氏春秋》又將兼愛思想與法家思想相結合，《用民》曰：「譬之若鹽之於味，凡鹽之用，有所託也，不適則敗託而不可食。威亦然，必有所託，然後可行。惡乎託？託於愛利。愛利之心諭，威乃可行。威太甚則愛利之心息，愛利之心息而徒疾行威，身必咎矣，此殷、夏之所以絕也。」〔註116〕《呂氏春秋》的治國思想主張德治為主，法治為輔，反對嚴刑峻法，提倡「適威」。《呂氏春秋》認為治國用威必有所託，託於愛利。治國知曉愛利之心，刑、法才能夠推行。如果刑、法太重，那麼對民眾的愛利之心就會消失，治國沒有愛利之心而一味地實行嚴刑峻法，必有災殃。這是兼愛思想與法家思想的結合。

　　《呂氏春秋》往往儒、墨並稱，《順說》曰：「惠盎曰：『夫無其志也，未有愛利之心也。臣有道於此，使天下丈夫女子莫不歡然皆欲愛利之，此其賢於勇有力也，居四累之上。大王獨無意邪？』王曰：『此寡人之所欲得。』惠盎對曰：『孔、墨是也。孔丘、墨翟，無地為君，無官為長，天下丈夫女子莫不延頸舉踵而願安利之。今大王，萬乘之主也，誠有其志，則四境之內皆得其利矣，其賢於孔、墨也遠矣。』」〔註117〕惠盎所云「愛利」（尤其是「利」）是墨家思想，與儒家基本無關，然而惠盎仍然把儒、墨並稱，孔丘、墨翟並提，足見戰國時期的學者慣於將儒、墨並稱。戰國時期，儒、墨號稱顯學，儒、墨並稱不足為奇，也有利於兩家思想的傳播。戰國時期儒、墨並稱的學術現象在漢代得以延續，如鄭傑文師所說：「西漢前期這種儒墨並舉、孔墨同稱現象出現的原因，首先在於《韓非子‧顯學》所述『儒墨顯學』的戰國中

〔註114〕陳奇猷：《呂氏春秋新校釋》，上海：上海古籍出版社，2002年，第1290頁。

〔註115〕孫詒讓：《墨子閒詁》，北京：中華書局，2001年，第391頁。

〔註116〕陳奇猷：《呂氏春秋新校釋》，上海：上海古籍出版社，2002年，第1280～1281頁。

〔註117〕陳奇猷：《呂氏春秋新校釋》，上海：上海古籍出版社，2002年，第913頁。

後期學術格局的影響尚在。」〔註118〕儒、墨兩家在思想上有諸多相似之處，儒、墨長期並舉，孔、墨長期同稱容易導致「儒墨相通」的主張和「視墨同儒」的觀念。這種事情終於在漢代發生了，漢代人「視墨同儒」的學術觀念泯滅了墨家思想鮮明的特點和獨立存在的價值。鄭傑文師「就『墨學中絕』及與之相關的儒墨關係問題，認爲自漢人起『視墨同儒』的學術觀念妨礙了墨學的研究和流傳」〔註119〕。我們認爲此說很有道理。從這個角度來說，我們認爲戰國學者長期地將儒、墨並稱應當對「墨學中絕」現象的出現負有一定的責任。

　　《呂氏春秋》的愛利思想又有其特別之處。墨家的愛是兼愛，是相互的愛，愛別人也必定能得到別人的愛。《呂氏春秋》有不同，《必己》曰：「君子之自行也，敬人而不必見敬，愛人而不必見愛。敬愛人者，己也；見敬愛者，人也。君子必在己者，不必在人者也，必在己無不遇矣。」〔註120〕「敬人而不必見敬，愛人而不必見愛」，這不是兼愛。《呂氏春秋》在此強調的是儒家的「求諸己」，強調君子自己一定要敬人、愛人而不必在意是否被敬、被愛。如果天下每一個人都去敬愛別人，那麼最終也能達到互敬互愛的境界。雖然如此，但是，《呂氏春秋》在此所體現的愛利思想畢竟與墨家的兼愛有別。

三、節用——貌似「安死」而實爲「節用」

　　「節用」是墨家另一個十分重要的思想。《呂氏春秋·不二》曰「墨翟貴廉」〔註121〕，「廉」，王蘧常曰「孫詒讓疑『廉』即『兼』之借字（《墨子閒詁後語》），梁任公年丈則以爲『兼』之僞（《尸子廣澤篇呂氏春秋不二篇合釋》）」，陳奇猷曰「『廉』字似不誤。『廉』蓋即『磏』字，……墨子貴廉，謂墨子貴砥礪」〔註122〕。我們認爲「廉」字不誤，但不是「砥礪」的意思，而是「節儉」的意思，如鄭傑文師考證所說：「《韓非子·五蠹》『斬敵者受賞，而高慈、惠之行；拔城者受爵祿，而信廉、愛之說』，韓非舉此二矛盾言行以說理。『高慈、惠之行』，爲儒家所倡；『信廉、愛之說』，爲墨家主張。『廉』與『愛』對舉，廉即爲儉，指墨家的節用學說。自孟子批墨家兼愛而倡儒家仁愛，墨

〔註118〕鄭傑文：《中國墨學通史》，北京：人民出版社，2006年，第179頁。
〔註119〕鄭傑文：《中國墨學通史》，北京：人民出版社，2006年，第5頁。
〔註120〕陳奇猷：《呂氏春秋新校釋》，上海：上海古籍出版社，2002年，第837頁。
〔註121〕陳奇猷：《呂氏春秋新校釋》，上海：上海古籍出版社，2002年，第1134頁。
〔註122〕陳奇猷：《呂氏春秋新校釋》，上海：上海古籍出版社，2002年，第1136頁。

家之『兼愛說』名聲顯矣；自荀子批墨家因節用而非樂以倡儒家禮樂，墨家之『節用說』名聲亦顯矣。」〔註123〕《呂氏春秋・不二》所說「墨翟貴廉」，指的就是墨家的節用學說。墨家既主張兼愛，又主張節用，兼愛、節用是墨家學說之中堅，故而既有《尸子・廣澤》篇之「墨子貴兼」說，又有《呂氏春秋・不二》篇之「墨翟貴廉」說。

鄭傑文師考證認為：「節葬節喪學說，應該是墨子最早的學說主張。」〔註124〕此說可信。《淮南子・要略》曰：「墨子學儒者之業，受孔子之術，以為其禮煩擾而不說，厚葬靡財而貧民，〔久〕服傷生而害事，故背周道而用夏政……故節財、薄葬、閒服生焉。」〔註125〕墨學針對糾正儒學之弊端而產生，儒家的厚葬、久喪具有「靡財」、「傷生」等弊端，所以，墨家主張節葬、節喪。據此言之，節葬、節喪學說當是墨子最早的學說主張。

墨家的節葬節喪、非樂等主張都是出於節用的考慮。墨子生活的時代社會盛行的是厚葬久喪，《墨子・節葬下》曰：「今王公大人之為葬埋……必大棺中棺，革闠三操，璧玉即具，戈劍鼎鼓壺濫、文繡素練、大鞅萬領、與馬女樂皆具……此為輟民之事，靡民之財，不可勝計也，其為毋用若此矣。」〔註126〕厚葬久喪「靡民之財」，「輟民之事」，如《墨子・節葬下》所說：「細計厚葬為多埋賦之財者也，計久喪為久禁從事者也。財以成者，扶而埋之，後得生者而久禁之，以此求富，此譬猶禁耕而求獲也，富之說無可得焉。」〔註127〕墨子所說很有道理，厚葬埋葬了已有的財富，久喪使人身體虛弱、精神恍惚又不能創造新的財富。厚葬久喪其實是將生人創造的財富埋葬給死人，同時又不利於生人再創造新的財富，必將導致社會財富的減少，甚至枯竭。這種做法對死人毫無益處而對生人有極大的壞處，所以，墨子主張節葬節喪，《墨子・節葬下》曰「子墨子制為葬埋之法曰：棺三寸，足以朽骨；衣三領，足以朽肉；掘地之深，下無菹漏，氣無發洩於上，壟足以期其所，則止矣。哭往哭來，反眾事乎衣食之財，俾乎祭祀，以致孝於親。」〔註128〕

統治者沉迷於音樂會給百姓增加負擔，《墨子・非樂上》曰：「昔者齊康

〔註123〕鄭傑文：《中國墨學通史》，北京：人民出版社，2006 年，第 160 頁。

〔註124〕鄭傑文：《中國墨學通史》，北京：人民出版社，2006 年，第 23 頁。

〔註125〕劉文典：《淮南鴻烈集解》，北京：中華書局，1989 年，第 709～710 頁。

〔註126〕孫詒讓：《墨子閒詁》，北京：中華書局，2001 年，第 185～186 頁。

〔註127〕孫詒讓：《墨子閒詁》，北京：中華書局，2001 年，第 175～176 頁。

〔註128〕孫詒讓：《墨子閒詁》，北京：中華書局，2001 年，第 189～190 頁。

公興樂萬，萬人不可衣短褐，不可食糠糟，曰：『食飲不美，面目顏色不足視也；衣服不美，身體從容醜羸，不足觀也。』是以食必粱肉，衣必文繡。此掌不從事乎衣食之財，而掌食乎人者也。是故子墨子曰：今王公大人惟毋爲樂，虧奪民衣食之財以拊樂如此之也。是故子墨子曰：爲樂非也。」〔註129〕齊康公興萬人之樂，爲了追求完美的效果，萬人「食必粱肉，衣必文繡」，這勢必使統治者加重對百姓的盤剝。爲了滿足一個人的淫樂欲望而如此勞民傷財，這是墨子極力反對的。又《墨子・非樂上》曰：「子墨子之所以非樂者，非以大鐘鳴鼓、琴瑟竽笙之聲以爲不樂也，非以刻鏤華文章之色以爲不美也，非以犓豢煎炙之味以爲不甘也，非以高臺厚榭邃野之居以爲不安也。雖身知其安也，口知其甘也，目知其美也，耳知其樂也，然上考之不中聖王之事，下度之不中萬民之利，是故子墨子曰：爲樂非也。」〔註130〕墨子「非樂」不是因爲墨子以爲鐘鼓、琴瑟、竽笙之聲不能給人帶來快樂，而是因爲其上不中聖王之事，下不中萬民之利。

　　任繼愈先生說：「墨子從『國家人民之大利』的立場提出了節用的原則，至於非樂、非命和節葬的主張，實質上是『節用』原則的應用，是防止貴族浪費的具體措施。」〔註131〕此說甚是。墨子的節葬、節喪、非樂主張都是其節用思想的表現，都是爲了「天下之大利」，如《墨子・節用上》載墨子所說「去無用之費，聖王之道，天下之大利也」〔註132〕。

　　墨家的節葬、節喪、非樂等主張，《呂氏春秋》有接受也有拋棄。《呂氏春秋》重視音樂的教化作用，所以，《呂氏春秋》不「非樂」。《呂氏春秋》不但不「非樂」，反而對墨家的「非樂」頗有批評之意，《大樂》曰：「凡樂，天地之和，陰陽之調也。始生人者天也，人無事焉。天使人有欲，人弗得不求。天使人有惡，人弗得不辟。欲與惡所受於天也，人不得興焉，不可變，不可易。世之學者，有非樂者矣，安由出哉？」〔註133〕《呂氏春秋》認爲音樂是天地、陰陽調和而生，「不可變，不可易」，而墨家學者「非樂」，必然是錯誤的。「非樂」是墨家的主張，《呂氏春秋》不直接稱「墨家」而稱「世之學者」。「非攻」也是墨家的主張，前引《呂氏春秋》批評「非攻」也不直接稱「墨

〔註129〕孫詒讓：《墨子閒詁》，北京：中華書局，2001年，第255～257頁。
〔註130〕孫詒讓：《墨子閒詁》，北京：中華書局，2001年，第251頁。
〔註131〕任繼愈：《墨子與墨家》，北京：商務印書館，1998年，第44頁。
〔註132〕孫詒讓：《墨子閒詁》，北京：中華書局，2001年，第163頁。
〔註133〕陳奇猷：《呂氏春秋新校釋》，上海：上海古籍出版社，2002年，第259頁。

家」而稱「學者」。這一現象說明在《呂氏春秋》編撰之時墨者在秦國擁有相當的勢力，《呂氏春秋》編撰者不便指名道姓地批評墨家的主張。

《呂氏春秋》也主張節葬節喪，有《節喪》篇專門探討節葬節喪問題。《節喪》曰：「世俗之行喪，載之以大輴，羽旄旌旗、如雲僂翣以督之，珠玉以佩之，黼黻文章以飭之，引紼者左右萬人以行之，以軍制立之然後可。以此觀世，則美矣侈矣；以此為死，則不可也。」〔註134〕當時的喪葬風俗是掩埋財物極多、送葬場面極大，《呂氏春秋》指出「以此觀世，則美矣侈矣；以此為死，則不可也」。墨家主張節葬節喪，《呂氏春秋》也主張節葬節喪，二者的目的雖然都是為了「節用」，但是，二者的論證角度是不同的。墨家直接從「節用」的角度來論證，指出節葬節喪可以為生者節省財富；《呂氏春秋》則是從「安死」的角度來論證，指出節葬節喪可以使死者安眠地下而不被拋屍野外。

《呂氏春秋》有《安死》篇，《安死》曰：「堯葬於穀林，通樹之；舜葬於紀市，不變其肆；禹葬於會稽，不變人徒；是故先王以儉節葬死也，非愛其費也，非惡其勞也，以為死者慮也。先王之所惡，惟死者之辱也。發則必辱，儉則不發，故先王之葬，必儉、必合、必同。」〔註135〕《呂氏春秋》指出堯、舜、禹皆「以儉節葬死」，不是因為愛惜費用、厭惡勞民而是為了替死者考慮。先王所厭惡和擔心的是死者受到侮辱，死者的墳墓遭到挖掘則死者必定受到侮辱。如果簡簡單單地、節儉地埋葬死者，那麼死者的墳墓就不會遭到挖掘，所以，先王都節葬節喪。又《節喪》曰：「葬也者，藏也，慈親孝子之所慎也。慎之者，以生人之心慮。以生人之心為死者慮也，莫如無動，莫如無發。無發無動，莫如無有可利，則此之謂重閉。」〔註136〕《呂氏春秋》認為「葬」的意思就是「閉藏」。閉藏起來，為死者考慮，「莫如無動，莫如無發」。怎樣才能保證「無發無動」呢？方法就是「莫如無有可利」，即節葬節喪。《節喪》《安死》二篇之間的邏輯是：節喪是為了安死，安死所以要節喪，最終實現節用。《呂氏春秋》的節葬節喪看似主觀上是為了「安死」，其實，「安死」只是《呂氏春秋》所選擇的一個容易被人接受的角度。墨家直接從「節用」的角度來倡導節葬節喪，但是，墨家這樣的說教並沒有阻止統治

〔註134〕陳奇猷：《呂氏春秋新校釋》，上海：上海古籍出版社，2002年，第532頁。
〔註135〕陳奇猷：《呂氏春秋新校釋》，上海：上海古籍出版社，2002年，第543頁。
〔註136〕陳奇猷：《呂氏春秋新校釋》，上海：上海古籍出版社，2002年，第531頁。

者將大量的社會財富繼續埋葬於地下。呂不韋看到墨家直接從「節用」角度的說教並不能促使統治者節葬節喪，所以《呂氏春秋》從「安死」的角度來進行說教。當時的人們普遍認爲人死爲鬼，如果墳墓被挖掘，屍骨必受凌辱，死者作爲鬼必不得安寧。節葬節喪就能保證墳墓不被挖掘，死者才會得到安寧。由此看來，《呂氏春秋》從「安死」角度來論證節葬節喪不失爲一條易被接受的途徑。看似爲「安死」，其實爲「節用」，這是《呂氏春秋》宣講節葬節喪的獨特之處。

四、尚賢──提倡「賢人政治」的需要

　　墨家還有另一個重要思想，即尚賢。以上所論墨家思想的兩個中堅學說「兼愛」和「節用」似乎都不能很好地將「尚賢」納入旗下，我們認爲將「尚賢」與「兼愛」、「節用」並列爲宜。我們認爲周山先生的看法可取，周山先生認爲「尚賢」、「節用」、「兼愛」是墨子平民政治思想體系的三個基本支撐點，指出：「『尚賢』聯接『尚同』，爲其政治綱領；『節用』聯接『節葬』、『非樂』，爲其消費觀念的核心；『兼愛』聯接『非攻』，爲其現實關懷的基礎。三個支撐點，又聯結在同一根線上。這根線，就是『國家百姓之利』。」[註137]兼愛、節用、尚賢可以看作墨家平民政治思想體系的三個支撐點，三者皆是爲了「天下之大利」。

　　春秋末期，「士」開始崛起，士階層擴大，「士」的地位提高了。墨子作爲新崛起的「士」，要求參與政治，但是政治操縱在貴族手中，所以，墨子主張「尚賢」，如方授楚先生所說「以政治爲貴族所把持，平民無由上達，則倡尚賢」[註138]。《墨子》有《尚賢》上、中、下三篇，闡述了墨家的「尚賢」思想。《尚賢上》曰：「士者，所以爲輔相承嗣也。故得士則謀不困，體不勞，名立而功成，美章而惡不生，則由得士也。是故子墨子言曰：得意賢士不可不舉，不得意賢士不可不舉，尚欲祖述堯舜禹湯之道，將不可以不尚賢。夫尚賢者，政之本也。」[註139]墨子認爲「士」是爲了輔佐君主而誕生的，如果君主能得到賢士的輔佐，君主的謀略就不會枯竭、身體就不會勞累，就會

〔註137〕周山：《尚賢、節用、兼愛──墨翟平民政治的三個支撐點》，《上海行政學院學報》2005年第1期。
〔註138〕方授楚：《墨學源流》，北京、上海：中華書局、上海書店，1989年，第76頁。
〔註139〕孫詒讓：《墨子閒詁》，北京：中華書局，2001年，第48～49頁。

功成名就，所以，墨子「尚賢」，並指出「尚賢者，政之本也」。墨子認爲尚賢是爲政之本，所以，主張「尚賢」。

「尚賢」如此重要，那麼如何「尚賢」呢？《尚賢上》曰：「曰：然則眾賢之術將奈何哉？子墨子言曰：譬若欲眾其國之善射御之士者，必將富之貴之，敬之譽之，然後國之善射御之士將可得而眾也。況又有賢良之士厚乎德行，辯乎言談，博乎道術者乎，此固國家之珍，而社稷之佐也。亦必且富之貴之，敬之譽之，然後國之良士亦將可得而眾也。」〔註140〕「眾賢」，就是聚集賢士，使賢士眾多。如何「眾賢」、「尚賢」？方法就是「富之貴之，敬之譽之」。又《尚賢中》曰：「古者聖王甚尊尚賢而任使能，不黨父兄，不偏貴富，不嬖顏色，賢者舉而上之，富而貴之，以爲官長；不肖者抑而廢之，貧而賤之，以爲徒役。是以民皆勸其賞，畏其罰，相率而爲賢。者〔是〕以賢者眾而不肖者寡，此謂進賢。然後聖人聽其言，跡其行，察其所能，而慎予官，此謂事能。」〔註141〕過去的世襲制度，富貴者任官長，貧賤者爲徒役，任職的依據標準是身份的富貴、貧賤；墨子的「尚賢」就是要改變這種世襲制度，墨子主張進賢、事能，使賢能者富貴而任官長，使不肖者貧賤而爲徒役，任職的依據標準是才能的大小。墨子這樣的做法也就是《尚賢上》所說的「官無常貴，而民無終賤，有能則舉之，無能則下之」〔註142〕。「官無常貴，而民無終賤」，是墨子提出的響亮口號，如方授楚先生所說：「尚賢之用，在於『使官無常貴而民無終賤』，則墨子之苦心可知矣。」〔註143〕「尚賢」確實可見墨子良苦之用心。墨家的「賢士」是什麼樣的？任繼愈先生總結說：「所謂的『賢士』就是具有墨子或墨家的道德標準的人。賢士的標準，《尚賢下》說：『有力者疾以助人，有財者勉以分人，有道者勸以救人。』也就是那些『厚乎德行，辯乎言談，博乎道術』（《尚賢上》）具有墨家政治觀點的有學識的知識分子。」〔註144〕這是墨家的「賢士」。

《呂氏春秋》崇尚賢人政治，所以《呂氏春秋》尚賢，《謹聽》曰「名不徒立，功不自成，國不虛存，必有賢者……不深知賢者之所言，不祥莫大焉」

〔註140〕孫詒讓：《墨子閒詁》，北京：中華書局，2001年，第44頁。

〔註141〕孫詒讓：《墨子閒詁》，北京：中華書局，2001年，第49〜50頁。

〔註142〕孫詒讓：《墨子閒詁》，北京：中華書局，2001年，第46頁。

〔註143〕方授楚：《墨學源流》，北京、上海：中華書局、上海書店，1989年，第79頁。

〔註144〕任繼愈：《墨子與墨家》，北京：商務印書館，1998年，第62頁。

〔註 145〕，《本味》曰「求之其本，經旬必得；求之其末，勞而無功。功名之立，由事之本也，得賢之化也。非賢其孰知乎事化？故曰其本在得賢」〔註 146〕，《召類》曰「三代之所貴，無若賢也」〔註 147〕。

　　《呂氏春秋》有《當染》篇，《墨子》有《所染》篇，兩篇文字有極其相似之處。陳奇猷先生把《當染》篇分為三段，認為：「首二段出自《墨子・所染》，末一段由本篇作者所增，其旨趣與《所染》全同，則此篇乃墨家者流所作……且其敘墨學源流，不見他書，則此作者必是墨家後學無疑。」〔註 148〕陳奇猷先生認為《呂氏春秋・當染》出自《墨子・所染》。《當染》篇、《所染》篇孰早孰晚？研究者的意見存在分歧，由於缺乏充分可靠的材料，我們在此暫且不論。可以肯定的是無論二者孰早孰晚、誰出自誰，《當染》篇當是呂不韋門客中的墨者所作，首先，《當染》篇以墨子感歎染絲來開篇，曰：「墨子見染素絲者而歎曰：『染於蒼則蒼，染於黃則黃，所以入者變，其色亦變，五入而以為五色矣。』故染不可不慎也。」〔註 149〕接下來，講「當染」的問題；其次，如陳奇猷先生所說《當染》篇記載了不見於他書的墨家發展的學術傳承，是墨家獨有的內部資料。

　　《當染》曰：「舜染於許由、伯陽，禹染於皋陶、伯益，湯染於伊尹、仲虺，武王染於太公望、周公旦，此四王者所染當，故王天下，立為天子，功名蔽天地，舉天下之仁義顯人必稱此四王者。夏桀染於干辛、歧踵戎，殷紂染於崇侯、惡來，周厲王染於虢公長父、榮夷終，幽王染於虢公鼓、祭公敦，此四王者所染不當，故國殘身死，為天下僇，舉天下之不義辱人必稱此四王者。齊桓公染於管仲、鮑叔，晉文公染於咎犯、郤偃，荊莊王染於孫叔敖、沈尹蒸，吳王闔廬染於伍員、文之儀，越王句踐染於范蠡、大夫種，此五君者所染當，故霸諸侯，功名傳於後世。范吉射染於張柳朔、王生，中行寅染於黃籍秦、高強，吳王夫差染於王孫雄、太宰嚭，智伯瑤染於智國、張武，中山尚染於魏義、椻長，宋康王染於唐鞅、田不禋，此六君者所染不當，故

〔註 145〕 陳奇猷：《呂氏春秋新校釋》，上海：上海古籍出版社，2002 年，第 710 頁。
〔註 146〕 陳奇猷：《呂氏春秋新校釋》，上海：上海古籍出版社，2002 年，第 744 頁。
〔註 147〕 陳奇猷：《呂氏春秋新校釋》，上海：上海古籍出版社，2002 年，第 1371 頁。
〔註 148〕 《呂氏春秋・當染》注〔一〕，陳奇猷《呂氏春秋新校釋》，上海：上海古籍出版社，2002 年，第 98 頁。
〔註 149〕 陳奇猷：《呂氏春秋新校釋》，上海：上海古籍出版社，2002 年，第 96～97 頁。

國皆殘亡，身或死辱，宗廟不血食，絕其後類，君臣離散，民人流亡，舉天下之貪暴可羞人必稱此六君者。」〔註150〕舜、禹、湯、武王四人染於賢者、得到賢士的輔佐，最終立爲天子而王天下，成爲「天下之仁義顯人」；夏桀、殷紂、周厲王、周幽王四人染於不肖者、得不到賢士的輔佐，最終國家滅亡而身爲天下戮，成爲「天下之不義辱人」。齊桓公、晉文公、荊莊王、吳王闔廬、越王句踐五人染於賢者、得到賢士的輔佐，最終稱霸於諸侯，流傳功名於後世；范吉射、中行寅、吳王夫差、智伯瑤、中山尚、宋康王六人染於不肖者、得不到賢士的輔佐，最終國破家亡，成爲「天下之貪暴可羞人」。在此，《呂氏春秋》是告誡君主一定要注意「所染」，一定要染於「當染」之賢士，即君主要與賢士接觸、選擇賢士來輔佐自己。這表現的是《呂氏春秋》的「尚賢」思想。

　　《呂氏春秋》吸收了儒家「選賢與能」的思想而主張實行「賢人政治」，《呂氏春秋》吸收墨家的「尚賢」思想也是其主張實行「賢人政治」的需要。然而，墨家的「尚賢」與儒家的「尚賢」有別，《墨子‧非儒下》曰：「儒者曰：『親親有術，尊賢有等。』」王引之云：「此即《中庸》所謂『親親之殺，尊賢之等』。」〔註151〕《禮記‧中庸》曰：「仁者人也，親親爲大；義者宜也，尊賢爲大。親親之殺，尊賢之等，禮所生也。」〔註152〕儒家的尚賢受其「禮」思想的制約，所以主張「尊賢有等」。這遭到了墨家的非議。雖然儒、墨二家的「尚賢」思想存在區別，但是二者都是《呂氏春秋》提倡「賢人政治」的需要。

　　綜上，我們可以對本節做一小結。《呂氏春秋》對墨家思想有接受有拋棄。墨家平民政治思想體系的三個支撐點：兼愛、節用、尚賢。《呂氏春秋》不但不取「兼愛」思想之「非攻」、不取「節用」思想之「非樂」，而且對「非攻」、「非樂」進行了批判。田鳳臺先生引陳郁夫之言曰：「陳郁夫云：『以墨家爲例，墨家有破有立，非攻、非命、非樂、非儒此其所破也。尚賢、尚同、兼愛、天志、明鬼、節用、節葬，此其所立也。呂氏春秋之於墨子所破，幾全揚棄，於墨子所立，則取其尚賢等。』余意呂氏春秋於墨家之學，仍以尚

〔註150〕陳奇猷：《呂氏春秋新校釋》，上海：上海古籍出版社，2002 年，第 97 頁。

〔註151〕孫詒讓：《墨子閒詁》，北京：中華書局，2001 年，第 287 頁。

〔註152〕孔穎達：《禮記正義》，《十三經注疏》，北京：中華書局，1980 年，第 1629 頁。

賢節用為主，其反對者，仍以非攻非樂為主。」〔註153〕此言有理。《呂氏春秋》不取「非攻」、「非樂」反而多有批判，即《呂氏春秋》對墨家政治思想體系三個支撐點之中的二個皆有所批判。在這樣的情況下，我們可以說《呂氏春秋》的主導思想不是墨家思想，則盧文弨《書呂氏春秋後》所謂「《呂氏春秋》一書，大約宗墨氏之學，而緣飾以儒術」〔註154〕的說法不確。

《呂氏春秋》繼承了墨家的兼愛思想，但《呂氏春秋》往往將墨家的兼愛思想與別家的思想結合起來加以運用，比如與儒家思想、法家思想的結合。《呂氏春秋》也主張節葬節喪，但是，與墨家的論證角度是不同的。同樣是為了「節用」的目的，墨家直接從「節用」的角度進行論證，《呂氏春秋》則是從「安死」的角度來論證。《呂氏春秋》吸收墨家的「尚賢」思想也是為其推行「賢人政治」服務的。

第三節　《呂氏春秋》的兵家思想

一、思想探源

《漢書‧藝文志》曰：「兵家者，蓋出古司馬之職，王官之武備也。《洪範》八政，八曰師。孔子曰為國者『足食足兵』，『以不教民戰，是謂棄之』，明兵之重也。《易》曰『古者弦木為弧，剡木為矢，弧矢之利，以威天下』，其用上矣。後世燿金為刃，割革為甲，器械甚備。下及湯武受命，以師克亂而濟百姓，動之以仁義，行之以禮讓，《司馬法》是其遺事也。自春秋至於戰國，出奇設伏，變詐之兵並作。漢興，張良、韓信序次兵法，凡百八十二家，刪取要用，定著三十五家。諸呂用事而盜取之。武帝時，軍政楊僕捃摭遺逸，紀奏兵錄，猶未能備。至於孝成，命任宏論次兵書為四種。」〔註155〕據此知西漢曾對兵書整理過三次：高祖時，張良、韓信整理兵書定為三十五家；武帝時，楊僕補輯遺漏的兵書，「紀奏兵錄」，但是仍然不完備；孝成帝時，劉向整理天下圖書，命任宏整理兵書部分，任宏將兵書分為四種。

任宏將兵書分為四種：兵權謀、兵形勢、兵陰陽、兵技巧。兵權謀，《漢書‧藝文志》曰：「權謀者，以正守國，以奇用兵，先計而後戰，兼形勢，包

〔註153〕田鳳臺：《呂氏春秋探微》，臺北：學生書局，1986年，第133～134頁。
〔註154〕許維遹：《呂氏春秋集釋》，北京：中華書局，2009年，第710頁。
〔註155〕班固：《漢書》，北京：中華書局，1962年，第1762～1763頁。

陰陽，用技巧者也。」〔註156〕兵形勢，《漢書‧藝文志》曰：「形勢者，雷動風舉，後發而先至，離合背鄉，變化無常，以輕疾制敵者也。」〔註157〕兵陰陽，《漢書‧藝文志》曰：「陰陽者，順時而發，推刑德，隨鬥擊，因五勝，假鬼神而爲助者也。」〔註158〕兵技巧，《漢書‧藝文志》曰：「技巧者，習手足，便器械，積機關，以立攻守之勝者也。」〔註159〕呂思勉先生概括說：「兵家之書，《漢志》分爲權謀，形勢，陰陽，技巧四家。陰陽、技巧之書，今已盡亡。權謀、形勢之書，亦所存無幾。大約兵陰陽家言，當有關天時，亦必涉迷信。兵技巧家言，最切實用。然今古異宜，故不傳於後。兵形勢之言，亦今古不同。惟其理多相通，故其存者，仍多後人所能解。至兵權謀，則專論用兵之理，幾無今古之異。兵家言之可考見古代學術思想者，斷推此家矣。」〔註160〕呂思勉先生所言甚是。據《漢書‧藝文志》，兵權謀一派其實已經包括了其他三派的內容，正所謂「兼形勢，包陰陽，用技巧」，這當也是造成兵陰陽、兵技巧之書盡亡和兵形勢之書所存很少的原因之一。先秦時代流傳下來至今保留完整的兵書只有《孫子》《吳子》《司馬法》《孫臏兵法》《六韜》《尉繚子》六部〔註161〕。

　　兵家是先秦諸子百家之一家，而不入《漢書‧藝文志》之《諸子略》，其中的原因值得思考。首先，兵家獨立於《諸子略》之外與《漢書‧藝文志》的成書過程有關。《漢書‧藝文志》是班固在劉向《別錄》、劉歆《七略》的基礎上刪減而成。《漢書‧藝文志》曰：「至成帝時，以書頗散亡，使謁者陳農求遺書於天下。詔光祿大夫劉向校經傳諸子詩賦，步兵校尉任宏校兵書，太史令尹咸校數術，侍醫李柱國校方技。每一書已，向輒條其篇目，撮其指意，錄而奏之。會向卒，哀帝復使向子侍中奉車都尉歆卒父業。歆於是總群書而奏其《七略》，故有《輯略》，有《六藝略》，有《諸子略》，有《詩賦略》，有《兵書略》，有《術數略》，有《方技略》。今刪其要，以備篇

〔註156〕班固：《漢書》，北京：中華書局，1962 年，第 1758 頁。
〔註157〕班固：《漢書》，北京：中華書局，1962 年，第 1759 頁。
〔註158〕班固：《漢書》，北京：中華書局，1962 年，第 1760 頁。
〔註159〕班固：《漢書》，北京：中華書局，1962 年，第 1762 頁。
〔註160〕呂思勉：《先秦學術概論》，上海：中國大百科全書出版社，1985 年，第 133 頁。
〔註161〕學術界對這六部兵書中的某些兵書的作者、產生時代、眞僞的看法存在分歧，本文從趙逹夫先生《先秦兵書研究與當代價值》一文的看法。（解文超：《先秦兵書研究》，上海：上海古籍出版社，2007 年，第 1 頁。）

籍。」〔註162〕劉歆《七略》之中，《兵書略》獨立於《諸子略》之外，班固
《漢書‧藝文志》依據《七略》刪節而成，所以，兵家獨立，不入《諸子
略》。據上所論，西漢曾經三次整理兵書，兵家的獨立當很早就開始了，武帝
時，軍政楊僕所奏「兵錄」可能是最早的兵書目錄。這個時候，兵家已經開
始獨立於諸子之外了。其次，兵家獨立於《諸子略》之外與兵家研究領域的
獨特有關。關於這一點，我們贊同李桂生先生的看法，李桂生說：「先秦諸子
是作爲思想家對軍事領域的涉及，而兵家論兵是軍事家對戰爭及其規律的完
整而具體的探討。從縱的方面說，是對戰爭發生、發展的全過程的研究；從
橫的方面說，是對戰爭的每個方面的全方位的研究。因此，無論從深度，還
是廣度，兵家論兵都超過諸子論兵。長期以來，歷代學者往往把兵家與諸子
截然分開，把兵家僅僅看作是軍事家，這也是一個內的原因。也就是說，
兵家的軍事思想掩蓋了其政治的、哲學的、經濟的、文化的、學術的思想，
而給人一種錯覺——兵家只是軍事。」〔註163〕

　　雖然兵家獨立於《諸子略》之外，但是班固是將兵家當作諸子百家的一
家來看待的。《漢書‧藝文志》曰「兵家者，蓋出古司馬之職，王官之武備也」，
首先，班固稱「兵家」，是把兵家當作一個學術流派來看待的；其次，班固認
爲諸子之學出於王官〔註164〕，又指出兵家出於「古司馬之官」，可見班固是把
兵家當作諸子之學的。

　　《呂氏春秋》雖然不是兵書，但是不乏論兵的篇章，對兵家思想有所
參考又有自己「新」的思考。這些論兵的篇章表現了《呂氏春秋》的兵家
思想。

二、先德後兵

　　兵家如何看待戰爭？《孫子‧謀攻》曰：「孫子曰：凡用兵之法：全國爲
上，破國次之；全軍爲上，破軍次之；全旅爲上，破旅次之；全卒爲上，破
卒次之；全伍爲上，破伍次之。是故百戰百勝，非善之善者也；不戰而屈人
之兵，善之善者也。故上兵伐謀，其次伐交，其次伐兵，其下攻城。攻城之

〔註162〕 班固：《漢書》，北京：中華書局，1962 年，第 1701 頁。
〔註163〕 李桂生：《先秦兵家研究》，浙江大學 2005 年博士學位論文，第 130～131 頁。
〔註164〕 呂思勉先生說：「諸家之學，《漢志》謂皆出王官；《淮南要略》則以爲起於救
　　　　時之弊，蓋一言其因，一言其緣也。」（呂思勉：《先秦學術概論》，上海：中
　　　　國大百科全書出版社，1985 年，第 16 頁。）

法，爲不得已。」〔註165〕孫子指出用兵百戰百勝的人不是用兵用得最好的人，不發動戰爭而能令對方之兵屈服的人才是用兵用得最好的人，攻城打仗是不得已的用兵之法。這種「先德後兵」思想在先秦的幾部兵書之中基本都能找到，《吳子・圖國》曰「凡制國治軍，必教之以禮，勵之以義，使有恥也」〔註166〕，《司馬法・仁本》曰「戰道：不違時，不歷民病，所以愛吾民也。不加喪，不因凶，所以愛夫其民也；冬夏不興師，所以兼愛民也。故國雖大，好戰必亡；天下雖安，忘戰必危。天下既平，天下大愷，春蒐秋獮；諸侯春振旅，秋治兵。所以不忘戰也」〔註167〕，《六韜・文韜・文師》曰「天下非一人之天下，乃天下之天下也。同天下之利者則得天下，擅天下之利者則失天下。天有時，地有財，能與人共之者仁也。仁之所在，天下歸之。與人同憂同樂，同好同惡，義也。義之所在，天下赴之。凡人惡死而樂生，好德而歸利，能生利者道也，道之所在，天下歸之」〔註168〕。

《呂氏春秋》繼承了兵家的這種「先德後兵」思想，《期賢》曰：「嘗聞君子之用兵，莫見其形，其功已成，其此之謂也。野人之用兵也，鼓聲則似雷，號呼則動地，塵氣充天，流矢如雨，扶傷輿死，履腸涉血，無罪之民其死者量於澤矣，而國之存亡、主之死生猶不可知也，其離仁義亦遠矣。」〔註169〕所謂「君子之用兵，莫見其形，其功已成」，即君子用兵勝於無形，兵未動而勝局已定、事功已成，也就是《孫子》所說的「不戰而屈人之兵」。「野人」用兵則相反，鑼鼓喧天，呼號動地，屍橫遍野，血流成河，無罪之民死者不計其數，這樣來用兵離仁義就差得遠了。《論威》曰：「凡兵，天下之兇器也；勇，天下之凶德也。舉兇器，行兇德，猶不得已也。舉兇器必殺，殺，所以生之也；行兇德必威，威，所以懼之也。敵懼民生，此義兵之所以隆也。故古之至兵，才民未合，而威已諭矣，敵已服矣，豈必用枹鼓干戈哉？故善諭威者，於其未發也，於其未通也，窅窅乎冥冥，莫知其情，此之謂至威之誠。」〔註170〕《呂氏春秋》認爲兵是天下之兇器，不得已而用之，也就

〔註165〕楊丙安：《十一家注孫子校理》，北京：中華書局，1999 年，第 44～48 頁。

〔註166〕傅紹傑：《吳子今注今譯》，臺北：臺灣商務印書館，1978 年，第 54 頁。

〔註167〕劉仲平：《司馬法今注今譯》，臺北：臺灣商務印書館，1977 年，第 1 頁。

〔註168〕徐培根：《太公六韜今注今譯》，臺北，臺灣商務印書館，1977 年，第 41 頁。

〔註169〕陳奇猷：《呂氏春秋新校釋》，上海：上海古籍出版社，2002 年，第 1458 頁。

〔註170〕陳奇猷：《呂氏春秋新校釋》，上海：上海古籍出版社，2002 年，第 435～436 頁。

是《孫子》所說的「攻城之法，爲不得已」。《呂氏春秋》指出用兵一定要有威懾力，兵有威懾力，不用交戰敵人就已經屈服了，又何必要動用枹鼓干戈呢？又《先己》曰：「五帝先道而后德，故德莫盛焉；三王先教而後殺，故事莫功焉；五伯先事而後兵，故兵莫強焉。當今之世，巧謀並行，詐術遞用，攻戰不休，亡國辱主愈眾，所事者末也。」〔註171〕五帝、三王、五霸的先後順序是一種從優到差的排列順序：最優，五帝，先道后德；其次，三王，先教後殺；最後，五霸，先事後兵。三者之中，用兵者是最差的，即《呂氏春秋》主張用德爲憂、用兵爲次。所以，《呂氏春秋》批判「攻戰不休」之君主是「事末」而已。

三、義兵愛民

戰國時期，思想界曾流行過「偃兵」、「非攻」兩種思想。戰國末期，天下統一的趨勢已十分明瞭，強大的秦國已經表現出統一天下的絕對優勢。統一天下，必定需要戰爭、需要用兵。在這樣的社會形勢下，秦國的宰相呂不韋深感「偃兵」、「非攻」等思想不利於秦國統一天下，於是，在其治國寶典《呂氏春秋》之中對「偃兵」、「非攻」進行了批判，從而提倡「義兵」。《呂氏春秋》義兵思想的提出是在批判「偃兵」、「非攻」兩種思想的過程中完成的。

（一）義兵與偃兵

偃兵思想，古已有之。《左傳》襄公二十七年（前 546），載：「宋向戌善於趙文子，又善於令尹子木，欲弭諸侯之兵以爲名。如晉，告趙孟。趙孟謀於諸大夫。韓宣子曰：『兵，民之殘也，財用之蠹，小國之大災也。將或弭之，雖曰不可，必將許之。弗許，楚將許之，以召諸侯，則我失爲盟主矣。』晉人許之。如楚，楚亦許之。如齊，齊人難之。陳文子曰：『晉、楚許之，我焉得已？且人曰弭兵，而我弗許，則固攜吾民矣，將焉用之？』齊人許之。告於秦，秦亦許之。皆告於小國，爲會於宋。」〔註172〕弱小的宋國處於強大的晉、楚之間，晉、楚爭霸必然會使宋國遭受損失。向戌爲了維護宋國的利益，所以，提出「弭兵」的主張。向戌希望各國諸侯都能偃旗息鼓、停止戰爭，

〔註171〕陳奇猷：《呂氏春秋新校釋》，上海：上海古籍出版社，2002 年，第 147 頁。
〔註172〕孔穎達：《春秋左傳正義》，《十三經注疏》，北京：中華書局，1980 年，第 1995 頁。

和平相處。向戌的「弭兵」主張可以說是符合人民的願望的，表面上各國諸侯也都同意「弭兵」，但是卻不能從根本上阻止戰爭的發生。

宋鈃、尹文也有偃兵思想，《莊子‧天下》概括他們說：「見侮不辱，救民之鬥，禁攻寢兵，救世之戰。」〔註173〕宋鈃有勸說秦、楚「寢兵」的舉動，《孟子‧告子下》載：「宋牼將之楚，孟子遇於石丘，曰：『先生將何之？』曰：『吾聞秦、楚構兵，我將見楚王，說而罷之；楚王不悅，我將見秦王，說而罷之。二王我將有所遇焉。』曰：『軻也請無問其詳，願聞其指。說之將何如？』曰：『我將言其不利也。』」〔註174〕宋牼，即宋鈃，《孟子正義》曰：「案荀卿《非十二子》云：『不知壹天下，建國家之權稱，曾不足以容辨異、懸君臣，然而其持之有故，其言之成理，足以欺惑愚眾，是宋鈃也。』楊倞云：『宋鈃，宋人，與孟子、尹文子、彭蒙、慎到同時。』《孟子》作『宋牼』，『牼』與『鈃』同，口莖反，是也。」〔註175〕秦、楚構兵，宋鈃將去楚國說服楚王「寢兵」，楚王如果不聽，又將去秦國說服秦王「寢兵」。

惠施、公孫龍主張偃兵。惠施主張偃兵，《韓非子‧內儲說上七術》曰：「張儀欲以秦、韓與魏之勢伐齊荊，而惠施欲以齊、荊偃兵。」〔註176〕公孫龍主張偃兵，《呂氏春秋‧應言》曰：「公孫龍說燕昭王以偃兵。昭王曰：『甚善。寡人願與客計之。』公孫龍曰：『竊意大王之弗爲也。』王曰：『何故？』公孫龍曰：『日者大王欲破齊，諸天下之士，其欲破齊者，大王盡養之；知齊之險阻要塞君臣之際者，大王盡養之；雖知而弗欲破者，大王猶若弗養；其卒果破齊以爲功。今大王曰「我甚取偃兵」。諸侯之士，在大王之本朝者，盡善用兵者也，臣是以知大王之弗爲也。』王無以應。」〔註177〕公孫龍想要說服燕昭王偃兵，燕昭王認爲偃兵的做法非常好並承諾說願意偃兵。公孫龍認爲燕昭王是不願意偃兵的，因爲燕昭王所養之士都是善於用兵的人。又《呂氏春秋‧審應》曰：「趙惠王謂公孫龍曰：『寡人事偃兵十餘年矣而不成，兵不可偃乎？』公孫龍對曰：『偃兵之意，兼愛天下之心也。兼愛天下，不可以

〔註173〕郭慶藩：《莊子集釋》，北京：中華書局，1961年，第1082頁。

〔註174〕舊題孫奭：《孟子注疏》，《十三經注疏》，北京：中華書局，1980年，第2756頁。

〔註175〕舊題孫奭：《孟子注疏》，《十三經注疏》，北京：中華書局，1980年，第2757頁。

〔註176〕王先慎：《韓非子集解》，北京：中華書局，1998年，第219頁。

〔註177〕陳奇猷：《呂氏春秋新校釋》，上海：上海古籍出版社，2002年，第1220頁。

虛名爲也，必有其實。今藺、離石入秦，而王縞素布總；東攻齊得城，而王加膳置酒。秦得地而王布總，齊亡地而王加膳，所非兼愛之心也。此偃兵之所以不成也。』」〔註178〕公孫龍當曾勸說趙惠王偃兵，所以這裡才有趙惠王責問公孫龍偃兵之事。公孫龍指出偃兵是爲了兼愛天下，而趙惠王所做之事皆於此相悖。趙惠王沒有兼愛天下之心，所以，「事偃兵十餘年矣而不成」。足見「偃兵」思想在《呂氏春秋》編撰之時還有相當的影響。

　　《呂氏春秋》主張有義兵而無有偃兵，《蕩兵》曰：「古聖王有義兵而無有偃兵。兵之所自來者上矣，與始有民俱。凡兵也者，威也，威也者，力也。民之有威力，性也。性者所受於天也，非人之所能爲也，武者不能革，而工者不能移。兵所自來者久矣，黃、炎故用水火矣，共工氏固次作難矣，五帝固相與爭矣。遞興廢，勝者用事。人曰『蚩尤作兵』，蚩尤非作兵也，利其械矣。未有蚩尤之時，民固剝林木以戰矣，勝者爲長。長則猶不足治之，故立君。君又不足以治之，故立天子。天子之立也出於君，君之立也出於長，長之立也出於爭。爭鬥之所自來者久矣，不可禁，不可止，故古之賢王有義兵而無有偃兵。」〔註179〕因爲有威、有力是人的天性，即用兵是人的天性，不是人爲所能改變的，「武者不能革，而工者不能移」，所以《呂氏春秋》認爲兵不可偃。兵的歷史非常悠久，人們一般認爲是蚩尤製造了兵器。《呂氏春秋》認爲在蚩尤之前就已經有了爭鬥，自從有了人就有了爭鬥。在遠古，人們拿著木棍來戰鬥的時候，兵就已經存在了。人類爭鬥的歷史十分漫長，並且人類的爭鬥是不可禁止的、還會繼續下去，所以《呂氏春秋》提出「古之賢王有義兵而無有偃兵」的觀點。

　　《呂氏春秋》指出雖然有戰爭就必有家破人亡、甚至有國破君亡，但是不能因此就偃兵。《蕩兵》曰：「夫有以饐死者，欲禁天下之食，悖；有以乘舟死者，欲禁天下之船，悖；有以用兵喪其國者，欲偃天下之兵，悖。夫兵不可偃也，譬之若水火然，善用之則爲福，不能用之則爲禍；若用藥者然，得良藥則活人，得惡藥則殺人。義兵之爲天下良藥也亦大矣。」〔註180〕因爲有吃飯饐死的就想拒絕吃飯，是荒謬的；因爲有乘船淹死的就想銷毀天下所有的船，是荒謬的；因爲有用兵喪失國家的就想偃天下之兵，是荒謬的。兵

〔註178〕陳奇猷：《呂氏春秋新校釋》，上海：上海古籍出版社，2002 年，第 1152 頁。
〔註179〕陳奇猷：《呂氏春秋新校釋》，上海：上海古籍出版社，2002 年，第 388 頁。
〔註180〕陳奇猷：《呂氏春秋新校釋》，上海：上海古籍出版社，2002 年，第 388～389 頁。

不可偃，好比水火，會用的謀得幸福，不會用的招來災禍；又好比藥，良藥活人，惡藥殺人。《呂氏春秋》認為義兵就是救治天下之良藥。

又《蕩兵》曰：「且兵之所自來者遠矣，未嘗少選不用，貴賤長少賢者不肖相與同，有巨有微而已矣。察兵之微：在心而未發，兵也；疾視，兵也；作色，兵也；傲言，兵也；援推，兵也；連反，兵也；侈鬥，兵也；三軍攻戰，兵也。此八者皆兵也，微巨之爭也。今世之以偃兵疾說者，終身用兵而不自知悖，故說雖強，談雖辨，文學雖博，猶不見聽。故古之聖王有義兵而無有偃兵。兵誠義，以誅暴君而振苦民，民之說也，若孝子之見慈親也，若饑者之見美食也；民之號呼而走之，若強弩之射於深溪也，若積大水而失其壅堤也。中主猶若不能有其民，而況於暴君乎？」〔註181〕《呂氏春秋》認為戰爭起源於人的天性，顯然這樣的觀點是站不住腳的。《呂氏春秋》又把「在心而未發」、「疾視」、「作色」、「傲言」、「援推」、「連反」等看作戰爭，這也是荒謬的。不過，《呂氏春秋》這麼做無非是為了論證「義兵」的合理性。《呂氏春秋》批評提倡偃兵的人終生都在用兵而不自知，並認為因為他們身上存在這樣的悖論，所以他們「說雖強，談雖辨，文學雖博，猶不見聽」。義兵誅伐殘暴的君主、解救苦難的百姓，百姓喜歡義兵就像孝子望見雙親、饑者望見美食，百姓歸順義兵就像強弩射於深溪、大水奔流入海般勢不可擋，所以，《呂氏春秋》主張「有義兵而無有偃兵」。

（二）義兵與非攻

「非攻」是墨家的主張，與「偃兵」有區別。墨家主張「非攻」，卻不主張「偃兵」。墨家反對侵略性的主動攻擊，卻主張建設堅實鞏固的國防，積極準備打防禦性的戰爭。墨家擅長守城，號稱「墨守」，有獨特的守城謀略和兵器，今本《墨子・備城門》以下十一篇專講墨家守城的方法和兵器。墨子還親自阻止楚國攻打宋國，在與公輸班的攻守鬥法之中展示了墨家高超的守城技術。

墨家目睹戰爭給天下百姓帶來的災難和痛苦，出於兼愛天下百姓之心，主張非攻。《墨子・非攻上》曰：「今有一人，入人園圃，竊其桃李，眾聞則非之，上為政者得則罰之。此何也？以虧人自利也。至攘人犬豕雞豚者，其不義又甚入人園圃竊桃李。是何故也？以虧人愈多，其不仁茲甚，罪益厚。

〔註181〕陳奇猷：《呂氏春秋新校釋》，上海：上海古籍出版社，2002年，第389頁。

至入人欄廄，取人馬牛者，其不仁義又甚攘人犬豕雞豚。此何故也？以其虧
人愈多。苟虧人愈多，其不仁茲甚，罪益厚。至殺不辜人也，扡其衣裘，取
戈劍者，其不義又甚入人欄廄、取人馬牛。此何故也？以其虧人愈多。苟虧
人愈多，其不仁茲甚矣，罪益厚。當此，天下之君子皆知而非之，謂之不義。
今至大爲攻國，則弗知非，從而譽之，謂之義。此可謂知義與不義之別乎？
殺一人謂之不義，必有一死罪矣。若以此說往，殺十人十重不義，必有十死
罪矣；殺百人百重不義，必有百死罪矣。當此，天下之君子皆知而非之，謂
之不義。今至大爲不義攻國，則弗知非，從而譽之，謂之義。情不知其不義
也，故書其言以遺後世。」〔註182〕有人竊人桃李，君子知而非之；有人攘人
犬豕雞豚，君子知而非之；有人取人馬牛，君子知而非之；有人殺不辜之人，
君子知而非之；有強大的國家攻打弱小的國家，君子知而不非之，反而譽之
爲「義」，墨子認爲這是因爲他們混淆了「義」與「不義」的區別。竊人桃李、
攘人犬豕雞豚、取人馬牛、殺不辜之人、攻人之國，六者都是虧人而自利的
行爲，其中攻人之國虧人最大。虧人小者，君子皆知非之；虧人最大者，君
子反而譽之，墨子認爲這是極大的荒謬。墨子認爲六者之中最應該反對、批
判的就是攻人之國。

　　墨子反對侵略性的戰爭，但並不是反對一切戰爭。《墨子・非攻下》曰：
「今夫好攻伐之君又飾其說以非子墨子曰：以攻伐之爲不義，非利物與？
昔者禹征有苗，湯伐桀，武王伐紂，此皆立爲聖王，是何故也？子墨子曰：
子未察吾言之類，未明其故者也。彼非所謂攻，謂誅也。」〔註183〕墨子把戰
爭分爲侵略性的和正義性的，侵略性的戰爭叫作「攻」，正義性的戰爭叫作
「誅」。墨子指出禹征有苗、湯伐桀、武王伐紂的戰爭是正義性的戰爭，是「誅」
不是「攻」，不在墨子的「非攻」之列。

　　對墨子「非攻」主張的評價，我們認爲任繼愈先生的評價是公允的，任
繼愈先生說：「墨子的『非攻』的主張，是有事實根據的，是墨子學說中的精
華部分，但墨子把『非攻』這一正義主張，安放在『兼愛』和『天志』這樣
的主觀願望的基礎上卻是錯誤的。墨子『非攻』的主張，誠然表達了當時人
民群眾的主觀要求，但由於墨子受當時歷史條件的限制，還遠說不上從社會
發展的整體利益來認識戰爭的意義。墨子固然也曾用『攻』和『誅』來劃分

〔註182〕孫詒讓：《墨子閒詁》，北京：中華書局，2001 年，第 128～129 頁。
〔註183〕孫詒讓：《墨子閒詁》，北京：中華書局，2001 年，第 145～146 頁。

正義和非正義的戰爭，但他把正義的標準安放在『天』的意志上，認為只有不敬鬼神的暴君，觸犯了『天』的意志，才成了被討伐的對象。這樣，就把戰爭的正義或非正義的標準歸結到不可捉摸的『上帝』或『鬼神』的意志方面去，人類也就不能掌握了。這種不正確的觀點是必須加以指出的。」〔註184〕在呂不韋主持編撰《呂氏春秋》的戰國末年，強大的秦國統一天下的趨勢已經相當明瞭。在這樣的形勢下，墨家的「非攻」主張顯得十分不合時宜。呂不韋為了鋪平秦國統一天下的道路不得不批判「非攻」思想。

《呂氏春秋·振亂》曰：「當今之世，濁甚矣，黔首之苦，不可以加矣。天子既絕，賢者廢伏，世主恣行，與民相離，黔首無所告愬。世有賢主秀士，宜察此論也，則其兵為義矣。天下之民，且死者也而生，且辱者也而榮，且苦者也而逸。世主恣行，則中人將逃其君、去其親，又況於不肖者乎？故義兵至，則世主不能有其民矣，人親不能禁其子矣。」〔註185〕如《呂氏春秋》所描述的，當時的社會是一個十分混亂的社會，百姓的痛苦已經到了無可復加的程度。天下沒有天子，諸侯國之間混戰不止，百姓無處訴說自己的苦難。在這樣的局勢下，天下需要的是一個強大的正義之師來統一天下，來盡早結束戰亂，來穩定社會，來安撫黎民。義兵可以使天下的百姓將受死者獲得新生、將受辱者獲得光榮、將受苦者獲得安逸，天下需要的就是這樣的義兵。

《呂氏春秋》取「義兵」而批判「非攻」，《振亂》曰：「凡為天下之民長也，慮莫如長有道而息無道，賞有義而罰不義。今之世，學者多非乎攻伐。非攻伐而取救守，取救守則鄉之所謂長有道而息無道、賞有義而罰不義之術不行矣。天下之長民，其利害在察此論也。攻伐之與救守一實也，而取捨人異，以辨說去之，終無所定論。固不知，悖也；知而欺心，誣也。誣悖之士，雖辨無用矣。是非其所取而取其所非也，是利之而反害之也，安之而反危之也。為天下之長患、致黔首之大害者，若說為深。夫以利天下之民為心者，不可以不熟察此論也。夫攻伐之事，未有不攻無道而罰不義也。攻無道而伐不義，則福莫大焉，黔首利莫厚焉。禁之者，是息有道而伐有義也，是窮湯、武之事而遂桀、紂之過也。」〔註186〕《呂氏春秋》認為作為天下的君主出於

〔註184〕任繼愈：《墨子與墨家》，北京：商務印書館，1998年，第41～42頁。

〔註185〕陳奇猷：《呂氏春秋新校釋》，上海：上海古籍出版社，2002年，第398～399頁。

〔註186〕陳奇猷：《呂氏春秋新校釋》，上海：上海古籍出版社，2002年，第399頁。

對百姓長遠的考慮，莫如行「長有道而息無道、賞有義而罰不義」之術，然而，「非攻」主張卻對此不利。墨家反對攻伐（「非攻」）而採取「救守」，《呂氏春秋》認爲如果採取「救守」，那麼「長有道而息無道、賞有義而罰不義」之術就得不到實行。《呂氏春秋》認爲「攻伐」和「救守」實質上是一回事，然而人們取捨不一，無所定論。《呂氏春秋》指出攻伐之事，無一不是在攻伐無道、懲罰不義，這樣，君主獲福是最大的，百姓獲利是最厚的。然而，墨家主張非攻，禁止攻伐，就是在捨棄有道、征伐有義，就是在阻止商湯、周武的功業，促成夏桀、商紂的罪過。

　　墨家的「非攻」與「救守」緊密相連，《呂氏春秋》取「義兵」而又批判「救守」。《呂氏春秋・禁塞》：「夫救守之心，未有不守無道而救不義也。守無道而救不義，則禍莫大焉，爲天下之民害莫深焉。凡救守者，太上以說，其次以兵。以說則承從多群，日夜思之，事心任精，起則誦之，臥則夢之，自今單唇乾肺，費神傷魂，上稱三皇五帝之業以愉其意，下稱五伯名士之謀以信其事，早朝晏罷，以告制兵者，行說語眾，以明其道。道畢說單而不行，則必反之兵矣。反之於兵，則必鬥爭，之情，必且殺人，是殺無罪之民以興無道與不義者也。無道不義者存，是長天下之害，而止天下之利，雖欲幸而勝，禍且始長。」〔註187〕與「攻伐之事」相反，救守之心，無一不是在守護無道、拯救不義，這樣，君主得禍是最大的，百姓受害是最深的。宣揚救守的人，首先用言辭勸說，其次動用武力。用言辭勸說方面，招集群徒，日思夜想，起床就陳述它，臥床就夢見它，上稱三皇五帝的偉大功業來取悅別人，下稱五伯、名士的謀略來證明自己的學說，早出晚歸，向領兵的將帥宣講自己的學說，向民眾說明自己的道理，最終導致自己唇焦肺燥、神魂損傷；動用武力方面，必定發動戰爭，必定殘殺人民，就是殺害無辜的人民來扶持無道、不義的君主。總之，《呂氏春秋》認爲主張救守的危害是十分嚴重的，如《禁塞》末尾所說「救守之說出，則不肖者益幸也，賢者益疑矣。故大亂天下者，在於不論其義而疾取救守」〔註188〕。

　　「非攻」不可取，「救守」不可取，只有「義兵」可取。《禁塞》曰：「先王之法曰『爲善者賞，爲不善者罰』，古之道也，不可易。今不別其義與不義，而疾取救守，不義莫大焉，害天下之民者莫甚焉。故取攻伐者不可，非攻伐

〔註187〕陳奇猷：《呂氏春秋新校釋》，上海：上海古籍出版社，2002年，第406頁。
〔註188〕陳奇猷：《呂氏春秋新校釋》，上海：上海古籍出版社，2002年，第407頁。

不可,取救守不可,非救守不可,取惟義兵為可。兵苟義,攻伐亦可,救守亦可。兵不義,攻伐不可,救守不可。」〔註189〕攻伐、救守取捨的依據是看「兵」義還是不義,如果兵義,那麼攻伐、救守皆可;如果兵不義,那麼攻伐、救守皆不可,也就是「取攻伐者不可,非攻伐不可,取救守不可,非救守不可,取惟義兵為可」。

偃兵、非攻(包括救守)、義兵三者之間的關係,我們認為劉元彥先生的概括可作參考,劉元彥先生說:「從『偃兵』到『非攻救守』到『義兵』,是我國先秦時期對於戰爭問題探討的幾個環節,它是春秋到戰國末的歷史發展的反映;從思想史的角度看,又是邏輯發展的必然。概括的說,『偃兵』,作為邏輯的第一個環節,反映了當時人們希望和平、反對兼併戰爭的願望;同時它把這個善良願望引向幻想,把『偃兵』的希望,完全寄託在發動兼併戰爭的人的身上。它在事實面前破產了。墨家的『非攻救守』,作為邏輯的第二個環節,吸取了教訓,不再把『偃兵』的希望寄託在各諸侯國統治者的『盟誓』上。墨子及其徒屬,一面勸說想兼併別國的人不要發動戰爭,一面結成有實力的武裝團體作為後盾,使兼併者不敢輕易發動戰爭。這種做法,雖然收到一些效果,但仍然沒有能夠制止兼併戰爭的進行。其原因,是由於『非攻救守』說企圖在維持分裂割據的狀況下達到『偃兵』,這與歷史的要求是相反的,仍然是一種空想。『非攻救守』說失敗了,為『義兵』說提供了正面和反面的教訓。在戰國末期的情況下,歷史的進程為《呂氏春秋》提供了統一中國的現實可能性,同時,也使它有可能較為透徹地認識『非攻救守』說。所以,『義兵』說一方面強調烈反對維護分裂割據狀況的『非攻救守』之說;另一面,又吸收和發揮了『非攻救守』說中含有的『以戰止戰』的因素,和以『義』作為衡量是非標準的精神,反對『偃兵』,提出以『義兵』統一中國的方案。」〔註190〕

《呂氏春秋》提倡義兵,是為了愛民。

四、義兵之助

雖然《呂氏春秋》不是兵書,但是作為「義兵之助」的具體的用兵策略也是《呂氏春秋》關注的對象。

〔註189〕陳奇猷:《呂氏春秋新校釋》,上海:上海古籍出版社,2002年,第406頁。
〔註190〕劉元彥:《〈呂氏春秋〉論「義兵」》,《哲學研究》1963年第3期。

《簡選》曰：「凡兵勢險阻，欲其便也；兵甲器械，欲其利也；選練角材，欲其精也；統率士民，欲其教也。此四者，義兵之助也。」〔註191〕《呂氏春秋》從以下四個方面探討了「義兵之助」：兵勢險阻、兵甲器械、選練角材、統率士民。

（一）兵勢險阻

兵勢險阻方面，《呂氏春秋》認為兵要「貴因」，《決勝》曰：「凡兵，貴其因也。因也者，因敵之險以為己固，因敵之謀以為己事。能審因而加勝，則不可窮矣。勝不可窮之謂神，神則能不可勝也。夫兵，貴不可勝。不可勝在己，可勝在彼。聖人必在己者，不必在彼者，故執不可勝之術以遇不勝之敵，若此則兵無失矣。凡兵之勝，敵之失也。勝失之兵，必隱必微，必積必摶。隱則勝闡矣，微則勝顯矣，積則勝散矣，摶則勝離矣。諸摶攫柢噬之獸，其用齒角爪牙也，必託於卑微隱蔽，此所以成勝。」〔註192〕「因」的意思就是依順、憑藉。兵貴因，就是借助利用敵人險要的地勢將其變為對自己有利的地勢，就是借助利用敵人的計謀來完成自己的事情，也就是「因敵制勝」。《決勝》說「凡兵之勝，敵之失也」，即打仗能夠取得勝利那都是因為敵人犯有過失。如果想要戰勝存在弊端的軍隊，那麼就要充分利用敵人的弊端，因敵制勝：利用隱蔽、潛藏的方法來戰勝公開的、顯露在外的敵人，利用蓄積力量、集中兵力的方法來戰勝力量微弱、兵力分散的敵人。

「因敵制勝」是外因，更重要的是內因，這一點《呂氏春秋》並沒有忘記。《決勝》說「夫兵，貴不可勝。不可勝在己，可勝在彼」，即打仗想要立於不敗之地關鍵還在於自己，這繼承的是《孫子‧形篇》「善戰者，先為不可勝，以待敵之可勝。不可勝在己，可勝在敵」〔註193〕的思想。

（二）兵甲器械

兵甲器械方面，《呂氏春秋》主張「兵械銛利」，《簡選》曰：「世有言曰：『驅市人而戰之，可以勝人之厚祿教卒；老弱罷民，可以勝人之精士練材；離散係絫，可以勝人之行陳整齊；鋤櫌白梃，可以勝人之長銚利兵。』此不通乎兵者之論。今有利劍於此，以刺則不中，以擊則不及，與惡劍無擇，為是鬪因用惡劍則不可。簡選精良，兵械銛利，發之則不時，縱之則不當，與

〔註191〕陳奇猷：《呂氏春秋新校釋》，上海：上海古籍出版社，2002年，第446頁。
〔註192〕陳奇猷：《呂氏春秋新校釋》，上海：上海古籍出版社，2002年，第458頁。
〔註193〕楊丙安：《十一家注孫子校理》，北京：中華書局，1999年，第69頁。

惡卒無擇，爲是戰因用惡卒則不可。王子慶忌、陳年猶欲劍之利也。簡選精良，兵械銛利，令能將將之，古者有以王者、有以霸者矣，湯、武、齊桓、晉文、吳闔廬是矣。」〔註194〕《簡選》所批評的「不通乎兵者之論」，當是針對孟子而言。《孟子・梁惠王上》載孟子曰：「王如施仁政於民，省刑罰，薄稅斂，深耕易耨。壯者以暇日修其孝悌忠信，入以事其父兄，出以事其長上，可使制梃以撻秦、楚之堅甲利兵矣。」〔註195〕孟子認爲君主只要施行仁政，百姓把木棒作爲兵器就可以戰勝秦、楚兩國的堅甲利兵。孟子的觀點顯然過分誇大了仁政的作用而忽視了精良兵器、優秀兵卒的重要意義，是不現實的，所以，遭到了批評，被《呂氏春秋》斥爲「不通乎兵者之論」。

　　《呂氏春秋》認爲精良的兵器和優秀的兵卒對於戰爭的勝利是非常重要的。今有利劍一把，如果用它來刺卻刺不中敵人，用它來擊卻擊不中目標，那麼在此利劍與惡劍沒有什麼區別，但是因爲這個原因在決鬥時就不用利劍而用惡劍卻是不可以的。擁有精良兵器的優秀兵卒，如果發動他們總不合時機，運用他們總不恰當，那麼在此優秀的兵卒與劣等的兵卒（「惡卒」）沒有什麼區別，但是因爲這個原因在戰爭中就使用劣等的兵卒卻是不可以的。王子慶忌、陳年都是古代的勇士，像他們這樣的勇士都還希望擁有鋒利的寶劍，可見精良的兵器是多麼重要。

（三）選練角材

　　「角材」，據陳奇猷先生考證，「角材者指將帥言也」〔註196〕。「選練角材」，是針對將帥而言的。《孫子・作戰》曰：「故兵貴勝，不貴久。故知兵之將，生民之司命，國家安危之主也。」〔註197〕領兵之將帥至關重要，要懂得「兵貴神速」的道理。

　　《呂氏春秋》認爲將帥領兵一定要懂得「兵貴神速」的道理，《論威》曰：「凡兵欲急疾捷先。欲急疾捷先之道，在於知緩徐遲後而急疾捷先之分也。急疾捷先，此所以決義兵之勝也。」〔註198〕將帥用兵貴「急疾捷先」，即行動

〔註194〕陳奇猷：《呂氏春秋新校釋》，上海：上海古籍出版社，2002年，第445頁。

〔註195〕舊題孫奭：《孟子注疏》，《十三經注疏》，北京：中華書局，1980年，第2667頁。

〔註196〕《呂氏春秋・簡選》注〔三五〕，陳奇猷《呂氏春秋新校釋》，上海：上海古籍出版社，2002年，第455頁。

〔註197〕楊丙安：《十一家注孫子校理》，北京：中華書局，1999年，第39頁。

〔註198〕陳奇猷：《呂氏春秋新校釋》，上海：上海古籍出版社，2002年，第436頁。

迅疾，先發制人。急疾捷先是相對於緩徐遲後而言的，明白了緩徐遲後，也就知道了什麼叫急疾捷先。急疾捷先，是決定義兵取得勝利的重要因素。《呂氏春秋》的兵貴「急疾捷先」思想繼承的是《孫子・作戰》「兵貴勝，不貴久」的速戰思想。又《貴卒》曰：「力貴突，智貴卒。得之同則遫爲上，勝之同則濕爲下。所爲貴驥者，爲其一日千里也，旬日取之，與駑駘同。所爲貴鏃矢者，爲其應聲而至，終日而至，則與無至同。」〔註 199〕「急疾捷先」思想表現在力、智方面就是「力貴突，智貴卒」，即出兵要突如其來，貴在神速；計謀要令人猝不及防，出人意料。

（四）統率士民

「統率士民，欲其教也」，據陳奇猷先生說，「『欲其教也』，謂欲其有訓練、聽戒令也」〔註 200〕，即統率士民方面，要有嚴明的紀律。

《懷寵》曰：「兵入於敵之境，則民知所庇矣，黔首知不死矣。至於國邑之郊，不虐五穀，不掘墳墓，不伐樹木，不燒積聚，不焚室屋，不取六畜。得民虜奉而題歸之，以彰好惡；信與民期，以奪敵資。若此而猶有憂恨冒疾逑過不聽者，雖行武焉亦可矣。」〔註 201〕紀律嚴明的義兵一進入敵國的邊境，敵國的百姓就知道庇護者到了，不會輕易慘死了。義兵要擁有嚴明的紀律：在敵國之內，不准糟蹋地裏的五穀莊稼，不准挖掘墳墓，不准砍伐樹木，不准燒毀蓄積的財物糧草，不准焚燒房屋，不准掠奪六畜，虜獲百姓要把他們送回去，要與百姓講究誠信，不欺騙百姓。面對擁有如此嚴明紀律的義兵，敵國百姓如果還有頑固不化、堅決不歸順的人，那麼這時再對他們動用武力也是可以的。

攻克敵國之後，更是不得胡來，一樣有嚴明的紀律要遵守。《懷寵》又曰：「克其國不及其民，獨誅所誅而已矣。舉其秀士而封侯之，選其賢良而尊顯之，求其孤寡而振恤之，見其長老而敬禮之。皆益其祿，加其級。論其罪人而救出之；分府庫之金，散倉廩之粟，以鎮撫其眾，不私其財；問其叢社大祠，民之所不欲廢者而復興之，曲加其祀禮。是以賢者榮其名，而長老說其禮，民懷其德。」〔註 202〕攻克敵國，只能誅殺應當誅殺的統治者，不准濫殺

〔註 199〕陳奇猷：《呂氏春秋新校釋》，上海：上海古籍出版社，2002 年，第 1483 頁。
〔註 200〕《呂氏春秋・簡選》注〔三六〕，陳奇猷《呂氏春秋新校釋》，上海：上海古籍出版社，2002 年，第 455 頁。
〔註 201〕陳奇猷：《呂氏春秋新校釋》，上海：上海古籍出版社，2002 年，第 417 頁。
〔註 202〕陳奇猷：《呂氏春秋新校釋》，上海：上海古籍出版社，2002 年，第 418 頁。

無辜的百姓。要推舉秀士、選拔賢良、振恤孤寡、敬禮長老。不准私自佔有
財物，要與百姓一起分享。

《呂氏春秋》這種基於仁愛而強調紀律嚴明的思想從《司馬法》繼承而
來，《司馬法·仁本》曰：「冢宰與百官布令於軍曰：『入罪人之地，無暴神祇，
無行田獵，無毀土功，無燔牆屋，無伐林木，無取六畜、禾黍、器械。見其
老幼，奉歸勿傷。雖遇壯者，不校勿敵。敵若傷之，醫藥歸之。』既誅有罪，
王及諸侯修正其國，舉賢立明，正復厥職。」〔註203〕中華民族「自古言兵不
好戰」，《司馬法》的兵家思想很好地體現了仁愛天下的「不好戰」思想。《漢
書·藝文志》曰「動之以仁義，行之以禮讓，《司馬法》是其遺事也」〔註204〕，
此言不虛。

綜上，我們可以對本節做一小結。中華民族是一個熱愛和平的民族，我
國古代的兵書向來不主張滅絕人性的濫殺無辜、殘害生靈。基於仁愛的先德
後兵思想、「兵乃兇器，不得已而用之」的思想，是中國兵家思想的精髓，一
直貫穿於中國古代的兵書之中。《呂氏春秋》雖然不是兵書，但是繼承了兵家
思想的精髓，提倡先德而後兵。

根據社會發展的具體情況和實際需要，《呂氏春秋》對當時存在的「偃
兵」、「非攻」思想進行了批判，提倡「義兵」，這是《呂氏春秋》之「新」。《呂
氏春秋》編撰之時，秦國統一天下的步伐勢不可擋，偃兵、非攻思想顯然不
利於秦國的統一天下，呂不韋為了給秦國統一天下從思想上清除障礙，大力
提倡義兵。戰國末期，諸侯國混戰，百姓苦不堪言，天下走向統一是社會發
展的大勢，社會趨於穩定是天下人民內心的呼聲。偃兵、非攻違背了社會發
展的規律、違背了民意，必定會被社會和人民所拋棄。當時而言，「義兵」說
順應了社會發展的潮流，是歷史的需要，是進步的思想。義兵不傷百姓，救
民於水火，是為愛民。

在具體的用兵策略方面，《呂氏春秋》從兵勢險阻、兵甲器械、選練角材、
統率士民四個方面探討了「義兵之助」，使「義兵」說更加豐富和完善。

〔註203〕劉仲平：《司馬法今注今譯》，臺北：臺灣商務印書館，1977年，第2頁。
〔註204〕班固：《漢書》，北京：中華書局，1962年，第1762頁。

第四節 《呂氏春秋》的農家思想

一、思想探源

農家，班固認爲農家出於農稷之官，《漢書‧藝文志》曰：「農家者流，蓋出於農稷之官。播百穀，勸耕桑，以足衣食，故八政一曰食，二曰貨。孔子曰『所重民食』，此其所長也。及鄙者爲之，以爲無所事聖王，欲使君臣並耕，詩上下之序。」〔註205〕農家之學，分爲兩派，如呂思勉先生所說「一言種樹之事」，「一則關涉政治」〔註206〕。「言種樹事」一派傾向於對土地耕作、穀物種植等技術、經驗的總結；「關涉政治」一派傾向於對農業、政治之間關係的探討。

《漢書‧藝文志》著錄「農家」之書一百一十四篇，分爲九家：《神農》二十篇、《野老》十七篇、《宰氏》十七篇、《董安國》十六篇、《尹都尉》十四篇、《趙氏》五篇、《氾勝之》十八篇、《王氏》六篇、《蔡癸》一篇。其中，班固可以確定爲先秦之書的是《神農》二十篇、《野老》十七篇；可以確定爲漢代之書的是《董安國》十六篇、《氾勝之》十八篇、《蔡癸》一篇；「不知何世」者是《宰氏》十七篇、《尹都尉》十四篇、《趙氏》五篇、《王氏》六篇〔註207〕。

農家在西漢初年不被重視，司馬談《論六家要旨》不提農家，可見一斑。班固撰寫《漢書‧藝文志》之時，先秦農家之書已所剩無幾，所以班固可以確定爲先秦農書的只有《神農》《野老》二部。先秦的這兩部農書今皆已亡佚。《神農》二十篇，班固注曰：「六國時，諸子疾時怠於農業，道耕農事，託之神農。」〔註208〕班固指出《神農》是諸子針對當時不重視農業的情況託名「神農」而作，內容是「道耕農事」。《野老》十七篇，班固注曰：「六國時，在齊、楚間。」〔註209〕應劭注曰：「年老居田野，相民耕種，故號野老。」〔註210〕即《野老》是隱居在齊、楚之間幫助百姓耕種的一位老

〔註205〕班固：《漢書》，北京：中華書局，1962年，第1743頁。
〔註206〕呂思勉：《先秦學術概論》，上海：中國大百科全書出版社，1985年，第138頁。
〔註207〕班固：《漢書》，北京：中華書局，1962年，第1742～1743頁。
〔註208〕班固：《漢書》，北京：中華書局，1962年，第1742頁。
〔註209〕班固：《漢書》，北京：中華書局，1962年，第1742頁。
〔註210〕班固：《漢書》，北京：中華書局，1962年，第1743頁。

者所作。《神農》《野老》今皆不存，可惜我們無法知曉二者的詳細內容。幸虧其他的著作對農家有些零星的記載，我們通過這些記載還可以對農家有所瞭解。

　　許行（約公元前 390～前 315），是戰國時期農家的一位學者，《孟子》對他有簡略的記載。《孟子・滕文公上》曰：「有爲《神農之言》者許行，自楚之滕，踵門而告文公，曰：『遠方之人，聞君行仁政，願受一廛而爲氓。』文公與之處。其徒數十人，皆衣褐，捆屨、織席以爲食。陳良之徒陳相與其弟辛，負耒耜而自宋之滕，曰：『聞君行聖人之政，是亦聖人也，願爲聖人氓。』陳相見許行而大悅，盡棄其學而學焉。陳相見孟子，道許行之言曰：『滕君則誠賢君也，雖然，未聞道也。賢者與民並耕而食，饔飧而治。今也滕有倉廩府庫，則是厲民而以自養也，惡得賢？』孟子曰：『許子必種粟而後食乎？』曰：『然。』『許子必織布然後衣乎？』曰：『否，許子衣褐。』『許子冠乎？』曰：『冠。』曰：『奚冠？』曰：『冠素。』曰：『自織之與？』曰：『否，以粟易之。』曰：『許子奚爲不自織？』曰：『害於耕。』曰：『許子以釜甑爨、以鐵耕乎？』曰：『然。』『自爲之與？』曰：『否，以粟易之。』『以粟易械器者，不爲厲陶冶；陶冶亦以械器易粟者，豈爲厲農夫哉？且許子何不爲陶冶，捨皆取諸其宮中而用之？何爲紛紛然與百工交易？何許子之不憚煩？』曰：『百工之事，固不可耕且爲也。』『然則治天下獨可耕且爲與？有大人之事，有小人之事。且一人之身而百工之所爲備。如必自爲而後用之，是率天下而路也。故曰：或勞心，或勞力。勞心者治人，勞力者治於人。治於人者食人，治人者食於人，天下之通義也。』……『吾聞用夏變夷者，未聞變於夷者也。陳良，楚產也，悅周公、仲尼之道，北學於中國，北方之學者，未能或之先也。彼所謂豪傑之士也。子之兄弟事之數十年，師死而遂倍之……今也南蠻鴃舌之人，非先王之道，子倍子之師而學之，亦異於曾子矣……』『從許子之道，則市賈不貳，國中無僞。雖使五尺之童適市，莫之或欺。布帛長短同，則賈相若；麻縷絲絮輕重同，則賈相若；五穀多寡同，則賈相若；屨大小同，則賈相若。』曰：『夫物之不齊，物之情也。或相倍蓰，或相什百，或相千萬。子比而同之，是亂天下也。巨屨小屨同賈，人豈爲之哉？從許子之道，相率而爲僞者也，惡能治國家？』」〔註211〕

〔註211〕　舊題孫奭：《孟子注疏》，《十三經注疏》，北京：中華書局，1980 年，第 2705　～2706 頁。

　　許行當是楚人，許行帶領門徒自楚之滕，當是從其故國而來，此其一；其二，孟子稱許行爲「南蠻鴃舌之人」，也是一證。許行，「爲《神農之言》」，呂思勉先生說：「『爲神農之言』，猶言治農家之學耳。」〔註212〕呂先生所言甚是。《神農之言》是言「農家之學」的，《漢書・藝文志》載諸子有感於當時懈怠農業的情形，託爲《神農》之書，以「道耕農事」；又《呂氏春秋・愛類》曰：「《神農之教》曰：『士有當年而不耕者，則天下或受其饑矣；女有當年而不績者，則天下或受其寒矣。』」〔註213〕《神農之教》所言正是關於男耕女織的農家之學。

　　許行，《漢書・藝文志》「農家」下未著錄其著作。《漢書・藝文志》著錄的「《神農》二十篇」或是許行的著作，孟子曰「有爲《神農之言》者許行」。孟子與許行是同時代人，孟子所言可信。陳奇猷先生說：「王（應麟）以《神農之教》爲許行所爲，至確。《孟子》云『有爲《神農之言》者許行』，顯係謂《神農之言》爲許行所作。孟子與許行同時，且非議許行，其謂《神農之言》爲許行作，當可信。《漢書・食貨志》載晁錯語亦引《神農之教》。《管子》『神農之數』，『數』當即『教』形近而僞。此《神農之教》亦即《漢書・藝文志》農家所著錄之《神農》二十篇。」〔註214〕陳奇猷先生此說值得參考。

　　許行農家思想的內容是什麼？我們從陳相與孟子的對話之中可以瞭解許行農家思想之大概：第一，許行主張君民「並耕而食」。許行之言曰「賢者與民並耕而食，饔飧而治」，即賢聖的君主要和百姓一起耕種才能吃飯。君民「並耕而食」的思想，是下層農民渴望減輕、解除現實壓迫的反映，也是下層農民追求社會公平、平等的反映。滕國的君主不能與百姓「並耕而食」，而奪取百姓的勞動所得來充實自己的倉廩府庫，是「厲民而以自養」。許行反對依靠剝削別人得來的不義之食，所以，許行批評滕國的君主不是眞正的賢君。第二，許行不否定社會分工。許行雖然主張君民「並耕而食」，但是並不否定社會分工。許行認爲「百工之事，固不可耕且爲也」，說明許行已經認識到了社會分工的不可消除。許行在現實生活之中用粟來交換布匹、帽子、餐具、

〔註212〕呂思勉：《先秦學術概論》，上海：中國大百科全書出版社，1985年，第138頁。
〔註213〕陳奇猷：《呂氏春秋新校釋》，上海：上海古籍出版社，2002年，第1472頁。
〔註214〕《呂氏春秋・愛類》注〔三〕，陳奇猷《呂氏春秋新校釋》，上海：上海古籍出版社，2002年，第1475頁。

鐵器，這說明許行並不是主張什麼東西都要自己生產以後才能使用。許行並不是不承認社會分工，當是對孟子「勞心者治人，勞力者治於人」的主張多有不滿。第三，許行主張「市賈不貳」的價格論。陳相曰「從許子之道，則市賈不貳，國中無偽。雖使五尺之童適市，莫之或欺」，許行主張「市賈不貳」是為了消除市場上存在的欺詐行為。「市賈不貳」，即同一種物品只有一種價格，這樣商人就不能弄虛作假，即使是孩童到集市上買東西也不會被欺騙。那麼，物品的價格怎麼來規定呢？方法是：「布帛長短同，則賈相若；麻縷絲絮輕重同，則賈相若；五穀多寡同，則賈相若；屨大小同，則賈相若。」許行指出同種物品長短相同，價格就相同；同種物品輕重相同，價格就相同；同種物品多寡相同，價格就相同。許行「市賈不貳」的價格論，是下層農民對商人的盤剝所採取的對策，是下層農民渴望調節物價的反映。當然，這在現實之中是行不通的。

　　田仲具有與許行相似的思想。田仲（約公元前 350～前 260），又稱陳仲，是田齊貴族。田仲無著作傳世，我們可以通過其他文獻的記載對田仲的思想有所瞭解。《孟子・滕文公下》曰：「匡章曰：『陳仲子豈不誠廉士哉？居於陵，三日不食，耳無聞，目無見也。井上有李，螬食實者過半矣，匍匐往將食之，三咽，然後耳有聞、目有見。』孟子曰：『於齊國之士，吾必以仲子為巨擘焉。雖然，仲子惡能廉？充仲子之操，則蚓而後可者也。夫蚓上食槁壤，下飲黃泉。仲子所居之室，伯夷之所築與？抑亦盜跖之所築與？所食之粟，伯夷之所樹與？抑亦盜跖之所樹與？是未可知也。』曰：『是何傷哉？彼身織屨、妻辟纑，以易之也。』曰：『仲子，齊之世家也。兄戴，蓋祿萬鍾。以兄之祿為不義之祿而不食也，以兄之室為不義之室而不居也，避兄、離母，處於於陵。他日歸，則有饋其兄生鵝者，己頻顣曰：「惡用是鶃鶃者為哉？」他日其母殺是鵝也，與之食之。其兄自外至，曰：「是鶃鶃之肉也。」出而哇之。以母則不食，以妻則食之；以兄之室則弗居，以於陵則居之。是尚為能充其類也乎？若仲子者，蚓而後充其操者也。』」〔註215〕又《韓非子・外儲說左上》曰：「齊有居士田仲者，宋人屈谷見之，曰：『谷聞先生之義，不恃人而食。今谷有樹瓠之道，堅如石，厚而無竅，獻之。』仲曰：『夫瓠所貴者，謂其可以盛也。今厚而無竅，則不可剖以盛物；而任重如堅石，則不可以剖而以斟。

〔註215〕 舊題孫奭：《孟子注疏》，《十三經注疏》，北京：中華書局，1980 年，第 2715 頁。

吾無以瓠爲也。』曰：『然，谷將棄之。』今田仲不恃人而食，亦無益人之國，亦堅瓠之類也。」〔註216〕

依據《孟子》《韓非子》的記載，我們可以瞭解田仲思想的大概：第一，田仲主張「不恃人而食」。「不恃人而食」，就是主張每個人都要參加勞動，自食其力，不能通過剝削來獲取生活用品。田仲本是齊國的貴族，可以依靠剝削勞動者生活得很好，但是，田仲反對剝削他人，主張「不恃人而食」。田仲認爲通過剝削勞動者所獲得的東西都是不義的，所以，田仲「以兄之祿爲不義之祿而不食也，以兄之室爲不義之室而不居也」。田仲在現實生活之中實踐著其「不恃人而食」的主張。田仲「身織屨、妻辟纑，以易之」，田仲「織屨」、其妻「辟纑」從而換取其他的生活必需品來維持生活。第二，田仲拒絕爲君主效力。田仲主張「不恃人而食」，以接受俸祿爲不義，這樣，田仲就自然不願意做官，拒絕與統治階級合作。從統治階級的立場來看，田仲這樣的人就對統治不利，是「無益之人」。法家韓非批判田仲曰「今田仲不恃人而食，亦無益人之國，亦堅瓠之類也」，韓非批判田仲對國家無益，說田仲與無用的「堅瓠」是一樣的。《孟子·盡心上》也批評田仲曰：「仲子，不義與之齊國而弗受，人皆信之，是捨簞食豆羹之義也。人莫大焉亡親戚、君臣、上下。以其小者信其大者，奚可哉？」〔註217〕

我們會發現田仲的思想與許行的思想很相近：許行主張君民「並耕而食」，田仲主張「不恃人而食」，二者都主張親自參加勞動，提倡自食其力，反對剝削得來的不義之食；許行師徒「捆屨、織席以爲食」，田仲「身織屨、妻辟纑，以易之」，二者都實踐其主張親身參加勞動，用其勞動產品換取其他的生活必需品來維持生活；許行的「並耕而食」思想和田仲的「不恃人而食」思想都包含了對君主的批判，都包含了對當時不平等的君臣上下制度的否定。班固《漢書·藝文志》概括農家的特徵有曰「及鄙者爲之，以爲無所事聖王，欲使君臣並耕，誖上下之序」，這簡直就是針對許行、田仲的思想而言的。所以，許行、田仲都是農家。許行、田仲是如今可知的爲數不多的先秦農家學者。

《呂氏春秋·孟春》曰：「是月也，天子乃以元日祈穀於上帝。乃擇元辰，

〔註216〕王先慎：《韓非子集解》，北京：中華書局，1998年，第271～272頁。
〔註217〕舊題孫奭：《孟子注疏》，《十三經注疏》，北京：中華書局，1980年，第2769頁。

天子親載耒耜，措之參於保介之御間，率三公九卿諸侯大夫躬耕帝籍田，天子三推，三公五推，卿諸侯大夫九推。」〔註218〕天子親載耒耜等農具率領三公九卿諸侯大夫躬耕帝籍田，看上去似乎是實現了君民並耕，實際上，這裡天子的躬耕只是象徵性的，《呂氏春秋》絕不主張天子每天都與百姓一起耕種土地。這與許行、田仲所提倡的君民「並耕而食」是根本不同的。許行、田仲的這一主張在階級社會中實際上是行不通的。

雖然《呂氏春秋》之前的農家著作至今皆已亡佚，但是，《呂氏春秋》的農家思想當是在參考農家著作的基礎上加以改造而成的。

二、重農養民

重視農業，養活百姓，是為君之道。人的第一需求是生存，所以糧食和衣服尤為重要。糧食和衣服來自於農業，所以農業在古代社會得到普遍的重視。

重農思想，古已有之。《國語・周語上》載：「宣王即位，不籍千畝。虢文公諫曰：『不可。夫民之大事在農，上帝之粢盛於是乎出，民之蕃庶於是乎生，事之供給於是乎在，和協輯睦於是乎興，財用蕃殖於是乎始，敦厖純固於是乎成，是故稷為天官。』」〔註219〕周宣王之時，虢文公就有這樣的重農思想。

戰國時代，諸侯爭霸，各諸侯國都擁有自己的軍隊。軍隊作戰需要充足的糧食來作保障，在這樣的情況下，農業也變得尤其重要。面對這樣的形勢，給君主出謀劃策的戰國諸子大多表現出對農業的重視。

戰國諸子的「重農」大多與「抑末」緊密相連。《管子・治國》曰：「富國多粟，生於農，故先王貴之。凡為國之急者，必先禁末作文巧。末作文巧禁，則民無所遊食。民無所遊食，則必農。民事農則田墾，田墾則粟多，粟多則國富，國富者兵強，兵強者戰勝，戰勝者地廣。是以先王知眾民、強兵、廣地、富國之必生於粟也，故禁末作，止奇巧，而利農事。今為末作奇巧者，一日作而五日食。農夫終歲之作，不足以自食也。然則民舍本事而事末作。舍本事而事末作，則田荒而國貧矣。」〔註220〕《管子》指出重農抑末

〔註218〕陳奇猷：《呂氏春秋新校釋》，上海：上海古籍出版社，2002 年，第 2 頁。

〔註219〕徐元誥：《國語集解》，北京：中華書局，2002 年，第 15～16 頁。

〔註220〕黎翔鳳：《管子校注》，北京：中華書局，2004 年，第 924～925 頁。

則粟多，粟多則國富；舍本事末則田荒，田荒則國貧。《商君書・壹言》曰：「能事本而禁末則富。」〔註221〕又《商君書・外內》曰：「苟能令商賈技巧之人無繁，則欲國之無富不可得也。故曰：欲農富其國者，境內之食必貴，而不農之徵必多，市利之租必重。則民不得無田。無田，不得不易其食。食貴則田者利，田者利則事者眾。食貴，糴食不利，而又加重徵，則民不得無去其商賈技巧而事地利矣。故民之力盡在於地利矣。」〔註222〕商鞅變法，重視耕戰，獎勵農耕，獎勵戰功。商鞅指出事本禁末則富，主張通過抬高糧食價格和對工商業徵收重稅來使民都安守農業。《荀子・富國》曰：「輕田野之稅，平關市之徵，省商賈之數，罕興力役，無奪農時，如是，則國富矣。」又曰：「工商眾則國貧……田野縣鄙者，財之本也。」〔註223〕荀子認爲農民眾則國富，工商眾則國貧，所以主張重農而抑末。《韓非子・詭使》曰：「倉廩之所以實者，耕農之本務也；而慕組錦繡刻畫爲末作者富。」〔註224〕《韓非子・五蠹》曰：「夫明王治國之政，使其商工遊食之民少而名卑，以寡趣本務而趨末作。」〔註225〕韓非重農，主張通過限制工商業者的人數和貶低工商業者的社會地位來增加農民的數量。

　　《呂氏春秋》重視農耕，《貴當》曰：「齊人有好獵者〔註226〕，曠日持久而不得獸，入則愧其家室，出則愧其知友州里。惟其所以不得之故，則狗惡也。欲得良狗，則家貧無以。於是還疾耕，疾耕則家富，家富則有以求良狗，狗良則數得獸矣，田獵之獲常過人矣。非獨獵也，百事也盡然。霸王有不先耕而成霸王者，古今無有。此賢者不肖之所以殊也。」〔註227〕《呂氏春秋》通過齊人打獵的故事旨在說明農耕、農業是基礎，是其他行業的活動得以順利展開的前提和保障。「非獨獵也，百事也盡然」，農業是一切活動的基礎，不能吃飯和穿衣，其他的活動都沒有保障。其中，成就霸業被特別強調，《呂氏春秋》指出「霸王有不先耕而成霸王者，古今無有」。《呂氏春秋》雖然強調以農爲本，但是並不主張十分嚴厲地壓制工商業。《上農》曰：「農攻粟，

〔註221〕蔣禮鴻：《商君書錐指》，北京：中華書局，1986 年，第 60 頁。
〔註222〕蔣禮鴻：《商君書錐指》，北京：中華書局，1986 年，第 128～129 頁。
〔註223〕王先謙：《荀子集解》，北京：中華書局，1988 年，第 179、194 頁。
〔註224〕王先愼：《韓非子集解》，北京：中華書局，1998 年，第 412 頁。
〔註225〕王先愼：《韓非子集解》，北京：中華書局，1998 年，第 455 頁。
〔註226〕「齊人」，原作「君」，今從畢沅改，許維遹《呂氏春秋集釋》，北京：中華書局，2009 年，第 657 頁。
〔註227〕陳奇猷：《呂氏春秋新校釋》，上海：上海古籍出版社，2002 年，第 1638 頁。

工攻器，賈攻貨。」〔註228〕《呂氏春秋》主張以農爲本，同時，農業又要與工商業按照一定的比例協調發展。

《呂氏春秋》全書的最後四篇是：《上農》《任地》《辯土》《審時》。這四篇文章專講農業問題，表現的是《呂氏春秋》的農家思想。由於先秦農書皆已亡佚，《呂氏春秋》的《上農》等四篇文章變得彌足珍貴，向來受到研究先秦農業的專家學者的重視。夏緯瑛先生專門對《上農》等四篇文章進行了校釋，著有《呂氏春秋上農等四篇校釋》一書，其《序言》說：「《上農》一篇，講的是農業政策；《任地》、《辯土》、《審時》三篇，講的是農業技術。無論農業政策和農業技術，都和當時的社會情況有關。這四篇文獻，應該是研究我國農業技術史和社會發展史的好資料。」〔註229〕此說很有道理。

《上農》，「上農」就是「尙農」，說的就是要重視農業。《上農》對爲什麼要重視農業和怎樣來重視農業這二個問題進行了很好地論述。

（一）重農之因

爲什麼要重視農業呢？《上農》從以下二個方面進行了論述：

第一，重視農業、使民務農有利於鞏固統治、穩定社會。《上農》曰：「古先聖王之所以導其民者，先務於農。民農非徒爲地利也，貴其志也。民農則樸，樸則易用，易用則邊境安，主位尊。民農則重，重則少私義，少私義則公法立，力專一。民農則其產復，其產復則重徙，重徙則死處而無二慮。舍本而事末則不令，不令則不可以守，不可以戰。民舍本而事末則其產約，其產約則輕遷徙，輕遷徙，則國家有患，皆有遠志，無有居心。民舍本而事末則好智，好智則多詐，多詐則巧法令，以是爲非，以非爲是。」〔註230〕使民務農當然可以生產更多的東西，有利於國家的富裕，但是，《上農》指出「民農非徒爲地利也，貴其志也」，即如夏緯瑛先生所說，使民務農不僅僅是爲了獲得土地生產之利，還想通過控制「農民之志」來達到其政治上的目的〔註231〕。

使民務農，民眾的思想就會保持淳樸，思想淳樸就會容易驅使，容易驅

〔註228〕陳奇猷：《呂氏春秋新校釋》，上海：上海古籍出版社，2002 年，第 1720 頁。
〔註229〕夏緯瑛：《呂氏春秋上農等四篇校釋》，北京：農業出版社，1979 年，第 2 頁。
〔註230〕陳奇猷：《呂氏春秋新校釋》，上海：上海古籍出版社，2002 年，第 1718～1719 頁。
〔註231〕夏緯瑛：《呂氏春秋上農等四篇校釋》，北京：農業出版社，1979 年，第 1 頁。

使，邊境才能保證安全，君主的地位才不會動搖。使民務農，民眾的作風就會保持愼重，作風愼重就很少在私底下發表議論，私底下少發表議論，法令才能確立，用力才能統一。否則，「民舍本而事末」，就會喜好巧智，喜好巧智，民眾的內心就會增加詭計和姦詐，這樣，民眾就會在國家的法律上要巧使詐，混淆是非，最終給社會造成混亂，危及君主的統治。出於這樣的考慮，《上農》重視農業、主張使民務農。

使民務農，民眾的經濟收入就會增大，同時，農民經濟收入的來源是土地，一旦離開屬於自己的土地，經濟來源就斷了。這樣，農民就害怕遷徙，害怕遷徙就會一輩子死守故土而不會考慮離開。否則，「民舍本而事末」，民眾的經濟收入就會減少，同時，「事末」的工商業者的經濟收入不依賴土地，這樣工商業者就可以隨時遷徙，國家一旦遭遇危難，民眾就會有離開的想法，而沒有安居之心，最終的結果是有國而無民，國將不國。出於這樣的考慮，《上農》重視農業、主張使民務農。

第二，重視農業、以農爲本是出於教化的需要。《上農》曰：「后稷曰：『所以務耕織者，以爲本教也。』是故天子親率諸侯耕帝籍田，大夫士皆有功業。是故當時之務，農不見於國，以教民尊地產也。后妃率九嬪蠶於郊，桑於公田。是以春秋冬夏皆有麻枲絲繭之功，以力婦教也。是故丈夫不織而衣，婦人不耕而食，男女貿功，以長生，此聖人之制也。」〔註232〕「所以務耕織者，以爲本教也」，即之所以重視務農、提倡男耕女織，是因爲它是教化的根本。中國古代有禮教、樂教等教化方式，農家則將「農教」視爲教化的根本。施行「農教」，最高統治者要起到示範帶頭作用。天子親耕帝籍田、后妃親自採桑養蠶都是在施行「農教」。

「農教」如此重要，所以被寫入具有「帝王行爲規範」性質的《十二紀》「月令」之中。《孟春》曰：「是月也，天子乃以元日祈穀於上帝。乃擇元辰，天子親載耒耜，措之參於保介之御間，率三公九卿諸侯大夫躬耕帝籍田，天子三推，三公五推，卿諸侯大夫九推。」又曰：「是月也，天氣下降，地氣上騰，天地和同，草木繁動。王布農事：命田舍東郊，皆修封疆，審端徑術，善相丘陵阪險原隰，土地所宜，五穀所殖，以教道民，以躬親之。田事既飭，先定準直，農乃不惑。」〔註233〕《季春》：「是月也……后妃齋戒，親東鄉躬

〔註232〕陳奇猷：《呂氏春秋新校釋》，上海：上海古籍出版社，2002年，第1719頁。
〔註233〕陳奇猷：《呂氏春秋新校釋》，上海：上海古籍出版社，2002年，第2頁。

桑，禁婦女無觀。省婦使，勸蠶事，蠶事既登，分繭稱絲效功，以共郊廟之服，無有敢墮。」〔註234〕這裡說得很明白，天子親耕，「以教道民」；后妃躬桑，以「勸蠶事」，都是為了達到教化的目的。

（二）重農之法

怎樣來重視農業呢？《上農》從以下二個方面進行了論述：

第一，不害農時，以保證充足的勞動時間。《上農》曰：「故當時之務，不興土功，不作師徒，庶人不冠弁、娶妻、嫁女、享祀，不酒醴聚眾，農不上聞，不敢私籍於庸，為害於時也。然後制野禁……野禁有五：地未辟易，不操麻，不出糞。齒年未長，不敢為園囿。量力不足，不敢渠地而耕。農不敢行賈，不敢為異事。為害於時也。然後制四時之禁：山不敢伐材下木，澤人不敢灰僇，繯網罝罦不敢出於門，罛罟不敢入於淵，澤非舟虞，不敢緣名，為害其時也。」〔註235〕農忙之時，不能大興土木，不能發動戰爭，除非冠弁、娶妻、嫁女、享祀不能聚眾飲酒，官府不允許不能私自雇人代耕，為的是不害農時；「野禁」規定，田地沒有整治好不能操麻、不能出糞，年齡不夠老不能在園囿之中勞動，力量不足不能擴大耕地面積，農民不能經商、不能幹別的事情，為的是不害農時；「四時之禁」規定，季節不到，不能上山伐木，不能在水邊燒灰割草，不能把捕獵鳥獸的網帶出家門，不能下水捕魚，不是管船的官員不能行船，為的是不害農時。不害農時，才能促進農業的發展。

侵奪農時，將會有諸多災禍，《上農》曰：「時事不共，是謂大凶。奪之以土功，是謂稽，不絕憂唯，必喪其粃。奪之以水事，是謂籥，喪以繼樂，四鄰來虛。奪之以兵事，是謂厲，禍因胥歲，不舉銍艾。數奪民時，大饑乃來。」〔註236〕行事違背農時，叫作「大凶」，大興土木來侵奪農時，必定顆粒無收；興修水利來侵奪農時，鄰國就會來掠奪；發動戰爭來侵奪農時，根本就用不著鐮刀來收割。連續不斷地侵奪農時，大的饑荒就會到來。

第二，不荒勞力，以保證足夠的勞動者。《上農》曰：「非老不休，非疾不息，非死不捨。上田，夫食九人。下田，夫食五人。可以益，不可以損。

〔註234〕陳奇猷：《呂氏春秋新校釋》，上海：上海古籍出版社，2002 年，第 124 頁。

〔註235〕陳奇猷：《呂氏春秋新校釋》，上海：上海古籍出版社，2002 年，第 1719～1720 頁。

〔註236〕陳奇猷：《呂氏春秋新校釋》，上海：上海古籍出版社，2002 年，第 1720 頁。

一人治之，十人食之，六畜皆在其中矣……苟非同姓，農不出御，女不外嫁，以安農也……若民不力田，墨乃家畜，國家難治，三疑乃極，是謂背本反則，失毀其國……野有寢耒，或談或歌，旦則有昏，喪粟甚多。」〔註237〕為了保證有足夠的勞動力，《上農》提出以下舉措：首先，規定勞動制度，農民不是老到不能勞動就不能停止耕作，不是生病就不能休息，不到死亡之日就不能捨棄農業。其次，制定生產目標，耕種上等田，每個農民必須至少能供養九個人；耕種下等田，每個農民必須至少能供養五個人，供養的人數只可以增多不可以減少。再次，規定婚嫁原則，除非是同姓的原因，男子不能娶妻於外地，女子也不能嫁到外地，這有利於保證當地農民的數量不會減少。最後，制定懲罰制度，如果農民不竭盡全力、不全身心地去耕作，就沒收其家產。這些措施確實有利於保證足夠的勞動者，從而促進農業的發展，同時，這些措施也揭示了統治階級對農民剝削的殘酷。

三、農業知識

《任地》曰：「后稷曰：子能以窒為突乎？子能藏其惡而揖之以陰乎？子能使吾土靖而甽浴土乎？〔註238〕子能使保濕安地而處乎？子能使藋夷毋淫乎？子能使子之野盡為泠風乎？子能使稿數節而莖堅乎？子能使穗大而堅、均乎？子能使粟圜而薄糠乎？子能使米多沃而食之強乎？為〔註239〕之若何？」〔註240〕

夏緯瑛先生在《呂氏春秋上農等四篇校釋》的《後記》中說：「《呂氏春秋》的《上農》等四篇，大致取材於《后稷農書》。《任地》篇一開始，就用『《后稷》曰』的口氣提出來十項問題，以下則是解答。但是《任地》一篇並沒有解答明白，而是在《辯土》、《審時》兩篇中作了補充或申論，才算解答完成。由此可見，這《任地》、《辯土》、《審時》三篇都該是《后稷農書》上的東西。《上農》篇中也引《后稷》之語，可能這一篇的素材也出自《后稷農

〔註237〕陳奇猷：《呂氏春秋新校釋》，上海：上海古籍出版社，2002 年，第 1719～1720 頁。

〔註238〕「土」，原作「士」，今從高誘注改，《呂氏春秋·任地》注〔四〕，陳奇猷《呂氏春秋新校釋》，上海：上海古籍出版社，2002 年，第 1743 頁。

〔註239〕「為」，原作「無」，今從夏緯瑛先生說改，夏緯瑛《呂氏春秋上農等四篇校釋》，北京：農業出版社，1979 年，第 34 頁。

〔註240〕陳奇猷：《呂氏春秋新校釋》，上海：上海古籍出版社，2002 年，第 1740 頁。

書》。所以我們可以認爲：《呂氏春秋》的《上農》等四篇大致都是取材於《后稷農書》的。不過，在呂書的編輯中有所割裂或增減而已。」〔註241〕我們認爲夏緯瑛先生的看法頗有道理。陳奇猷先生認爲：「夏氏此說，頗有見地。此四篇爲《后稷》農書無疑。」〔註242〕雖然不能完全判定《呂氏春秋》的《上農》等四篇是出自《后稷》一書，但是，這四篇與《后稷》一書頗有聯繫，我們認爲這是有根據的。

《任地》《辯土》《審時》三篇記載了大量的農業知識。這對我們研究先秦的農業狀況、瞭解先秦的農業知識有很大的幫助，甚至對我們今天的農業生產也有一定的參考價值。

（一）耕耘之法

《任地》：「凡耕之大方：力者欲柔，柔者欲力。息者欲勞，勞者欲息。棘者欲肥，肥者欲棘。急者欲緩，緩者欲急。濕者欲燥，燥者欲濕。上田棄畝，下田棄甽。五耕五耨，必審以盡。其深殖之度，陰土必得，大草不生，又無螟蜮。今茲美禾，來茲美麥。是以六尺之耜，所以成畝也；其博八寸，所以成甽也。耨柄尺，此其度也；其耨六寸，所以間稼也。地可使肥，又可使棘。人肥必以澤，使苗堅而地隙；人耨必以旱，使地肥而土緩。」〔註243〕

耕耘土地大的原則是：要使堅硬的土地變得柔軟些、柔軟的土地變得堅硬些，要使閒置的土地得到利用、頻耕的土地得到休息，要使貧瘠的土地變得肥沃些、過於肥沃的土地變得貧瘠些，要使結實的土地變得疏鬆些、疏鬆的土地變得結實些，要使潮濕的土地變得乾燥些、乾燥的土地變得濕潤些。

如果田地位於高處，那麼莊稼就不能種在田壟上，這樣可以避免乾旱。這就是「上田棄畝」。如果田地位於低處，那麼莊稼就不能種在壟溝裏，這樣可以避免潮濕。這就是「下田棄甽」。

耕地和鋤地一定要認眞仔細，在播種之前，土地一定要耕五次；在播種之後，土地一定要鋤五次。耕地的深度有標準，一定要耕出地中的濕土來，這樣，田地裏既不會生雜草，又不會生害蟲，今年可以收穫好穀子，明年還

〔註241〕 夏緯瑛：《呂氏春秋上農等四篇校釋》，北京：農業出版社，1979年，第119～120頁。

〔註242〕 《呂氏春秋·上農》注〔一〕，陳奇猷《呂氏春秋新校釋》，上海：上海古籍出版社，2002年，第1721頁。

〔註243〕 陳奇猷：《呂氏春秋新校釋》，上海：上海古籍出版社，2002年，第1740頁。

可以收穫好麥子。

耕耘的工具有一定的標準，耜長六尺，用來測量田壟的寬窄以打製出標準的田壟；耜寬八寸，用來測量壟溝的寬窄以挖掘出標準的壟溝。耨，就是鋤，夏緯瑛先生說：「所謂『耨柄尺此其度也』，就是苗的行闊和行距的標準。」〔註244〕即鋤柄長一尺是用來測量苗之間行距的。「其耨六寸，所以間稼也」，即鋤寬六寸是用來確定株距的。

給土地施肥，一定要在土地濕潤之後，這樣，可以使苗根牢固，可以使土壤疏鬆。鋤地的時候一定要趁土地乾旱，這樣可以使土地保持肥沃，也可以使土壤疏鬆。

（二）種植之術

《辯土》曰：「稼欲生於塵，而殖于堅者。慎其種，勿使數，亦無使疏。於其施土，無使不足，亦無使有餘。熟有耰也，必務其培。其耰也植，植者其生也必先。其施土也均，均者其生也必堅。是以畮廣以平，則不喪本莖；生於地者，五分之以地。莖生有行，故遨長；弱不相害，故遨大。衡行必得，縱行必術。正其行，通其風，夬心中央，帥爲泠風。苗，其弱也欲孤，其長也欲相與居，其熟也欲相扶。是故三以爲族，乃多粟。凡禾之患，不俱生而俱死。是以先生者美米，後生者爲秕。是故其耨也，長其兄而去其弟。樹肥無使扶疏，樹墝不欲專生而族居。肥而扶疏則多秕，墝而專居則多死。不知稼者：其耨也去其兄而養其弟，不收其粟而收其秕，上下不安，則禾多死，厚土則孽不通，薄土則蕃轓而不發。壚垍冥色，剛土柔種，免耕殺匿，使農事得。」〔註245〕

播種覆土方面：一定要謹慎播種，播種不能太稠密，也不能太稀疏。肥沃的土地播種不能太稀疏，太稀疏莊稼就會瘋長而多結秕子；貧瘠的土地播種不能太稠密，太稠密莊稼就會擠在一起而出現死亡。播下種子以後，覆土蓋種一定要小心，土不能蓋得太薄，也不能蓋得太厚。土太薄，種子就會閉藏而不發芽；土太厚，嫩芽就鑽不出來而死亡。覆蓋種子用的土一定要碎要細，這樣種子發芽就一定快。覆蓋種子，土一定要撒得均勻，這樣種子紮根就一定牢固。

〔註244〕夏緯瑛：《呂氏春秋上農等四篇校釋》，北京：農業出版社，1979 年，第 42 頁。

〔註245〕陳奇猷：《呂氏春秋新校釋》，上海：上海古籍出版社，2002 年，第 1765 頁。

播種行列方面：「衡行必得，縱行必術」，用夏緯瑛先生的話說就是：「『衡行』，是一個『畝』面上兩行作物植株橫列的關係。兩行作物的植株，橫著不可並列，必須相互間錯，以免互有妨礙，這該當就是所謂：『衡行必得。』《說文》：『術，邑中道也。』按『邑中道』，亦『道』耳。道路要直，要通達，故『術』亦可引申爲直而通達之義，也就是『遂』的意思。此所謂『縱行必術』者，爲言其『畝』上作物的縱列必定要直而通達耳。」〔註246〕即橫行之間要錯落得當、互不妨礙，縱行要直而通達。幼苗長出來行列整齊、互不妨礙，所以長得很快。要端正行列、疏通田地的中央部分，使田間各處保持通風。

定苗方面：苗弱小的時候適宜獨立生長，成長起來以後適宜聚攏在一起，成熟的時候就要相互扶持。莊稼三五成簇的生長在一起有利於多打糧食。夏緯瑛先生說：「當莊稼還在幼小的時候爲之定苗，就要注意到它們生長大了和成熟時候的情形，故說：『苗，其弱也欲孤，其長也欲相與俱，其熟也欲相扶；是故三以爲族，乃多粟。』」〔註247〕夏緯瑛先生說的是，即定苗之時一定要考慮的長遠。因爲莊稼不能同時出苗卻在同一個時節死去，所以先出苗的莊稼結子飽滿，後出苗的莊稼結子多爲秕子。因爲這個緣故，定苗的時候，一定要留下先出土的壯苗、大苗，除掉後出土的弱苗、小苗。

（三）應令之時

時令對於莊稼非常重要，《任地》曰：「天下時，地生財，不與民謀。」〔註248〕上天形成四季節氣，土地依據節氣生產糧食，這是自然規律從來都不以人的意志爲轉移。《審時》曰：「凡農之道，候〔註249〕之爲寶。」〔註250〕種植、收穫莊稼一定要按照時令，時令就是農業生產的法寶。

《審時》一篇很具體地描述了禾、黍、稻、麻、菽、麥六種當時主要農作物「得時」、「先時」、「後時」的顯著特徵。其中，關於禾、黍的描述，《審時》曰：「得時之禾，長秱長穗，大本而莖殺，疏機而穗大；其粟圓而薄糠；

〔註246〕夏緯瑛：《呂氏春秋上農等四篇校釋》，北京：農業出版社，1979 年，第 78 頁。

〔註247〕夏緯瑛：《呂氏春秋上農等四篇校釋》，北京：農業出版社，1979 年，第 79 頁。

〔註248〕陳奇猷：《呂氏春秋新校釋》，上海：上海古籍出版社，2002 年，第 1741 頁。

〔註249〕「候」，原作「厚」，今從夏緯瑛先生說改，夏緯瑛《呂氏春秋上農等四篇校釋》，北京：農業出版社，1979 年，第 87 頁。

〔註250〕陳奇猷：《呂氏春秋新校釋》，上海：上海古籍出版社，2002 年，第 1790 頁。

其米多沃而食之強；如此者不風。先時者，莖葉帶芒以短衡，穗鉅而芳奪，稃米而不香。後時者，莖葉帶芒而末衡，穗閱而青零，多秕而不滿。得時之黍，芒莖而徼下，穗芒以長，摶米而薄糠，舂之易，而食之不噎而香；如此者不飴。先時者，大本而華，莖殺而不遂，葉槁短穗。後時者，小莖而麻長，短穗而厚糠，小米鉗而不香。」〔註251〕

得時之禾，植株強壯，穗長穗大，穀粒飽滿，米香而有嚼頭；先時之禾，植株布滿細毛，穗大但是子房脫落，米容易變味而不香；後時之禾，植株布滿細毛，穗尖而發青，穀粒不飽滿、多秕子。

得時之黍，秸稈身上長毛，黍粒圓而皮薄，容易舂，吃著香而不膩；先時之黍，植株繁盛，莖收斂而不舒暢，穗子短小；後時之黍，莖稈小而細長，穗短皮厚，米粒小而發黑，吃著不香。

《審時》把得時與失時的莊稼的特徵描述得如此詳細，無非是爲了說明得時的莊稼好、失時的莊稼壞，如《審時》曰：「是故得時之稼興，失時之稼約。莖相若稱之，得時者重，粟之多。量粟相若而舂之，得時者多米。量米相若而食之，得時者忍饑。」〔註252〕最終的目的還是在強調農業生產一定要審察農時。

綜上，我們可以對本節做一小結。先秦農家的著作皆已亡佚，有關農家的記載也很少。據今存文獻考察，許行、田仲是先秦農家的兩位著名學者，許行主張君民「並耕而食」、主張「市賈不貳」，田仲主張「不恃人而食」。

農業是生活、生產的基礎，在諸侯爭霸的戰國時期，農業尤其重要。戰國諸子的思想學說普遍重視農業發展，他們的重農思想往往與抑制工商業緊密相連，重農而抑末。《呂氏春秋》雖然強調以農爲本，但同時主張農、工、商三者協調發展，並不是一味地抑制工商業的發展。

《呂氏春秋》的農家思想主要包括二個方面的內容，包括重農愛民和農業知識。重農愛民方面，農業發展，百姓才能吃飽穿暖，才能養活民眾。百姓養不活，國不國，君不君。重視農業，養活百姓，利於鞏固統治，穩定社會，施行教化。重視農業，發展農業，需要制定農業措施來保障，還需要知曉農業技術知識。

〔註251〕陳奇猷：《呂氏春秋新校釋》，上海：上海古籍出版社，2002 年，第 1790～1791 頁。
〔註252〕陳奇猷：《呂氏春秋新校釋》，上海：上海古籍出版社，2002 年，第 1792 頁。

第五節　《呂氏春秋》的名家思想

一、思想探源

關於名家，張岱年先生在《先秦名家研究序》中說：「戰國時期，出現了許多辯者，其主要代表是惠施、公孫龍，漢代學者稱之爲名家。名家有一個顯著的特點，即提出了一些違反常識或與常識不同的命題。這些命題之中，有些包含深刻的辯證觀點，有些則屬於詭辯。」〔註253〕名家作爲一個學派，首見於西漢司馬談《論六家要旨》。《史記・太史公自序》載司馬談把先秦諸子之學分爲陰陽、儒、墨、名、法、道德六家，其論名家曰：「名家苛察繳繞，使人不得反其意，專決於名而失人情，故曰『使人儉而善失眞』。若夫控名責實，參伍不失，此不可不察也。」〔註254〕司馬談指斥名家「專決於名而失人情」的一面，即詭辯的一面，又肯定其「控名責實」的一面。《漢書・藝文志》對名家的評論大體與司馬談一致。許抗生先生把名家的特徵概括爲兩點：一，「正名實，注重名實關係的研究」；二，「苛察繳繞（繁瑣論證），專決於名（專門從事概念分析）而失人情」，並認爲並不是所有的名家學者都同時具有這兩個特徵〔註255〕。

戰國諸子普遍關注名實的關係問題，名實問題，不僅僅是名家學者討論的問題。「控名責實」只是名家的一個長處，如《漢書・藝文志》所說：「名家者流，蓋出於禮官。古者名位不同，禮亦異數。孔子曰：『必也正名乎！名不正則言不順，言不順則事不成。』此其所長也。」〔註256〕許抗生先生說：「很明顯，先秦惠施是一位公認的名家大師，但他並不研究名實問題，更談不上他的思想是以辯論名實問題爲中心的。他之所以成爲名家，在於他擅長於概念分析（『專決於名』）而得出了不合常情的結論的緣故。如果把『以辯論名實問題爲中心』作爲判定名家的標準，那麼鄧析與惠施就被排擠出了名家之列。可見，名家並不僅僅是以辯論名實問題爲中心。」〔註257〕許抗生先生此說有道理。

〔註253〕許抗生：《先秦名家研究》，長沙：湖南人民出版社，1986年。
〔註254〕司馬遷：《史記》，北京：中華書局，1959年，第3291頁。
〔註255〕許抗生：《先秦名家研究》，長沙：湖南人民出版社，1986年，第4頁。
〔註256〕班固：《漢書》，北京：中華書局，1962年，第1737頁。
〔註257〕許抗生：《先秦名家研究》，長沙：湖南人民出版社，1986年，第6頁。

　　《漢書‧藝文志》所著錄的「名家」著作有七家：《鄧析》二篇、《尹文子》一篇、《公孫龍子》十四篇、《成公生》五篇、《惠子》一篇、《黃公》四篇、《毛公》九篇〔註258〕。七家之中，今僅存《公孫龍子》殘書，原書十四篇，今存六篇。許抗生先生認爲：「他（公孫龍）的著作原有十四篇，但大半已失散。現存《公孫龍子》一書，共有六篇。其中《跡府》一篇是後人編集的有關公孫龍的事蹟。《白馬論》、《指物論》、《通變論》、《堅白論》、《名實論》等五篇基本上是公孫龍的著作，是研究公孫龍哲學思想的主要思想資料。」〔註259〕龐樸先生則考證認爲：「《公孫龍子》一書，本來就像現在這樣，只有六篇；既無贋品，也無殘缺。」〔註260〕無論《公孫龍子》是否有亡佚，今本《公孫龍子》可以作爲研究公孫龍的可靠文獻是可以確定的。

　　後世學者研究名家，往往依據《漢書‧藝文志》把鄧析、尹文、公孫龍、惠施四人作爲考察對象，而其中惠施、公孫龍則是名家的代表。惠施、公孫龍二者的思想有不同，惠施主張「合同異」，偏重強調概念之間的統一性，注重研究概念之間的相同、相近之處；公孫龍主張「離堅白」，偏重強調概念之間的差異性，注重研究概念之間的不同、相異之處。

　　惠施（約前370～前318），宋國人，其書《惠子》一篇已經亡佚。《莊子》書中保存了有關惠施的一些資料。《莊子‧天下》曰：「惠施日以其知與人辯〔註261〕，特與天下之辯者爲怪，此其柢也。然惠施之口談，自以爲最賢，日天地其壯乎！施存雄而無術。南方有倚人焉日黃繚，問天地所以不墜不陷，風雨雷霆之故。惠施不辭而應，不慮而對，遍爲萬物說，說而不休，多而無已，猶以爲寡，益之以怪。以反人爲實而欲以勝人爲名，是以與眾不適也。」〔註262〕據此，惠施自詡是一個很擅長辯論的人，經常找人進行辯論。黃繚問惠施「天地所以不墜不陷，風雨雷霆之故」，惠施能夠「不辭而應，不慮而對，遍爲萬物說，說而不休，多而無已，猶以爲寡，益之以怪」，足見惠施思維之敏捷、知識之淵博，確實是一個優秀的「辯者」。《莊子》還保存了惠施留下來的十個命題，又稱「歷物十事」，《莊子‧天下》曰：「惠施多方，其書五車，

〔註258〕班固：《漢書》，北京：中華書局，1962年，第1736頁。
〔註259〕許抗生：《先秦名家研究》，長沙：湖南人民出版社，1986年，第39頁。
〔註260〕龐樸：《公孫龍子研究》，北京：中華書局，1979年，第51頁。
〔註261〕「辯」上，原衍「之」字，從俞樾說刪，郭慶藩《莊子集釋》，北京：中華書局，1961年，第1112頁。
〔註262〕郭慶藩：《莊子集釋》，北京：中華書局，1961年，第1111～1112頁。

其道舛駁，其言也不中。歷物之意，曰：『至大無外，謂之大一；至小無內，謂之小一。無厚，不可積也，其大千里。天與地卑，山與澤平。日方中方睨，物方生方死。大同而與小同異，此之謂小同異；萬物畢同畢異，此之謂大同異。南方無窮而有窮，今日適越而昔來。連環可解也。我知天下之中央，燕之北越之南是也。泛愛萬物，天地一體也。』」〔註263〕惠施主張「合同異」，這十個命題很好地體現了惠施對統一性的強調，如天地同卑，山澤同平，日方中方睨，物方生方死，南方無窮而有窮等。基於對統一性的強調，惠施得出結論：「泛愛萬物，天地一體」。惠施的這十個命題既有辯證法的內容，又有詭辯論的內容，如許抗生先生所總結的：「他（惠施）的哲學思想既包含有樸素辯證法思想的天才猜測，又包含有相對主義詭辯論的成分和矛盾調和論的色彩。」〔註264〕

公孫龍（約前325～前250），趙國人，今有《公孫龍子》傳世。《公孫龍子·跡府》曰：「公孫龍，六國時辯士也。疾名實之散亂，因資材之所長，為守白之論，假物取譬，以守白辯，謂白馬為非馬也。白馬為非馬者，言白所以名色，言馬所以名形也。色非形，形非色也。夫言色則形不當與，言形則色不宜從。今合以為物，非也。如：求白馬於廄中，無有，而有驪色之馬，然不可應有白馬也。不可以應有白馬，則所求之馬亡矣，亡則白馬竟非馬，欲推是辯，以正名實，而化天下焉。」〔註265〕可以說這一段話概括出了公孫龍主要的思想：一，「正名實而化天下」的政治學說；二，「白馬非馬」式的詭辯論哲學。

《公孫龍子·名實論》曰：「天地與其所產焉，物也。物以物其所物而不過焉，實也。實以實其所實而不曠焉，位也。出其所位，非位。位其所位焉，正也。以其所正，正其所不正；不以其所不正，疑其所正。其正者，正其所實也。正其所實者，正其名也。其名正則唯乎其彼此焉。謂彼而彼不唯乎彼，則彼謂不行；謂此而此不唯乎此，則此謂不行。其以當不當也，不當而亂也。故彼彼當乎彼，則唯乎彼，其謂行彼。此此當乎此，則唯乎此，其謂行此。其以而當也。以當而當，正也。故彼彼止於彼，此此止於此，可。彼此而彼且此，此彼而此且彼，不可。夫名，實謂也。知此之非此也，知此

〔註263〕郭慶藩：《莊子集釋》，北京：中華書局，1961年，第1102頁。
〔註264〕許抗生：《先秦名家研究》，長沙：湖南人民出版社，1986年，第33頁。
〔註265〕許抗生：《先秦名家研究》，長沙：湖南人民出版社，1986年，第142～144頁。

之不在此也，則不謂也。知彼之非彼也，知彼之不在彼也，則不謂也。至矣哉！古之明王！審其名實，愼其所謂。至矣哉！古之明王！」〔註266〕什麼是「實」？「物以物其所物而不過焉，實也」，用許抗生先生的話說就是「物用物的名稱來稱謂那個被稱謂的物而沒有任何過差，這就叫做實」〔註267〕。什麼是「名」？「名，實謂也」，即「名」就是「實」的稱謂。公孫龍強調名與實一定要相符，彼名只能專用於稱謂彼實，此名只能專用於稱謂此實，彼名、此名不能混用，即彼名不能用於稱謂此實，此名也不能用於稱謂彼實。公孫龍認爲正名實非常重要，是治國的重要措施，所以「古之明王！審其名實，愼其所謂」，也就是「正名實而化天下」。這是公孫龍《名實論》一篇的主旨所在，王琯注曰：「名之與實，審而求符。謂名謂實，必愼其初。絲毫不假，勿使舛午，執之以正天下。古有明王，其道在是。連稱『至矣』，推挹已極。公孫造論微怕，於本篇結穴瞻之矣。」〔註268〕這就是公孫龍「正名實而化天下」的政治學說。

　　「白馬非馬」很好地代表了公孫龍的詭辯論思想和詭辯方法。《公孫龍子・白馬論》曰：「白馬非馬，可乎？曰：『可。』曰：『何哉？』曰：『馬者所以命形也，白者所以命色也，命色者非命形也。故曰：「白馬非馬。」』曰：『有白馬，不可謂無馬也。不可謂無馬者，非馬也？有白馬爲有馬，白之非馬，何也？』曰：『求馬，黃、黑馬皆可致，求白馬，黃、黑馬不可致。使白馬乃馬也，是所求一也。所求一者，白者不異馬也。所求不異，如黃、黑馬，有可有不可何也？可與不可，其相非，明。故黃、黑馬，一也，而可以應有馬，而不可以應有白馬，是白馬之非馬，審矣。」」〔註269〕公孫龍認爲名實一定要相符，在這個前提下，公孫龍來論證「白馬非馬」。首先，公孫龍指出，馬作爲一個「名」是給形體命名的，白作爲一個「名」是給顏色命名的，因爲命色者不是命形者，所以說「白馬非馬」。也就是說，白馬作爲一個「名」與馬這個「實」不相符，所以說「白馬非馬」。在此，公孫龍過於強調白馬與馬的差異性而忽略白馬與馬的相同之處，否認白馬屬於馬類這一事實，是詭辯。其次，公孫龍指出，尋求馬的時候，黃馬、黑馬都在尋求之列；尋求白

〔註266〕許抗生：《先秦名家研究》，長沙：湖南人民出版社，1986年，第97～103頁。

〔註267〕許抗生：《先秦名家研究》，長沙：湖南人民出版社，1986年，第98頁。

〔註268〕王琯：《公孫龍子懸解》，北京：中華書局，1992年，第92頁。

〔註269〕許抗生：《先秦名家研究》，長沙：湖南人民出版社，1986年，第104～106頁。

馬的時候，黃馬、黑馬都不在尋求之列，既然結果存在這樣的差別，那麼很顯然白馬不是馬。在此，公孫龍的思維是有差異的事物之間不存在任何的相同之處、任何的聯繫，既然白馬與馬有差異，那麼白馬不是馬，這顯然是錯誤的，是詭辯。最後，公孫龍承認黃馬、黑馬是馬，而不承認白馬是馬，這更是自相矛盾的詭辯。

《呂氏春秋》中有名家的思想學說，總體而言，《呂氏春秋》吸收了名家「正名實而化天下」的政治學說，對於名家的詭辯論則是大肆批判。

二、正名審分

正名審分，是治之轡。《呂氏春秋·審分》曰：「有道之主，其所以使群臣者亦有轡。其轡何如？正名審分，是治之轡已。故按其實而審其名，以求其情；聽其言而察其類，無使放悖。夫名多不當其實、而事多不當其用者，故人主不可以不審名分也。」〔註270〕

《呂氏春秋》十分重視正名，《正名》曰：「名正則治，名喪則亂。使名喪者，淫說也。說淫則可不可而然不然，是不是而非不非。故君子之說也，足以言賢者之實、不肖者之充而已矣，足以喻治之所悖、亂之所由起而已矣，足以知物之情、人之所獲以生而已矣。凡亂者，刑名不當也。人主雖不肖，猶若用賢，猶若聽善，猶若為可者。其患在乎所謂賢、從不肖也，所為善、而從邪辟，所謂可、從悖逆也，是刑名異充而聲實異謂也。夫賢不肖、善邪辟、可悖逆，國不亂、身不危奚待也？」〔註271〕

「名正則治，名喪則亂」，正名是為了治理國家，這與名家「正名實而化天下」的政治學說一脈相承。名實相符，則國家得到治理，《呂氏春秋·知度》曰：「至治之世，其民不好空言虛辭，不好淫學流說，賢不肖各反其質。行其情，不雕其素；蒙厚純樸，以事其上。若此則工拙愚智勇懼可得以故易官，易官則各當其任矣。故有職者安其職，不聽其議；無職者責其實，以驗其辭。此二者審，則無用之言不入於朝矣。」〔註272〕至治之世，臣民不好空言虛辭、不好淫學流說，皆回歸其質樸的本性，按照其真情行事，這樣就能保證名實

〔註270〕陳奇猷：《呂氏春秋新校釋》，上海：上海古籍出版社，2002年，第1040頁。
〔註271〕陳奇猷：《呂氏春秋新校釋》，上海：上海古籍出版社，2002年，第1029頁。
〔註272〕陳奇猷：《呂氏春秋新校釋》，上海：上海古籍出版社，2002年，第1102～1103頁。

相符、言行一致。要對一個人做評價，就要「責其實，以驗其辭」。名實相符、言行一致，無用的言辭就不會進入朝廷，這樣，才能保證國家得到治理。又《呂氏春秋・審應》曰：「人主出聲應容，不可不審。凡主有識，言不欲先。人唱我和，人先我隨。以其出爲之入，以其言爲之名，取其實以責其名，則說者不敢妄言，而人主之所執其要矣。」〔註273〕《呂氏春秋》指出人主「出聲應容，不可不審」，聽人之言要「以其言爲之名，取其實以責其名」。人主如果能夠「取實責名」，那麼說話之人就不敢妄言來迷惑人主，這樣人主就掌握注了聽言的根本。

　　名實不符、言行不一的原因是「淫說」，即「空言虛辭」、「淫學流說」。「淫說」氾濫，就會混淆黑白、顛倒是非，「可不可而然不然，是不是而非不非」，危害極大，所以，《呂氏春秋》指出君子的言辭能夠言明賢者之賢、不肖者之不肖就行了，能夠說明治理國家悖亂的地方、禍亂興起的原因就行了，能夠令人明白事物的情理、人類生存的原因就行了。

　　「凡亂者，刑名不當也」，社會之所以會出現混亂，是因爲刑名不當、名實不符、言行不一。只要名實相符，不肖的君主也知道任用賢人、聽從善言、做可行之事，但是，「其患在乎所謂賢、從不肖也，所爲善、而從邪辟，所謂可、從悖逆也，是刑名異充而聲實異謂也」，用陳奇猷先生的話說就是：「不肖主所謂賢，是不合於法之賢，名爲賢，其實是不肖者；不肖主所謂善，是不合於法之善，名爲善，其實是邪辟；不肖主所謂可行者，其實是違法亂紀之事。這些都是法與名不相當，故下文承此曰『是刑名異充而聲實異謂也』。」〔註274〕「刑名異充而聲實異謂」，即名實不符。名實不符，不肖之主就不能分辨賢與不肖、善與邪辟、可與悖逆而做出「賢不肖、善邪辟、可悖逆」的舉動，最終導致國亂、身危的下場。

　　《尹文子》被《漢書・藝文志》著錄於「名家」，有其道理，因爲尹文確實有名家思想。《呂氏春秋・正名》曰：「尹文見齊王。齊王謂尹文曰：『寡人甚好士。』尹文曰：『願聞何謂士？』王未有以應。尹文曰：『今有人於此，事親則孝，事君則忠，交友則信，居鄉則悌，有此四行者，可謂士乎？』齊王曰：『此眞所謂士已。』尹文曰：『王得若人，肯以爲臣乎？』王曰：『所願

〔註273〕陳奇猷：《呂氏春秋新校釋》，上海：上海古籍出版社，2002年，第1151頁。
〔註274〕《呂氏春秋・正名》注〔五〕，陳奇猷《呂氏春秋新校釋》，上海：上海古籍出版社，2002年，第1031頁。

而不能得也。』尹文曰：『使若人於廟朝中，深見侮而不鬭，王將以爲臣乎？』王曰：『否。大夫見侮而不鬭，則是辱也。辱則寡人弗以爲臣矣。』尹文曰：『雖見侮而不鬭，未失其四行也。未失其四行者，是未失其所以爲士矣。未失其所以爲士，而王一以爲臣，一不以爲臣，則嚮之所謂士者乃非士乎？』〔註275〕王無以應。尹文曰：『今有人於此，將治其國，民有非則非之，民無非則非之，民有罪則罰之，民無罪則罰之，而惡民之難治可乎？』王曰：『不可。』尹文曰：『竊觀下吏之治齊也，方若此也。』王曰：『使寡人治信若是，則民雖不治，寡人弗怨也。意者未至然乎。』尹文曰：『言之不敢無說。請言其說。王之令曰：「殺人者死，傷人者刑。」民有畏王之令，深見侮而不敢鬭者，是全王之令也，而王曰「見侮而不敢鬭，是辱也」。夫謂之辱者，非此之謂也，以爲臣不以爲臣者罪之也，此無罪而王罰之也。』齊王無以應。論皆若此，故國殘身危，走而之穀，如衛。齊湣王，周室之孟侯也。太公之所老也。桓公嘗以此霸矣，管仲之辯名實審也。」〔註276〕

尹文（約前350～前280），齊人，高誘注曰：「尹文，齊人，作《名書》一篇，在公孫龍前，公孫龍稱之。」〔註277〕「《名書》一篇」，即《尹文子》，《漢書・藝文志》著錄《尹文子》一篇，班固注曰：「說齊宣王。先公孫龍。」〔註278〕尹文主張「見侮不鬭」，《莊子・天下》概括宋鈃、尹文的思想有曰：「見侮不辱，救民之鬭，禁攻寢兵，救世之戰。」〔註279〕《正名》記載尹文與齊王探討「何謂士」的問題時涉及了尹文「見侮不鬭」的思想。尹文問齊王「士在廟堂之上見侮不鬭，大王會讓這樣的『士』作大臣嗎」？齊王的回答是否定的，尹文曰「雖見侮而不鬭，未失其四行也。未失其四行者，是未失其所以爲士矣」，又曰「深見侮而不敢鬭者，是全王之令也」，這體現的是尹文「見

〔註275〕「未失其四行者」至「乃非士乎」四四字，原作「未失其四行者，是未失其所以爲士一矣。未失其所以爲士一，而王以爲臣，失其所以爲士一，而王不以爲臣，則嚮之所謂士者乃士乎？」，今據譚戒甫先生說改。（《呂氏春秋・正名》注〔二一〕，陳奇猷《呂氏春秋新校釋》，上海：上海古籍出版社，2002年，第1036頁。）

〔註276〕陳奇猷：《呂氏春秋新校釋》，上海：上海古籍出版社，2002年，第1030～1031頁。

〔註277〕《呂氏春秋・正名》注〔一四〕，陳奇猷《呂氏春秋新校釋》，上海：上海古籍出版社，2002年，第1034頁。

〔註278〕班固：《漢書》，北京：中華書局，1962年，第1736頁。

〔註279〕郭慶藩：《莊子集釋》，北京：中華書局，1961年，第1082頁。

侮不鬪」的思想。

　　名家之中少有只討論名實問題而不帶詭辯論思想的學者，許抗生先生指出：「從現有的名家史料來看，尚沒有發現其典型的代表人物，只是尹文可以作爲其代表人物之一。」〔註280〕許先生此說可信。尹文與齊王討論「何謂士」的問題，探討的就是名實相符的問題。齊王認爲尹文所說的具有「事親則孝，事君則忠，交友則信，居鄉則悌」四種品行的人是「士」，並且渴望得之以爲臣。同時，齊王又認爲具有孝、忠、信、悌四種品行的人如果「見侮而不鬪」，那麼他就不讓這樣的人做自己的大臣。尹文指出齊王對「士」這一概念的運用前後存在著矛盾：雖然「見侮而不鬪」，但是並沒有失去孝、忠、信、悌四種品行；沒有失去孝、忠、信、悌四種品行，就是沒有失去可以稱爲「士」的「實」；都是名符其實的「士」，齊王您卻認爲一個可以做臣子，而一個不可以做臣子，那麼，齊王您原先所謂的「士」難道不是「士」嗎？齊王無以應答。尹文說理的依據是名實相符的思想，按實審名是尹文論證的方法，這些是尹文論辯成功的關鍵。

　　《呂氏春秋》追求名實相符，強調「言」與「意」一定要一致。《離謂》曰：「言者，以諭意也。言意相離，凶也。」〔註281〕又曰：「夫辭者，意之表也。鑒其表而棄其意，悖。故古之人，得其意則捨其言矣。聽言者以言觀意也。聽言而意不可知，其與橋言無擇。」〔註282〕《呂氏春秋》認爲言是意之「表」，言是爲了「諭意」，言、意不一致就會有災禍。又《淫辭》曰：「非辭無以相期，從辭則亂。亂辭之中又有辭焉，心之謂也。言不欺心，則近之矣。凡言者，以諭心也。言心相離，而上無以參之，則下多所言非所行也，所行非所言也。言行相詭，不祥莫大焉。」〔註283〕在這裡，「心」就是「意」，言、意分離，上無以知下，那麼下多所言非所行、所行非所言，所以說「言行相詭，不祥莫大焉」。那麼，如何來考察「言」之是非呢？《察傳》曰：「辭多類非而是，多類是而非。是非之經，不可不分，此聖人之所慎。然則何以慎？緣物之情及人之情以爲所聞則得之矣。」〔註284〕言多似非而是、似是而非，判斷的依據是「物之情」和「人之情」。

〔註280〕許抗生：《先秦名家研究》，長沙：湖南人民出版社，1986年，第5頁。
〔註281〕陳奇猷：《呂氏春秋新校釋》，上海：上海古籍出版社，2002年，第1187頁。
〔註282〕陳奇猷：《呂氏春秋新校釋》，上海：上海古籍出版社，2002年，第1188頁。
〔註283〕陳奇猷：《呂氏春秋新校釋》，上海：上海古籍出版社，2002年，第1195頁。
〔註284〕陳奇猷：《呂氏春秋新校釋》，上海：上海古籍出版社，2002年，第1537頁。

三、批判詭辯

名家的詭辯受到先秦諸子多家的批判。陰陽家鄒衍批評公孫龍「白馬非馬」之辯，《史記·平原君虞卿列傳》集解引劉向《別錄》曰：「齊使鄒衍過趙，平原君見公孫龍及其徒綦毋子之屬，論『白馬非馬』之辯，以問鄒子。鄒子曰：『不可。彼天下之辯有五勝三至，而辭正為下。辯者，別殊類使不相害，序異端使不相亂，杼意通指，明其所謂，使人與知焉，不務相迷也。故勝者不失其所守，不勝者得其所求。若是，故辯可為也。及至煩文以相假，飾辭以相悖，巧譬以相移，引人聲使不得及其意。如此，害大道。夫繳紛爭言而競後息，不能無害君子。』坐皆稱善。」〔註285〕鄒衍批評公孫龍「白馬非馬」之辯為「不可」。鄒衍所謂的「煩文以相假，飾辭以相悖，巧譬以相移，引人聲使不得及其意，如此，害大道」，亦當是針對公孫龍的詭辯而言。《莊子·天下》曰：「桓團、公孫龍辯者之徒，飾人之心，易人之意，能勝人之口，不能服人之心，辯者之囿也。」〔註286〕道家莊子一派批評名家的詭辯「飾人之心，易人之意，能勝人之口，不能服人之心」，並認為這是名家的局限性所在。《荀子·不苟》曰：「君子行不貴苟難，說不貴苟察，名不貴苟傳，唯其當之為貴……山淵平，天地比，齊、秦襲，入乎耳，出乎口，鉤有須，卵有毛，是說之難持者也，而惠施、鄧析能之。」〔註287〕荀子批評惠施、鄧析等名家「卵有毛」式的詭辯是「難持者」，是行不通的。又《荀子·儒效》曰：「若夫充虛之相施易也，堅白、同異之分隔也，是聰耳之所不能聽也，明目之所不能見也，辯士之所不能言也，雖有聖人之知，未能僂指也。不知無害為君子，知之無損為小人。工匠不知無害為巧，君子不知無害為治。王公好之則亂法，百姓好之則亂事。」〔註288〕「堅白、同異之分隔」，即公孫龍的「離堅白」、「別同異」。荀子批評「離堅白」、「別同異」的詭辯有害無益，指出「王公好之則亂法，百姓好之則亂事」。《韓非子·外儲說左上》曰：「兒說，宋人，善辯者也。持『白馬非馬也』服齊稷下之辯者。乘白馬而過關，則顧白馬之賦。故籍之虛辭則能勝一國，考實按形不能謾於一人。」〔註289〕兒說，張秉

〔註285〕司馬遷：《史記》，北京：中華書局，1959年，第2370頁。
〔註286〕郭慶藩：《莊子集釋》，北京：中華書局，1961年，第1111頁。
〔註287〕王先謙：《荀子集解》，北京：中華書局，1988年，第37～38頁。
〔註288〕王先謙：《荀子集解》，北京：中華書局，1988年，第124頁。
〔註289〕王先慎：《韓非子集解》，北京：中華書局，1998年，第269頁。

楠先生說：「兒說，其名又作『昆辨』、『貌辨』，戰國宋人。曾爲靖郭君門客，又遊稷下，歷齊威、宣二世。先公孫龍倡『白馬非馬』之說，是戰國名家的早期學者。」〔註290〕張先生此說有道理。兒說持「白馬非馬」之說，當是名家。韓非在此批評名家「白馬非馬」式的詭辯。

《呂氏春秋》反對名家的詭辯，對其進行了大肆批判。《呂氏春秋》的《審應覽》包括八篇文章：《審應》《重言》《精諭》《離謂》《淫辭》《不屈》《應言》《具備》。這八篇文章都是爲了批判名家的詭辯思想而作的，如陳奇猷先生所說：「本《覽》八篇，主旨在反對詭辯，誹議鄧析、惠施、公孫龍等詭辯家，讀此下八篇即明。因其反對詭辯，以爲詭辯足以淆亂人之視聽，故云『人主出聲應容，不可不審』，人臣有言，必『以其言爲之名，取其實以責其名』，此所以作《審應》以示人主也。詭辯既足淆亂人之視聽，故『聖人聽於無聲，視於無形』（語見《重言》），『聖人相諭不待言』（語見《精諭》），此《重言》、《精諭》二篇之所以作也。讒人之言，往往持詭辯以淆亂人君之視聽，故人臣之欲以正治職者，須防止讒人。此《具備》之所以作也。」〔註291〕

《離謂》曰：「鄭國多相縣以書者。子產令無縣書，鄧析致之。子產令無致書，鄧析倚之。令無窮，則鄧析應之亦無窮矣。是可不可無辨也。可不可無辨，而以賞罰，其罰愈疾，其亂愈疾，此爲國之禁也。故辨而不當理則僞，知而不當理則詐，詐僞之民，先王之所誅也。理也者，是非之宗也。洧水甚大，鄭之富人有溺者。人得其死者。富人請贖之，其人求金甚多，以告鄧析。鄧析曰：『安之。人必莫之賣矣。』得死者患之，以告鄧析。鄧析又答之曰：『安之。此必無所更買矣。』夫傷忠臣者，有似於此也。夫無功不得民，則以其無功不得民傷之；有功得民，則又以其有功得民傷之。人主之無度者，無以知此，豈不悲哉？比干、萇弘以此死，箕子、商容以此窮，周公、召公以此疑，范蠡、子胥以此流，死生存亡安危，從此生矣。子產治鄭，鄧析務難之，與民之有獄者約，大獄一衣，小獄襦袴。民之獻衣襦袴而學訟者，不可勝數。以非爲是，以是爲非，是非無度，而可與不可日變。所欲勝因勝，所欲罪因罪。鄭國大亂，民口讙譁。子產患之，於是殺鄧析而戮之，民心乃服，是非乃定，法律乃行。今世之人，多欲治其國，而莫之誅鄧析之類，此

〔註290〕張秉楠：《稷下鉤沉》，上海，上海古籍出版社，1991年，第73頁。
〔註291〕《呂氏春秋・審應》注〔一〕，陳奇猷《呂氏春秋新校釋》，上海：上海古籍出版社，2002年，第1153頁。

所以欲治而愈亂也。」〔註292〕

　　鄧析，鄭國人，生活於春秋末年，大致與孔子同時。《列子‧力命》曰：「鄧析操兩可之說，設無窮之辭，當子產執政，作《竹刑》。鄭國用之，數難子產之治。子產屈之。子產執而戮之，俄而誅之。然則子產非能用《竹刑》，不得不用；鄧析非能屈子產，不得不屈；子產非能誅鄧析，不得不誅也。」〔註293〕鄧析「操兩可之說，設無窮之辭」，《列子》對鄧析的概括可謂獨到，以《呂氏春秋》驗之，可知此言不虛。鄭國的一個富人淹死了，有人得到了死者的屍體。死者的家屬要求贖回屍體，得屍體的人給死者的家屬要很多贖金。死者的家屬就去找鄧析出主意，鄧析說：「別急，得屍體的人一定沒有別的地方去賣屍體」；得屍體的人很擔心也找鄧析出主意，鄧析說：「別急，死者的家屬一定沒有別的地方去買屍體」。這是鄧析「操兩可之說」的極佳事例。在此，鄧析的「兩可之說」，從單方面來看都是很有道理的，屍體的買家和賣家是一對一的，二者在別處確實都做不成這椿買賣，但是，鄧析的「兩可之說」並不能解決實際問題，如果屍體的買家和賣家都聽鄧析的主意，那麼這椿買賣永遠也做不成。《呂氏春秋》對鄧析這樣的「兩可之說」是批判的，指出「傷忠臣者，有似於此也。夫無功不得民，則以其無功不得民傷之；有功得民，則又以其有功得民傷之」，「死生存亡安危，從此生矣」。

　　子產治國，鄧析與之作對。「鄭國多相縣以書者。子產令無縣書，鄧析致之。子產令無致書，鄧析倚之。令無窮，則鄧析應之亦無窮矣」，據陳奇猷先生考證，「縣書者，以書相對抗也，即今所謂『答辯』」，「致書，謂文飾法律」，「倚書者，謂曲解法律條文」〔註294〕。《呂氏春秋》對鄧析辯駁法律、文飾法律、曲解法律的做法是批判的，指出「是可不可無辨也。可不可無辨，而以賞罰，其罰愈疾，其亂愈疾，此為國之禁也。故辨而不當理則偽，知而不當理則詐，詐偽之民，先王之所誅也」，認為像鄧析這樣的「詐偽之民」當誅。鄧析還教百姓打官司，所謂「與民之有獄者約，大獄一衣，小獄襦袴。民之獻衣襦袴而學訟者，不可勝數」。許抗生先生認為鄧析是一位民間的法律學者〔註295〕。

〔註292〕陳奇猷：《呂氏春秋新校釋》，上海：上海古籍出版社，2002年，第1187～1188頁。

〔註293〕楊伯峻：《列子集釋》，北京：中華書局，1979年，第201～202頁。

〔註294〕《呂氏春秋‧離謂》注〔八〕，陳奇猷《呂氏春秋新校釋》，上海：上海古籍出版社，2002年，第1190～1191頁。

〔註295〕許抗生：《先秦名家研究》，長沙：湖南人民出版社，1986年，第8頁。

這一看法不無道理。《呂氏春秋》認為鄧析教人獄訟的做法是「以非爲是，以是爲非，是非無度，而可與不可日變。所欲勝因勝，所欲罪因罪。鄭國大亂，民口讙嘩」。子產爲安定鄭國考慮誅殺了鄧析。《呂氏春秋》認爲子產誅殺鄧析是正確的，認爲鄧析是顛倒是非的詭辯，其罪當誅。

《不屈》曰：「匡章謂惠子於魏王之前曰：『蝗螟，農夫得而殺之，奚故？爲其害稼也。今公行，多者數百乘，步者數百人；少者數十乘，步者數十人。此無耕而食者，其害稼亦甚矣。』……惠子之治魏爲本，其治不治。當惠王之時，五十戰而二十敗，所殺者不可勝數，大將、愛子有禽者也。大術之愚，爲天下笑，得舉其諱，乃請令周太史更著其名。圍邯鄲三年而弗能取，士民罷潞，國家空虛，天下之兵四至。眾庶誹謗，諸侯不譽，謝於翟翦而更聽其謀，社稷乃存。名寶散出，土地四削，魏國從此衰矣。仲父，大名也；讓國，大實也。說以不聽、不信。聽而若此，不可謂工矣。不工而治，賊天下莫大焉，幸而獨聽於魏也。以賊天下爲實，以治之爲名，匡章之非，不亦可乎？」〔註296〕惠施曾是魏惠王的宰相，魏惠王稱之爲「仲父」。惠施聲稱以治理魏國爲根本，而現實之中卻把魏國治理得相當不好。魏惠王統治時期，在惠施的治理下，五十場戰爭有二十場是敗仗，圍攻邯鄲三年而不能成功。惠施治理魏國的結果是「名寶散出，土地四削」，魏國衰落。《呂氏春秋》批評惠施是「以賊天下爲實，以治之爲名」，名實不符，以詭辯來迷惑魏惠王，認爲匡章指責惠施是應該的。

《淫辭》曰：「孔穿、公孫龍相與論於平原君所，深而辯，至於藏三牙，公孫龍言藏之三牙甚辯，孔穿不應，少選，辭而出。明日，孔穿朝。平原君謂孔穿曰：『昔者公孫龍之言甚辯。』孔穿曰：『然。幾能令藏三牙矣。雖然難。願得有問於君，謂藏三牙甚難而實非也，謂藏兩牙甚易而實是也，不知君將從易而是者乎？將從難而非者乎？』平原君不應。明日，謂公孫龍曰：『公無與孔穿辯。』」〔註297〕「藏三牙」，畢沅曰：「謝云：『「臧三耳」，見《孔叢子·公孫龍篇》。「耳」字篆文近「牙」。故傳寫致誤。』」又王念孫曰：「『三耳』是也。今作『三牙』者，即因下文『與牙三十』而誤。」〔註298〕據此知

〔註296〕陳奇猷：《呂氏春秋新校釋》，上海：上海古籍出版社，2002年，第1206～1207頁。

〔註297〕陳奇猷：《呂氏春秋新校釋》，上海：上海古籍出版社，2002年，第1195～1196頁。

〔註298〕《呂氏春秋·淫辭》注〔六〕，陳奇猷《呂氏春秋新校釋》，上海：上海古籍

「藏三牙」當作「臧三耳」。又《呂氏春秋譯注》曰：「按『藏』即『臧』之借字，『臧』通『牂』，母羊。」〔註299〕「臧三耳」就是「羊三耳」。公孫龍振振有詞地爲平原君言「羊三耳」，平原君認爲公孫龍「羊三耳」之說十分雄辯。孔穿對平原君說：公孫龍「羊三耳」之說儘管非常人所能爲卻不符合實際情況，「羊二耳」之說雖然人人皆可爲但是符合實際情況。孔穿問平原君：您是聽從容易而正確的說法還是聽從艱難而錯誤的說法呢？最終的結果是，平原君第二天告訴公孫龍不要再與孔穿辯論了。顯然，平原君是選擇了容易而正確的「羊二耳」之說。《呂氏春秋》在此批判的是公孫龍「羊三耳」之類的「淫辭」。

《呂氏春秋》對名家鄧析、惠施、公孫龍詭辯論的批判，是爲了給君主創造一個統一穩定的統治環境，如田鳳臺先生所說：「呂氏著書，在預作統一國家之慮耳，其慮爲何？則先求思想之一統，而爲統一思想之大害者，非淫辭詭說而何？此呂氏書中於名家之詭辯，名家之鉅子，一再予以非難者也。」〔註300〕《呂氏春秋》認爲空言虛辭、淫學流說顛倒黑白、混淆是非必定使百姓變得奸詐、使社會變得混亂，爲了統一思想、鞏固統治，《呂氏春秋》堅決反對名家的詭辯論，提倡名實相符。

綜上，我們可以對本節做一小結。《呂氏春秋》的「正名審分」與「批判詭辯」爲的是一個目的，即使名實相符。正名需要批判詭辯，批判詭辯是爲了正名。「名正則治，名喪則亂」，詭辯則名實不符，名實不符則是非混淆。是非混淆，即使「臣」以是爲非、以非爲是，「君」也不能辨別眞假。「君」要循名責實，來辨別「臣」的忠奸善惡以及爲政的好壞。

出版社，2002 年，第 1198 頁。

〔註299〕 《呂氏春秋‧淫辭》注⑩，張雙棣、張萬彬、殷國光、陳濤《呂氏春秋譯注》，長春：吉林文史出版社，1993 年，第 624 頁。

〔註300〕 田鳳臺：《呂氏春秋探微》，臺北：學生書局，1986 年，第 146 頁。

第五章 《呂氏春秋》構建體系所需「舊」與「新」

前面四章，我們遵循「探源尋流」並加以「比較」的研究思路和方法，按照儒家、道家、陰陽家、法家、墨家、兵家、農家、名家的順序對《呂氏春秋》進行了分析梳理。《呂氏春秋》對上述八家的學術思想有接受、有拋棄、有改造，與八家相比，《呂氏春秋》有「同」有「異」，有「舊」有「新」。「舊」是八家原先的內容，可以說是八家之長，因為它們對《呂氏春秋》構建自己的學術思想體系有用，所以，《呂氏春秋》直接運用，給人以「舊」的感覺。「新」則是《呂氏春秋》的創造（也包括對「舊」的改造），它們更是《呂氏春秋》構建自己的學術思想體系所需要的。《呂氏春秋》所保留的「舊」和所創造的「新」都是為構建《呂氏春秋》自己的學術思想體系服務的。

《呂氏春秋》需要的「舊」與「新」大致有哪些？是什麼樣的？這些「舊」與「新」是《呂氏春秋》構建自己的學術思想體系所需要的，具體地講，單個的「舊」與「新」分別針對著怎樣的需要？在前四章仔細分析、梳理的基礎上，本章對這些問題作出回答，也對前面四章做一個系統總結。

第一節 儒家的「舊」與「新」

一、以民為本

以民為本是儒家的光輝思想，《孟子·盡心下》孟子曰：「民為貴，社稷次

之，君爲輕。」〔註1〕《荀子・王制》荀子曰：「君者，舟也；庶人者，水也。水則載舟，水則覆舟。」〔註2〕孟子、荀子的響亮口號都在強調以民爲本。

《呂氏春秋》的民本思想有一些新變。「大同」社會是儒家設計的理想社會模式，「天下爲公」是「大同」社會最大的特點。「天下爲公」的實質內容和現實表現就是儒家的以民爲本，因爲在「天下爲公」的「公」裏面分量占的最大的是「民」，「天下爲公」就是「天下爲民」，就是以民爲本。「天下爲公」的「大同」社會可以說連孔子都不敢肯定能實現，而呂不韋爲秦王政所設計的統一後的社會藍圖就是「天下爲公」的「大同」社會。呂不韋高喊「天下非一人之天下也，天下之天下也」、「廢其非君，而立其行君道者」的響亮口號，主張建立「天下爲公」的「大同」社會。我們應該承認呂不韋能有這樣的追求是崇高的，是難能可貴的。至於這樣的設計是不是現實，那是另一個問題。從當時的政治現實來看，我們認爲即使呂不韋設計的方案再現實，恐怕秦王政也不會按照呂不韋的方案去實施。

與「天下爲公」相隨的是「選賢與能」的「賢人政治」，即要求「君」爲賢君、「臣」爲賢臣。要保證「君」爲賢君，《呂氏春秋》提倡實行禪讓制。從夏啓奪取王位開始，中國王朝內部實行的就是君位世襲制，即一個王朝的王位只傳給自己的子孫直至這個王朝滅亡。舊的王朝被推翻，新建立的王朝繼續實行君位世襲制。從西周的宗法制以來，君位的世襲被限制於嫡長子一人又成了一種傳統，也就是《春秋公羊傳》隱公元年（前722）所說的「立適（嫡）以長不以賢」〔註3〕。世襲制的弊端是顯而易見的，要避免庸人爲君、保證世世代代的君王皆是賢君，呂不韋的方案就是廢除世襲制，實行禪讓制，君位傳「賢」不傳「子」，也就是「廢其非君，而立其行君道者」。要保證「臣」爲賢臣，《呂氏春秋》也提出了選任賢人的途徑和方法，首先，把「士」、尤其是「有道之士」作爲選任賢人的一個標準；其次，通過「八觀六驗」、「六戚四隱」來識別賢與不肖。

孟子將民本思想發展到了一個很高的層次，提出「民貴君輕」的觀點。孟子的民本思想是先秦最徹底的以民爲本，主張在物質上爲民制恆產使民富

〔註1〕 舊題孫奭：《孟子注疏》，《十三經注疏》，北京：中華書局，1980年，第2774頁。

〔註2〕 王先謙：《荀子集解》，北京：中華書局，1988年，第152～153頁。

〔註3〕 徐彥：《春秋公羊傳注疏》，《十三經注疏》，北京：中華書局，1980年，第2197頁。

裕，在精神上施教育民、行仁樂民，從物質、精神兩方面爲民謀福利。《呂氏春秋》的民本思想則有不同，首先，《呂氏春秋》用一種比較隱蔽的方式對孟子「民貴君輕」的思想做了修改，《呂氏春秋・務本》曰：「安危榮辱之本在於主，主之本在於宗廟，宗廟之本在於民，民之治亂在於有司。」〔註4〕《呂氏春秋》一方面主張以民爲本，一方面主張「民」接受「有司」的管治，可以說《呂氏春秋》確立了兩個根本，一是以民爲本，一是以君爲本。《呂氏春秋》在承認以民爲本的同時又增加了以君爲本，這樣的做法有《呂氏春秋》自己的考慮。《呂氏春秋》是在探討「治道」，即治理國家之道，「治國主體」是「君」和「臣」，沒有「民」的位置，「民」只是被治理的對象。就「治國主體」而言，君、臣之中，「君」又是治理國家的根本，《呂氏春秋》正是從這個意義上來強調以君爲本的。從被治理的對象來說，《呂氏春秋》強調以民爲本；從治理國家的主體來說，《呂氏春秋》又強調以君爲本，二者並不矛盾。

　　如何來「治民」？怎樣來駕馭民眾？這一直是古代君王治理國家的關鍵性問題。儒家提供的方案是以德治國，仁政愛民，使「民」樂而爲用；法家提供的方案是以法治國，嚴刑峻法，使「民」怕而爲用。呂不韋選擇的是德治爲主、法治爲輔，即「德治輔以法治」。「德治」是呂不韋首選的治國、治民思想。秦國治國的傳統是商鞅以來的嚴刑峻法，嚴刑峻法雖然能使百姓畏懼而服從，但不是長久之計，秦朝二世而亡就是明證。呂不韋看到了嚴刑峻法治理國家的弊端，並希望能改變它。以德治國就是呂不韋嘗試改變秦國以法治國傳統的努力，呂不韋希望秦王政能以「德」來治理統一後的天下，而把「法」作爲輔助性的手段。秦王政「少恩而虎狼心」，是一個兇殘之人，呂不韋希望他能以德治國，以民爲本。

　　同時，《呂氏春秋》的以民爲本又具有「用民」的功利目的。「君」需要利用「民」來建立功名，所以，《呂氏春秋》很重視對「用民」方略的探討，提出了「用民之欲」等「用民」措施。其實，無論是以君爲本還是以民爲本，都離不開用民，因爲以君爲本的治國理想和政策最終需要「民」來落實、來實現，以民爲本的利民、養民最終也需要「民」自己來完成。可以說，在中國古代，無論明君還是昏君都在「用民」，只是「用民」的手段有差別。

　　《呂氏春秋》的民本思想之所以被加工成這個樣子，是因爲只有這樣的

〔註4〕 陳奇猷：《呂氏春秋新校釋》，上海：上海古籍出版社，2002年，第719頁。

民本思想才符合「王治」的需要。可以說，孟子式的民本思想不能滿足《呂氏春秋》這樣的需要。

二、以樂治國

以樂治國是《呂氏春秋》以德治國的內容之一。《呂氏春秋》主張以樂治國，順時施政，用音樂指引君主每月的施政命令。《呂氏春秋》對「以樂治國」理論這樣的闡發又吸收了陰陽家的思想在裏面。

《呂氏春秋》樂治思想來源於儒家，又有其「新」。儒家主張以德治國，強調禮、樂的教化作用。儒家認爲禮、樂相輔相成，不可分割，《論語・泰伯》孔子曰：「興於《詩》，立於禮，成於樂。」〔註 5〕《荀子・樂論》曰：「樂合同，禮別異。禮樂之統，管乎人心矣。」〔註6〕與講究禮、樂合璧的儒家不同的是《呂氏春秋》只重視「樂治」而輕視「禮教」。其中的原因，我們可以根據秦國獨特的歷史文化傳統來找尋。首先，秦國重「法」，從秦孝公支持商鞅變法以來，秦國一直使用商鞅之法來治國，用嚴刑峻法來治理國家成了秦國的傳統。商鞅之法認爲「禮樂」無益於治國，《商君書・說民》曰：「禮樂，淫佚之徵也。」〔註7〕其次，秦國用「墨」，戰國後期，墨家在秦國很有勢力，具有重大影響，眾所周知，墨家「非禮」。最後，秦國無「儒」，秦國缺少推行「禮治」的儒者。秦昭王認爲「儒無益於人之國」，儒學大師荀子因見秦昭王受挫而感歎秦國無儒。秦國這樣的歷史文化傳統導致秦國不具備「禮」存在的土壤。

其實，呂不韋在努力改變秦國的某些傳統，最明顯的就是呂不韋想改變秦國以法治國的傳統。呂不韋主張以德治國，就應該重視「禮」、「樂」的教化功能，但是，《呂氏春秋》卻輕視「禮」。我們從《呂氏春秋》本文找到的原因是，《呂氏春秋》主要指責「禮」爲「煩禮」，如《音初》曰「世濁則禮煩而樂淫」〔註8〕，《義賞》曰「繁禮之君，不足於文」〔註9〕，《適威》曰「禮煩則不莊」〔註10〕。「禮」太煩瑣、太繁縟當是《呂氏春秋》重視「樂治」而

〔註 5〕 邢昺：《論語注疏》，《十三經注疏》，北京：中華書局，1980 年，第 2487 頁。
〔註 6〕 王先謙：《荀子集解》，北京：中華書局，1988 年，第 382 頁。
〔註 7〕 蔣禮鴻：《商君書錐指》，北京：中華書局，1986 年，第 35 頁。
〔註 8〕 陳奇猷：《呂氏春秋新校釋》，上海：上海古籍出版社，2002 年，第 339 頁。
〔註 9〕 陳奇猷：《呂氏春秋新校釋》，上海：上海古籍出版社，2002 年，第 786 頁。
〔註10〕 陳奇猷：《呂氏春秋新校釋》，上海：上海古籍出版社，2002 年，第 1291 頁。

輕視「禮教」的一個重要原因。

　　這是《呂氏春秋》改造後的以樂治國。

三、以孝治國

　　「孝」是儒家對中國思想文化的突出貢獻之一。儒家祖師爺孔子已經開始提倡「孝」，《論語・爲政》載孟懿子問孝，孔子曰：「無違。」何謂「無違」？孔子曰：「生，事之以禮。死，葬之以禮，祭之以禮。」〔註11〕孔子注重從實踐的層面來論述「孝」，旨在指導人們在實踐之中怎樣來行孝。孔子論述的「孝」主要在「家」的範圍內，是一種家庭倫理。孔子之後，有若發展了孝思想，《論語・學而》載有若曰：「其爲人也孝悌，而好犯上者，鮮矣。不好犯上，而好作亂者，未之有也。君子務本，本立而道生。孝悌也者，其爲仁之本與！」〔註12〕有若的孝思想有突破「家」範圍的努力，認爲爲人孝就不會犯上作亂，是一種將「孝」與「國」相聯繫的嘗試。曾參的「孝」思想對後世影響最大，曾參主張「全肢體以盡孝」，《孝經・開宗明義章》曰：「身體髮膚，受之父母，不敢毀傷，孝之始也。」〔註13〕「以孝事君」是曾參「孝」思想的最大特點，《孝經・廣揚名章》曰：「君子之事親孝，故忠可移於君；事兄悌，故順可移於長；居家理，故治可移於官。是以行成於內，而名立於後世矣。」〔註14〕「以孝事君」聯繫了「家」和「國」，在「家」之「孝」可以「移」爲在「國」之「忠」，孝子就是忠臣。曾參的「以孝事君」聯繫了古代中國社會最基本的兩個單位，即「家」與「國」；「孝」規範著這兩個基本單位中的所有人。這樣的思想正是統治者所需要的，所以，在中國二千年的封建王朝中很多君王都重視儒家之「孝」。

　　呂不韋主張以德治國，呂不韋需要儒家的孝治思想，所以《呂氏春秋》幾乎是不加修改就將儒家的「孝」思想吸收了進來。《呂氏春秋》的「孝」思想可以說是繼承，是「舊」，絕少自己的創新。《呂氏春秋》需要這個「舊」，將「孝」作爲治國之「術」。無論是戰爭時期還是和平時期，一個國家都需要肢體健全的士兵和肢體健全的農民，擁有優秀的人力資源儲備對於一個國家來講無疑是至關重要的。儒家「全肢體以盡孝」的思想強調不能隨意地損傷

〔註11〕　邢昺：《論語注疏》，《十三經注疏》，北京：中華書局，1980年，第2462頁。
〔註12〕　邢昺：《論語注疏》，《十三經注疏》，北京：中華書局，1980年，第2457頁。
〔註13〕　邢昺：《孝經注疏》，《十三經注疏》，北京：中華書局，1980年，第2545頁。
〔註14〕　邢昺：《孝經注疏》，《十三經注疏》，北京：中華書局，1980年，第2558頁。

自己的身體，這對於個人來說可以盡孝，對於國家來說可以保存肢體健全的士兵和肢體健全的農民。

《呂氏春秋》探討「治道」，治理國家需要「忠臣」，「忠臣」從何而來？儒家「以孝事君」的思想認為事親孝則事君忠，孝子可以很自然地「移為」忠臣。「君」需要這樣的孝子、忠臣，探討「治道」的《呂氏春秋》正需要儒家這樣的思想。可以說，「孝治」有利於「德治」的推行，是《呂氏春秋》「德治」的一個重要方面。

四、為學達賢

賢人政治，需要賢人，「為學」就是達賢之徑。毫無疑問，學問、修養對於任何人都很重要。學習可以改變命運，惡人通過學習可以成為賢人，比如顏涿聚、段干木、高何、縣子石、索盧參；鄙人通過學習可以成為聖人，比如孔子。《呂氏春秋·勸學》曰：「聖人生於疾學。不疾學而能為魁士名人者，未之嘗有也。」〔註15〕「疾學」對於何種身份的人都是需要的，君王、大臣、平民無一例外。「疾學」對於治理國家的主體「君」、「臣」而言尤為重要，君、臣的學問、素質決定著一個國家的興衰成敗，高素質的君、臣會領導民眾創造一個繁榮富強的盛世，而沒有素質的君、臣最終必定避免不了國破家亡的結局。《呂氏春秋》在探討治理國家之道，無疑作為「治國主體」的君臣素質的高低是《呂氏春秋》必須加以認真研究的至關重要的問題。如何保證「治國主體」的高水平？如何保證治理國家的隊伍的高素質？即如何保證高素質的君、臣？是《呂氏春秋》必須解決的問題。《呂氏春秋》認為「學」、「疾學」是保證高素質的君、臣的重要方法之一。

統一後的天下的最高統治者秦王政的素質一直是呂不韋最關心的問題之一。《呂氏春秋》之所以把「為學」思想的理論基石建立在人本身的性情慾望之上，也是因為呂不韋對秦王政的殷切期望和擔憂。秦王政是什麼樣性情的人？《史記·秦始皇本紀》載尉繚曰：「秦王為人，蜂準，長目，摯鳥膺，豺聲，少恩而虎狼心，居約易出人下，得志亦輕食人。」〔註16〕依據尉繚的描述，秦王政的性格、心理當不健全。關於這一點，郭沫若先生的看法很有見地，郭沫若在《呂不韋與秦王政的批判》一文中說：「因為有這生理上的缺陷，

〔註15〕陳奇猷：《呂氏春秋新校釋》，上海：上海古籍出版社，2002年，第198頁。
〔註16〕司馬遷：《史記》，北京：中華書局，1959年，第230頁。

秦始皇在幼時一定是一位可憐的孩子，相當受了人的輕視。看他母親的肆無忌憚，又看嫪毐與太后謀，『王即薨，以子爲後』(《呂不韋傳》)，可見他還那麼年輕的時候便早有人說他快死，在企圖篡他的王位了。這樣身體既不健康，又受人輕視，精神發育自難正常。爲了圖謀報復，要建立自己的威嚴，很容易地發展向殘忍的一路。」〔註 17〕像秦王政這樣心理扭曲的人來治理天下應當不易成爲聖王明君，呂不韋希望秦王政能全生全性，不要扭曲自己的情性，從而通過學習來成爲知識合理、心理健康、道德高尚的賢明君王。

五、擇選賢士

　　賢人政治，需要賢人，「有道之士」就是擇賢的標準。《呂氏春秋》的「賢士」思想從儒家發展而來，但又有著自身的「新」特色。《呂氏春秋》對「賢士」的思索吸收了不少道家的思想，理想的賢士形象表現出儒道結合的特點。《呂氏春秋》面對士階層分化的局面，重新對「士」進行了深入的思考，結果是，「士志於道」的傳統不能變。由於社會的變化，伴隨著卿相養士成風的時代潮流，《呂氏春秋》表現出對「士爲知己者死」的提倡，但就其實質而言，這種思想並不比「士志於道」的思想進步。

　　其實，「士爲知己者死」的提倡還寄託著呂不韋對秦王政的一種期待。高喊「士爲知己者死」響亮口號的豫讓以「國士」來「事」智伯，《不侵》篇豫讓曰：「國士畜我者，我亦國士事之。」〔註 18〕「國士畜我者，我亦國士事之」，這句話概括了一種君、臣關係，是一種融洽的君、臣關係。「士爲知己者死」表面看是只強調了「士」，其實說的是「士」與「知士者」之間的一種和諧關係，即和諧的君、臣關係。

　　「士」與「君」、「臣」是什麼樣的關係？「士」可以作「臣」，但「士」不一定都樂意作「臣」。作「臣」的不一定都是「士」。「君」希望「有道之士」來作自己的「臣」，「君」往往會把「有道之士」作爲求「賢」的標準，因爲「有道之士」作「臣」必爲「賢臣」。「有道之士」如果要出來作「臣」，也會選擇「賢君」來「事之」。《呂氏春秋・本味》曰：「賢主之求有道之士，無不以也；有道之士求賢主，無不行也；相得然後樂。不謀而親，不約而信，相爲彌智竭力，犯危行苦，志歡樂之，此功名所以大成也。固不獨。士

〔註 17〕郭沫若：《十批判書》，北京：東方出版社，1996 年，第 449～450 頁。
〔註 18〕陳奇猷：《呂氏春秋新校釋》，上海：上海古籍出版社，2002 年，第 647 頁。

有孤而自恃，人主有奮而好獨者，則名號必廢熄，社稷必危殆。」〔註 19〕
「不謀而親，不約而信，相爲彈智竭力，犯危行苦，志歡樂之」這是「有道
之士」給「賢君」作「臣」而達到的一種理想境界。這種境界的實現對君、
臣都有要求而且是很高的要求，即君爲「賢君」，臣爲「賢臣」。君能真正地
禮「賢」下「士」，才有可能求得真正的「有道之士」，才可能求得真正的
「賢臣」。

秦國從商鞅變法以來就具有以「法」治國的傳統。法家治國不尚賢，《韓
非子‧有度》曰：「無私賢哲之臣，無私事能之士。故民不越鄉而交，無百
里之戚。貴賤不相踰，愚智提衡而立，治之至也。」〔註 20〕又《韓非子‧
二柄》曰：「人主有二患：任賢，則臣將乘於賢以劫其君；妄舉，則事沮不
勝。故人主好賢，則群臣飾行以要君欲，則是群臣之情不效；群臣之情不
效，則人主無以異其臣矣。」〔註 21〕秦先王不重視以「賢」治國，不重視
「士」，所以《呂氏春秋‧不侵》載公孫弘批評秦昭王「不好士」〔註 22〕是有
現實根據的，不是無稽之談。秦王政依然保持了這一傳統，《史記‧秦始皇本
紀》所載秦王政十年（前 237）大肆「逐客」之舉〔註 23〕，是其「不好士」的
表現。秦王政的「不好士」最終導致了秦王政三十五年（前 212）「坑儒」的
慘劇〔註 24〕。

秦王政「不好士」，呂不韋試圖通過對「士爲知己者死」的提倡來在「君」
與「士」之間建立一種和諧融洽的關係。呂不韋希望秦王政能夠「好士」，所
以，《呂氏春秋》一再地讚揚魏文侯、齊桓公的禮賢下士之舉。《不侵》所謂
「賢主必自知士，故士盡力竭智，直言交爭，而不辭其患」〔註 25〕、《期賢》
所謂「當今之時世暗甚矣，人主有能明其德者，天下之士，其歸之也，若蟬
之走明火也」〔註 26〕，都是勸諫秦王政「好士」之言。

〔註 19〕 陳奇猷：《呂氏春秋新校釋》，上海：上海古籍出版社，2002 年，第 744 頁。
〔註 20〕 王先慎：《韓非子集解》，北京：中華書局，1998 年，第 35 頁。
〔註 21〕 王先慎：《韓非子集解》，北京：中華書局，1998 年，第 41 頁。
〔註 22〕 陳奇猷：《呂氏春秋新校釋》，上海：上海古籍出版社，2002 年，第 647 頁。
〔註 23〕 司馬遷：《史記》，北京：中華書局，1959 年，第 230 頁。
〔註 24〕 司馬遷：《史記》，北京：中華書局，1959 年，第 258 頁。
〔註 25〕 陳奇猷：《呂氏春秋新校釋》，上海：上海古籍出版社，2002 年，第 646 頁。
〔註 26〕 陳奇猷：《呂氏春秋新校釋》，上海：上海古籍出版社，2002 年，第 1457 頁。

第二節　道家的「舊」與「新」

一、圓道必依

「道」是中國哲學的最高範疇，由於最高，故不可觸摸，難以把握，不易利用。《呂氏春秋》最講究實用，如何將最高哲學範疇「道」運用於現實之中，這是呂不韋及其團隊最關心的。「道」既然最高，現實制度規矩的創立必須以「道」為根本；以「道」為依據，放眼宇宙，視力所及，「天」、「地」最大而具體可感，故具體而言「天道」、「地道」；「天道」、「地道」具體可言，聖王法之，依據天道而立上，依據地道而立下。

在我們的祖先認識世界的過程中，天圓地方是最早得出的重要結論之一。天人感應則是我們祖先認識世界的重要方法之一，人事要學天、學地，天圓地方，「圓」和「方」自然就成為我們祖先最早掌握的規律之一。

《呂氏春秋·圓道》曰：「天道圓，地道方，聖王法之，所以立上下。何以說天道之圓也？精氣一上一下，圓周複雜，無所稽留，故曰天道圓。何以說地道之方也？萬物殊類殊形，皆有分職，不能相為，故曰地道方。主執圓，臣處方，方圓不易，其國乃昌。」〔註27〕

「一也齊至貴」，「一」即「道」，聖王法之，以出號令，職官行之，洽於民心，達於四方，還周復歸，至於主所，圓道也。號令的運行遵循圓道，主君、職官、民眾，上下之道，暢通無礙，可不可、善不善無所壅塞，賢不肖安危之所可定。

天人之間是圓道，君臣之間是圓道，臣民之間是圓道，天人、君臣、臣民之間之所以能相通成圓道，是因為它們之間有精氣相通，可以精通誠感。

天道圓，自然有規律；地道方，君臣有分職。

二、因循可據

「因循」思想是道家的重要哲學思想，「因」是道家重要的哲學概念。《呂氏春秋》則將道家抽象的哲學概念運用於政治之中。《呂氏春秋》因循思想的最「新」之處是《呂氏春秋》提出了「因者，君術也；為者，臣道也」的治國思想，即「君無為而臣有為」的治國思想。

〔註27〕陳奇猷：《呂氏春秋新校釋》，上海：上海古籍出版社，2002 年，第 174 頁。

　　哲學上的「道」、「因」與「君無爲」、「君無爲而臣有爲」的政治思想有緊密的聯繫。「道」是萬物本原、普遍規律，「道法自然」，「因」也講究因循自然，「道」是「因」的依據，同時，「道」又「貴因」。「君無爲」與「因」在思想上是相通的，都主張因循無爲，可以說「因」是「君無爲」的哲學依據。「君無爲而臣有爲」這一政治思想的哲學表達就是「因者，君術也；爲者，臣道也」。而「君無爲而臣有爲」這一政治思想的最終依據是「道」，王弼本《老子》第三十七章曰：「道常無爲而無不爲，侯王若能守之，萬物將自化。」〔註 28〕「君無爲而臣有爲」的結果是「君無爲而無不爲」。「道無爲而無不爲」，「君無爲而無不爲」，即「君」治國要效法「道」。

　　「道無爲而無不爲」，「王治」法「道」，則「君」治理天下貴在「無爲」，而令「臣有爲」。《呂氏春秋・圜道》曰：「一也齊至貴，莫知其原，莫知其端，莫知其始，莫知其終，而萬物以爲宗。聖王法之，以令其性，以定其正，以出號令。令出於主口，官職受而行之，日夜不休，宣通下究，瀸於民心，遂於四方，還周復歸，至於主所，圜道也。」〔註 29〕聖王取法「道」，來保全天性、安定生命、發號施令。因爲聖王取法「道」來發號施令，所以，百官樂於接受而積極施行、盡職盡責，能合於民心而通達四方。

三、重生無爲

　　道家楊朱重生輕物，主張「全性保眞，不以物累形」，《呂氏春秋》的重生思想受到了楊朱等人的影響，同時，又有自己的「新」特色，最「新」之處是將「重生」與「治國」聯繫在一起。《呂氏春秋・貴生》曰「惟不以天下害其生者也，可以託天下」〔註 30〕，《呂氏春秋・本生》曰「天子之動也，以全天爲故者也，此官之所自立也」〔註 31〕，即只有不讓天下「害其生」的人才可以作天子，天子要做的事就是保全自己的天性、修身養性而「不以物累形」，這也是設立官職的原因。天子「不累形」，「累形」的事情都交給臣下去做，這是《呂氏春秋》「君無爲而臣有爲」治國思想的體現。

　　《呂氏春秋》的「重生」是針對「君」來說的。劉元彥先生指出：「《呂

〔註 28〕　高明：《帛書老子校注》，北京：中華書局，1996 年，第 421 頁。
〔註 29〕　陳奇猷：《呂氏春秋新校釋》，上海：上海古籍出版社，2002 年，第 174～175 頁。
〔註 30〕　陳奇猷：《呂氏春秋新校釋》，上海：上海古籍出版社，2002 年，第 75 頁。
〔註 31〕　陳奇猷：《呂氏春秋新校釋》，上海：上海古籍出版社，2002 年，第 21 頁。

氏春秋》雖然也主張貴生、重己，但這一要求不是對大家說的，而是只對天子提出的，只適用於天子而不適用於其他人。」〔註32〕劉說很有道理。在《呂氏春秋》看來，「臣」承擔治理國家的具體事務，而這些事務是「累形」的，是不「便生」的，《呂氏春秋・情慾》曰：「世人之事君者，皆以孫叔敖之遇荊莊王爲幸，自有道者論之則不然，此荊國之幸。荊莊王好周遊田獵，馳騁弋射，歡樂無遺，盡傳其境內之勞與諸侯之優於孫叔敖，孫叔敖日夜不息，不得以便生爲故，故使莊王功跡著乎竹帛，傳乎後世。」〔註33〕從「便生」來說，《呂氏春秋》認爲孫叔敖遇到楚莊王是楚國之幸、莊王之幸而不是孫叔敖之幸，因爲孫叔敖承擔著管理楚國具體事務的重擔，日夜憂勞，不得休息，大不「便生」。可以說，孫叔敖想要不「累形」是不可能的，想要修身養性也是不可能的。又《呂氏春秋・任數》曰：「有司請事於齊桓公。桓公曰：『以告仲父。』有司又請。公曰『告仲父』，若是三。習者曰：『一則仲父，二則仲父，易哉爲君！』桓公曰：『吾未得仲父則難，已得仲父之後，曷爲其不易也？』」〔註34〕同樣的，從「便生」來說，管仲遇到齊桓公是齊國之幸、桓公之幸而不是管仲之幸。齊桓公讓有司皆請事於管仲，自己樂得清閒，可以修身養性。然而，不容置疑的是《呂氏春秋》對楚莊王與孫叔敖、齊桓公與管仲這樣的君、臣組合是讚賞的。《呂氏春秋》主張「君無爲而臣有爲」，清靜無爲的是「君」，「臣」是不可以清靜無爲的。可以說，《呂氏春秋》的重生、貴己不適合於「臣」，只是針對於「君」而提出來的。

四、去宥達賢

「宥」，指認識上的局限性，「去宥」與「別宥」、「解蔽」同意，就是消除認識上的局限性。《老子》、帛書《黃帝四經》、「《管子》四篇」、《莊子》都有去宥思想，去宥思想一般被認爲是道家的思想。「去宥」，即消除認識上的局限性，具有普遍的方法論意義。「去宥」的方法大致相同，無外乎排除心中雜念、保持內心安靜，在這一點上，《呂氏春秋》沒什麼「新」意。與道家探討一般方法論意義上的「去宥」不同，《呂氏春秋》探討的「去宥」主要針對「王治」，偏重「君」之「去宥」，這是《呂氏春秋》之「新」。《呂氏春秋》

〔註32〕 劉元彥：《〈呂氏春秋〉：兼容並蓄的雜家》，北京：生活・讀書・新知三聯書店，2008 年，第 53 頁。

〔註33〕 陳奇猷：《呂氏春秋新校釋》，上海：上海古籍出版社，2002 年，第 87 頁。

〔註34〕 陳奇猷：《呂氏春秋新校釋》，上海：上海古籍出版社，2002 年，第 1076 頁。

重點探討了秦先王之「宥」，如秦繆公蔽於「自智」而不聽蹇叔勸諫導致秦師大敗，秦惠王蔽於「偏聽」而不能聽東方之墨者謝子之言。

秦繆王、秦惠王皆因為有所「宥」而不能正確地對待別人的意見，因而不能正確地辨別是非善惡、認識事物。《呂氏春秋》批評秦先王是為了提醒秦後王。《呂氏春秋》主張「君無為而臣有為」，「君」需要做的事情不多，其中之一是挑選「賢臣」，讓「賢臣」來幫助自己治理國家。「君」如果認識上有「宥」則必定不能辨別「賢臣」、「佞臣」，必定影響對「賢臣」的選擇。秦王政是一個目空一切、驕傲自大之人，《史記·秦始皇本紀》載侯生、盧生曰：「始皇為人，天性剛戾自用，起諸侯，併天下，意得欲從，以為自古莫及己。」〔註35〕秦王政蔽於「自大」、「自智」、「自用」必不能準確地辨別好壞，必定影響對「賢臣」的選擇。「君」要準確地選擇「賢臣」必須「去宥」。同時，「君」要成為賢君、「臣」要成為賢臣也都必須「去宥」，因為任何人帶著偏見都不能全面、準確、正確地認識事物。

去宥，是達賢之徑。

第三節　陰陽家的「舊」與「新」

一、四時教令

陰陽家就是陰陽五行家，陰陽理論、五行理論是陰陽五行家思想的核心理論。以「務時寄政」為精神指導的四時教令思想是陰陽五行學說的主要內容之一。在四時教令思想發展完善的過程中，陰陽與五行的合流是一個極其重要的環節，所以，我們著重探討了陰陽與五行合流的模式和過程。《呂氏春秋》的四時教令思想是陰陽與五行合流成功的典範之一，具有基於陰陽變化理論的內容和基於五行相生理論的形式，是先秦四時教令思想的集大成。鄒衍是陰陽五行家的代表，鄒衍有很成熟的四時教令思想，但是，在陰陽與五行的合流、四時與五行的配對這一關鍵性的問題上，我們發現《呂氏春秋》的四時教令思想所選擇的模式不是來自於鄒衍而是來自於《管子·四時》。

《呂氏春秋》的「四時教令」集中保留於十二紀紀首。《呂氏春秋》十二

〔註35〕司馬遷：《史記》，北京：中華書局，1959年，第258頁。

紀紀首一般被認爲是「月令」。「月令」就是依據四季十二個月的天時變化來制定政令。「四時教令」，就是教會天子順應四時的變化來發號施令和做事，就是運用木、火、土、金、水五行相生的框架形式來表現天子順應四季陰陽變化來做事的內容。可以說，「四時教令」（十二紀紀首）就是呂不韋集中爲秦王政所制定的行爲準則，它規定了天子一年十二個月每個月應該做什麼、不能做什麼。「君」要順應春生、夏長、秋收、冬藏的節氣時令來發號施令，如果違時施令就會招來相應的禍災。

二、五德終始

鄒衍創造的五德終始思想，研究以朝代更替爲內容的五德轉移。春秋時期主要用於占卜的五行相勝理論被鄒衍引入歷史學領域發展成了五德轉移的歷史觀，這樣的歷史觀解釋了一個朝代被另一個朝代代替的「必然性」和「規律性」。這一理論對於初建的王朝鞏固政權具有重要意義，但是，這一理論對於國家的治理而言卻沒有多大用處，因爲這一理論屬於歷史學而不屬於政治學。可以說，鄒衍的五德終始思想對於旨在探討「治道」的《呂氏春秋》來說作用不大，其功用遠不如教導天子順應四時來施政的四時教令思想。

三、禨祥符應

禨祥符應思想的核心內容是天人感應，「同類相召」，即善從善、惡從惡。「君」爲善就會出現吉祥的「符應」，「君」爲惡就會出現兇惡的「符應」。「臣」可以通過現實中出現的「符應」的善、惡來判斷「君」執政的好、壞，從而進行相應的勸諫。如果「君」治國做得不好，那麼「臣」就可以借助兇惡的「符應」來勸說「君」改變執政方略。

《呂氏春秋》發展了禨祥符應思想，提出了「類固相召，氣同則合，聲比則應」的觀點。《呂氏春秋》把側重表現人與物關係的禨祥符應思想發展成了包括人與物、人與人、物與物的同類相召思想。三者之中，《呂氏春秋》最重視的還是表現人與物關係的禨祥符應思想，因爲它與「君」聯繫最密切。

《呂氏春秋》認爲通過人爲努力可以改變禨祥符應，可以將「禍」轉化爲「福」。「君」只要廣施善政、行善愛民，就能避免災禍，將「禍」轉化爲「福」。秦王政「少恩而虎狼心」，兇狠殘暴，呂不韋希望秦王政統一天下之後能施行仁政、仁愛百姓，因爲只有這樣才能免除災禍，永保秦國的江山。

四、九州胸懷

中國古人的疆域地理思想最早與大禹治水緊密聯繫著，大禹治水第一次系統調查了中國的山川河流、瞭解了中國的疆域地理形勢，並進而把中國的版圖劃分爲「九州」。「九州」的名稱和範圍不是一成不變的，從《尚書·禹貢》到《周禮·職方氏》再到《呂氏春秋》，「九州」的名稱和範圍是不斷變化的，因爲不同時期各國形勢的發展是不同的。《呂氏春秋》根據戰國末期各國形勢發展的實際情況確定了自己的「新九州」：豫州、冀州、兗州、青州、徐州、揚州、荊州、雍州、幽州。這是「小九州」。

陰陽家的代表鄒衍創立了「大九州」說，認爲人們通常所說的「九州」是「小九州」，「小九州」的外面有「大九州」。「小九州」，即中國，只占天下的八十一分之一。「大九州」說在當時的思想界有很大的影響，給人帶來很大的衝擊。「大九州」說打破了傳統的「中國即天下」的觀念，創立了全新的疆域地理思想。《呂氏春秋》把傳統上天下地域的極限「東西二萬八千里，南北二萬六千里」看作「小九州」，認爲「大九州」的極限是「東西五億有九萬七千里，南北亦五億有九萬七千里」，這才是眞正的天下的地域範圍。

「大九州」說打破了中國就是天下的觀念，體現了一種寬廣的胸懷。統一後的天下無所不包，各種新鮮的事物、各種不同的思想都會迎面而來，這要求秦王政以開闊的胸懷、包容的心態來認識它們、管理它們。然而，秦王政卻是心胸狹窄、睚皆必報之人，《史記·秦始皇本紀》十九年載秦滅趙之後，秦王政還要把二十幾年前少年時代邯鄲的仇家找出來活埋〔註 36〕。足見秦王政心胸狹窄之一斑。呂不韋出於這方面的擔憂和考慮，利用「大九州」說來教導秦王政治理天下要有一種寬廣的心胸。我們認爲這是《呂氏春秋》吸收陰陽家「大九州」說的用意所在。

第四節　其他家的「舊」與「新」

一、法家的「舊」與「新」

《呂氏春秋》的法家思想可以分爲「法治」、「愼勢」、「審分」三個方面。

齊法家、晉法家都強調以法治國，雖然齊法家也不放棄禮教，但是禮教

〔註36〕 司馬遷：《史記》，北京：中華書局，1959 年，第 233 頁。

畢竟是第二位的。《呂氏春秋》主張以德治國，同時不放棄「法治」，「法治」
是第二位的。「德治輔以法治」，「法治」爲輔，是《呂氏春秋》對法家以及「法
治」思想所採取的基本態度。可以說，《呂氏春秋》的主導思想不是法家思想。
齊法家、晉法家都認爲「君」要擁有絕對的「勢」，晉法家甚至將「勢」的功
能絕對化，認爲「君」只要擁有「尊勢」其他的問題都可以迎刃而解。《呂氏
春秋》雖然也主張「君」要擁有「尊勢」，但是，並不認爲「君」只要擁有「尊
勢」就可以把國家治理好，認爲要「愼勢」、「因勢」。

「因者，君術也；爲者，臣道也」其實說的就是一種「分職」，《呂氏春
秋》的君臣「分職」思想有法家思想在裏面，但是其指導思想是道家「君無
爲而臣有爲」思想。法家爲了防止「臣」專權和「臣」弒「君」，較多地強調
「臣」守其本分不能越權行事，法家強調「分職」是爲了鞏固君主的專制地
位。《呂氏春秋》主張「君無爲而臣有爲」，「君」、「臣」有明確的分職。《呂
氏春秋》爲了防止「君」因強智、強能、強爲而使身心處於衰、暗、倦的狀
態，較多地強調「君」守其本分不能越權行事，《呂氏春秋》強調「分職」是
爲了探尋正確的爲「君」之道。這是《呂氏春秋》探討君臣分職的「新」之
所在。

二、墨家的「舊」與「新」

《呂氏春秋》的墨家思想可以分爲「愛治」、「節用」、「尙賢」三個方面。

《呂氏春秋》對墨家思想有接受有拋棄。接收方面，《呂氏春秋》取墨家
之「兼愛」來提倡「愛治」仁政愛民、取墨家之「節葬節喪」來提倡節用、
取墨家之「尙賢」來提倡舉用賢臣；拋棄方面，《呂氏春秋》批判墨家「兼愛」
思想之「非攻」、「節用」思想之「非樂」。「兼愛」、「節用」、「尙賢」是墨家
平民政治思想體系的三個支撐點，《呂氏春秋》批判「兼愛」思想之「非攻」、
「節用」思想之「非樂」，即《呂氏春秋》對墨家政治思想體系三個支撐點之
中的二個皆有所批判。在這樣的情況下，可以說，盧文弨以《呂氏春秋》的
主導思想爲墨家思想的說法不準確。

以愛治國方面，《呂氏春秋》將「兼愛」與儒家思想相結合，《適威》曰：
「古之君民者，仁義以治之，愛利以安之，忠信以導之。」〔註 37〕《呂氏春
秋》又將「兼愛」與法家思想相結合，法家治國強調「威」（刑罰），《用民》

〔註37〕 陳奇猷：《呂氏春秋新校釋》，上海：上海古籍出版社，2002 年，第 1290 頁。

曰：「威亦然，必有所託，然後可行。惡乎託？託於愛利。愛利之心諭，威乃可行。」〔註 38〕《呂氏春秋》將「兼愛」與儒家、法家思想的相結合都是出於「仁政愛民」之心。秦王政兇狠殘暴，「少恩而虎狼心」，呂不韋希望秦王政統一天下之後能夠以德治國，仁愛百姓，一改治國的兇殘手段。墨家的兼愛思想可以作爲以德治國思想的一個重要補充來教導秦王政仁愛百姓。從這個意義上來說，《呂氏春秋》吸收墨家的兼愛思想是呂不韋倡導「以德治國」的需要。

秦王政是一個主張厚葬者，在即位之初就開始建造自己的陵墓，《史記·秦始皇本紀》載：「始皇初即位，穿治酈山，及併天下，天下徒送詣七十餘萬人，穿三泉，下銅而致槨，宮觀百官奇器珍怪徙臧滿之。」〔註 39〕秦王政大肆建造陵墓必然需要大量的人力、物力、財力。呂不韋面對秦王政如此浪費社會財富不得不進行勸阻，《呂氏春秋》之中《節喪》、《安死》二篇就是呂不韋對秦王政的勸說。因爲墨家直接從「節用」角度勸諫節葬的效果不明顯，所以呂不韋的勸說從「安死」的角度來進行，如許富宏先生所說：「呂不韋從秦王嬴政最關心的長生不老入手，活著的時候期盼長生不老，死了也希望長眠大地。怎樣才能在九泉之下安息呢？只有節葬。」〔註 40〕可惜，秦王政還是聽不進去。

《呂氏春秋》尚賢，推崇「賢人政治」，墨家尚賢，《呂氏春秋》需要這樣的思想。

三、兵家的「舊」與「新」

《呂氏春秋》的兵家思想可以分爲「先德後兵」、「義兵愛民」、「義兵之助」三個方面。

基於仁愛的「先德後兵」思想是中國兵家思想的精髓，《呂氏春秋》的兵家思想繼承了這一精髓。《呂氏春秋》也探討了具體的用兵策略，認爲是「義兵之助」。「先德後兵」、「義兵愛民」、「義兵之助」三者來說，「義兵愛民」說是《呂氏春秋》兵家思想的最爲獨特之處，也是「新」之所在。

〔註 38〕 陳奇猷：《呂氏春秋新校釋》，上海：上海古籍出版社，2002 年，第 1280 頁。
〔註 39〕 司馬遷：《史記》，北京：中華書局，1959 年，第 265 頁。
〔註 40〕 許富宏：《呂氏春秋：四季的演講》，上海：上海古籍出版社，2009 年，第 119頁。

　　戰國時期，諸侯混戰，生靈塗炭，天下統一是百姓的呼聲，統一天下必然要用兵、必然有攻伐。戰國末期，天下一統的趨勢十分明顯，實力最強大的秦國具有統一天下的絕對優勢。《呂氏春秋》編撰之時，秦國統一天下的步伐勢不可擋，天下統一在即。在天下即將統一的大形勢下，思想界仍然有「偃兵」說、「非攻」說在活躍。顯然，「偃兵」、「非攻」二說不利於秦國用武力統一天下。《呂氏春秋》批判「偃兵」、「非攻」，提倡「義兵」說，指出用「義兵」來誅伐「不義」，拯救苦難的百姓脫離苦海，義兵是一種愛民。呂不韋提倡「義兵」爲了從思想上給秦國統一天下掃除障礙。從當時的實際來說，「義兵」說順應了社會發展的潮流，是進步的思想。

四、農家的「舊」與「新」

　　《呂氏春秋》的農家思想可以分爲「重農養民」、「農業知識」二個方面。

　　《呂氏春秋》之前的農家著作至今皆已亡佚，《呂氏春秋》的《上農》《任地》《辯土》《審時》四篇保存了極其珍貴的先秦農業思想和農業知識，具有極高的史料價值。農業知識方面，《呂氏春秋》從耕耘之法、種植之術、應令之時三個方面講了很多重要的農業技術。

　　農業思想方面，《呂氏春秋》主張重視農業，因爲第一，重視農業、使民務農有利於鞏固統治、穩定社會；第二，重視農業、以農爲本有利於社會教化。在具體的重農措施上，《呂氏春秋》提出兩點：第一，不害農時，以保證充足的勞動時間；第二，不荒勞力，以保證足夠的勞動者。

　　中國古代的統治者幾乎都重視農業，因爲只有天下人都有飯吃才能保證天下的穩定、才能保證天子位置的安穩。秦王政統一天下之後也面臨著天下人的吃飯問題，呂不韋不能不考慮農業問題，不能不重視農業，不能不重視占全國人口最大比例的農民。重農才能養民。

五、名家的「舊」與「新」

　　《呂氏春秋》的名家思想可以分爲「正名審分」、「批判詭辯」二個方面。

　　「正名審分」、「批判詭辯」二個方面表達的其實是一個意思，即保證名實一致、名實相符。現實之中多存在名實不符的情況，而這正是造成混亂的原因。《呂氏春秋·正名》曰：「凡亂者，刑名不當也。人主雖不肖，猶若用賢，猶若聽善，猶若爲可者。其患在乎所謂賢、從不肖也，所爲善、而從邪

辟，所謂可、從悖逆也，是刑名異充而**聲實異謂**也。」〔註41〕「刑名異充」、
「**聲實異謂**」，則「君」不能辨別「臣」之是非、善惡，更不能通過審察「臣」
之政績來辨別「賢臣」、「庸臣」。所以，正名至關重要。《呂氏春秋·審應》
曰：「人主出聲應容，不可不審。凡主有識，言不欲先。人唱我和，人先我隨。
以其出爲之入，以其言爲之名，取其實以責其名，則說者不敢妄言，而人主
之所執其要矣。」〔註42〕「君」一定要「取其實以責其名」，從而準確地對「臣」
做出客觀的評判，以看「臣」是不是眞的「有爲」。

〔註41〕 陳奇猷：《呂氏春秋新校釋》，上海：上海古籍出版社，2002 年，第 1029 頁。
〔註42〕 陳奇猷：《呂氏春秋新校釋》，上海：上海古籍出版社，2002 年，第 1151 頁。

第六章　《呂氏春秋》的學術思想體系

在系統總結《呂氏春秋》構建學術思想體系所需要的「舊」與「新」的基礎上，本章探討《呂氏春秋》的學術思想體系。我們認爲《呂氏春秋》的學術思想形成了自己的體系，首先用圖形展示這一體系，然後再展開論述。

《呂氏春秋》學術思想體系示意圖

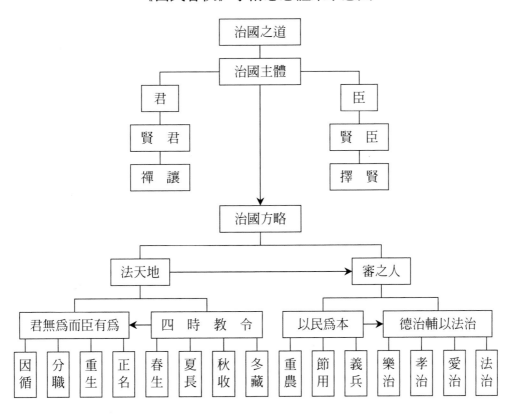

第一節　體系綱領

　　《呂氏春秋》是呂不韋爲秦王政編撰的治國寶典，研究的是「治國之道」，即探討天下統一之後的治理問題。《呂氏春秋》經過繼承「舊」、創造「新」終於形成了自己的學術思想體系，這個學術思想體系的構建是爲了探尋「治國之道」，《呂氏春秋》構建學術思想體系的過程就是構建治國理論體系的過程。

　　「治國」無非就是人治理國家，其中的關鍵問題有兩個：一，什麼人來治理國家？二，這些人怎樣來治理國家？第一個問題說的是「治國主體」，第二個問題說的是「治國方略」。「治國主體」、「治國方略」緊密聯繫、息息相關，「治國主體」制定、執行「治國方略」，「治國方略」則從制度上限制、監督「治國主體」。「治國之道」就是「治國主體」執行「治國方略」治理國家的理論。

　　《呂氏春秋》探討的就是讓什麼樣的「治國主體」執行什麼樣的「治國方略」來治理國家的問題。「治國主體」、「治國方略」是《呂氏春秋》建立學術思想體系（也就是治國理論體系）必須抓住的綱領。《呂氏春秋》抓住了這個綱領，《呂氏春秋》就是圍繞「治國主體」、「治國方略」來建構學術思想體系的。簡略地講，讓優秀的「治國主體」執行優秀的「治國方略」來治理國家，這就是《呂氏春秋》學術思想體系的綱領。

第二節　治國主體

　　在古代中國，誰來治國？「君」、「臣」治國，這是婦孺皆知的事情。在古代中國，「治國主體」指的是「君」、「臣」。「民」是被統治階級，不參與治理國家，「治國主體」裏面沒有「民」的位置。

　　物以類聚，人以群分，有什麼樣的「君」就會有什麼樣的「臣」。賢君得賢臣，賢臣幫助賢君治理國家，國家就繁榮昌盛；昏君得庸臣，庸臣幫助昏君治理國家，國家就衰敗滅亡。這是堯、舜、禹三帝和夏、商、周三代告訴呂不韋的歷史經驗。我們這方面的歷史經驗更豐富，因爲我們還瞭解呂不韋之後二千多年的封建帝王治國史。

　　賢君加賢臣無疑是最佳的「治國主體」，然而這樣的「治國主體」在中國的歷史上應該說幾乎沒有存在過，因爲首先，賢君可遇不可求、少得可憐；

其次，一個「君」擁有很多「臣」，很難保證每個「臣」都是賢臣。賢君外加每個「臣」都是賢臣的幾率非常少，賢君能在一個或者幾個關鍵性的位置上擁有賢臣就已經很難得了，這是中國歷史「治世」少「亂世」多的原因。我們通常所說的賢君加賢臣的模式其實就是指賢君能在一個或者幾個關鍵性的位置上擁有賢臣，諸如《呂氏春秋·當染》所列舉的：舜之於許由、伯陽，禹之於皋陶、伯益，湯之於伊尹、仲虺，武王之於太公望、周公旦，齊桓公之於管仲、鮑叔，晉文公之於咎犯、郤偃，荊莊王之於孫叔敖、沈尹蒸，吳王闔廬之於伍員、文之儀，越王句踐之於范蠡、大夫種〔註1〕。

「治國主體」之中，「君」又是根本，因為「臣」需要「君」來挑選，因為只有賢君能選得賢臣、用得賢臣、容得賢臣。

一、君——賢君——禪讓制度

呂不韋推崇「賢人政治」，在《呂氏春秋》的治國理論體系中「治國主體」就是賢君和賢臣。因為中國歷史上的「賢人政治」非常少，所以堯、舜、禹時代的賢人治國模式是很多人憧憬和追求的目標，呂不韋就是其中之一。堯、舜、禹的君位傳「賢」不傳「子」，保證了「君」代代皆為賢君，這是堯、舜、禹時代成為「治世」極其重要的原因。

但是，自從夏啟奪取君位以來，每個朝代內部實行的都是世襲制，從西周開始，「立嫡以長不以賢」又成了君位世襲的傳統。這樣的世襲制度存在很大的弊端，如胡家聰先生所分析的：「封建君主專制政體存在不可克服的內在矛盾。國君大權獨掌，主持政治決策、行使人事大權等在前朝，職責繁重，客觀上要求君主具有高素質、高水平，才能夠擔此重任。這是從君權方面來說的。但是在君位方面，卻按宗法制實行嫡長子世襲。太子生長於後宮，養尊處優，少見世面，即所謂『生於深宮之中，養於婦人之手。』這種王位的嫡長子世襲，『立嫡以長不以賢』，只此一人，無選擇餘地，因而很難提供出高素質、高水平的君主人才。更何況，專制君主『宮人不官，事人不事，獨立而無稽』，並無考核君主的制度。正因如此，封建君主的才幹，一般說總是好的少，差的多。（歷代開國君主艱難創業，多實踐經驗，常是好的多。）這種矛盾出於制度的本身，無法克服。」〔註2〕「立嫡以長不以賢」的世襲制的

〔註1〕　陳奇猷：《呂氏春秋新校釋》，上海：上海古籍出版社，2002年，第97頁。
〔註2〕　胡家聰：《管子新探》，北京：中國社會科學出版社，1995年，第132頁。

弊端在於不能保證繼位之「君」代代皆爲賢君，即使建國之初的是賢君，最終必定傳給昏君。

要保證「君」代代皆爲賢君，傳「賢」不傳「子」的禪讓制無疑是最行之有效的方法。《呂氏春秋》就是通過實行禪讓制來保證「君」代代皆爲賢君。《呂氏春秋・貴公》指出「天下非一人之天下也，天下之天下也」〔註3〕，天下是天下人的天下，君位不能一家世襲，要由天下的「賢人」來傳承。《呂氏春秋・去私》曰：「堯有子十人，不與其子而授舜；舜有子九人，不與其子而授禹；至公也。」〔註4〕《呂氏春秋・圜道》曰：「堯、舜，賢主也，皆以賢者爲後，不肯與其子孫，猶若立官必使之方。」〔註5〕《呂氏春秋》在此主張實行堯、舜、禹傳「賢」不傳「子」的禪讓制，也就是《呂氏春秋・恃君》所說的：「廢其非君，而立其行君道者。」〔註6〕

「治國主體」之「君」要爲賢君，禪讓制度是呂不韋提供的「君」必爲賢君的制度保障。

二、臣──賢臣──擇賢方法

在保證「治國主體」的「君」爲賢君之後，還要保證「治國主體」的「臣」爲賢臣。「君」只有一個，大量的治國事務都需要「臣」來承擔。《呂氏春秋》主張「君無爲而臣有爲」，在這樣的情況下，「臣」爲賢臣就變得尤爲重要。

「臣」由「君」來挑選，「君」如何「擇賢」從而來保證「臣」爲賢臣？

「士」是一個有思想、有知識、有文化的群體，無疑可以作爲「賢臣」的後備力量。賢君往往把「有道之士」作爲「擇賢」的標準，希望能得「有道之士」以爲「臣」。《呂氏春秋・下賢》曰：「齊桓公見小臣稷，一日三至弗得見。從者曰：『萬乘之主，見布衣之士，一日三至而弗得見，亦可以止矣。』桓公曰：『不然。士驚祿爵者，固輕其主；其主驚霸王者，亦輕其士。縱夫子驚祿爵，吾庸敢驚霸王乎？』遂見之，不可止。」〔註7〕小臣稷是「有道之士」，齊桓公欲得之以爲「臣」，故一日三至求見而不止。又《呂氏春

〔註3〕 陳奇猷：《呂氏春秋新校釋》，上海：上海古籍出版社，2002年，第45頁。
〔註4〕 陳奇猷：《呂氏春秋新校釋》，上海：上海古籍出版社，2002年，第56頁。
〔註5〕 陳奇猷：《呂氏春秋新校釋》，上海：上海古籍出版社，2002年，第175頁。
〔註6〕 陳奇猷：《呂氏春秋新校釋》，上海：上海古籍出版社，2002年，第1330頁。
〔註7〕 陳奇猷：《呂氏春秋新校釋》，上海：上海古籍出版社，2002年，第887頁。

秋‧期賢》曰:「魏文侯過段干木之閭而軾之,其僕曰:『君胡爲軾?』曰:『此非段干木之閭歟?段干木蓋賢者也,吾安敢不軾?且吾聞段干木未嘗肯以己易寡人也,吾安敢驕之?段干木光乎德,寡人光乎地;段干木富乎義,寡人富乎財。』其僕曰:『然則君何不相之?』於是君請相之,段干木不肯受。」〔註8〕段干木是「有道之士」,魏文侯以段干木爲「賢者」而禮之,欲得之以爲「臣」而不能得。

因爲並非所有的「有道之士」都願作「臣」,所以,魏文侯不能得段干木以爲「臣」。「有道之士」如要作「臣」,也必選擇「賢君」。《呂氏春秋‧本味》曰:「賢主之求有道之士,無不以也;有道之士求賢主,無不行也;相得然後樂。不謀而親,不約而信,相爲彈智竭力,犯危行苦,志歡樂之,此功名所以大成也。」〔註9〕因爲「有道之士」作「臣」必爲「賢臣」,所以,賢君求「有道之士」以爲「臣」。賢君得「有道之士」以爲「臣」,就等於是賢君加賢臣的組合,必成大功名。所以,「有道之士」是「君」「擇賢」的一個重要標準。

「有道之士」極其難得,在沒有「有道之士」的情況下,「君」使用什麼方法來「擇賢」?在沒有「有道之士」的情況下,「君」還有另一套「擇賢」方法。《呂氏春秋‧論人》曰:「凡論人,通則觀其所禮,貴則觀其所進,富則觀其所養,聽則觀其所行,止則觀其所好,習則觀其所言,窮則觀其所不受,賤則觀其所不爲,喜之以驗其守,樂之以驗其僻,怒之以驗其節,懼之以驗其特,哀之以驗其人,苦之以驗其志,八觀六驗,此賢主之所以論人也。論人者,又必以六戚四隱。何謂六戚?父母兄弟妻子。何爲四隱?交友故舊邑里門郭。內則用六戚四隱,外則用八觀六驗,人之情僞貪鄙美惡無所失矣,譬之若逃雨,污無之而非是。此聖王之所以知人也。」〔註10〕「內則用六戚四隱,外則用八觀六驗」,是賢君「論人」、「知人」的方法,也就是賢君「擇賢」的方法。通過「六戚四隱」、「八觀六驗」,人之「情僞貪鄙美惡」就可以一覽無餘,「賢臣」也就自然地凸現出來,「君」就可以十分容易地「擇賢」了。

「治國主體」之「臣」要爲賢臣,「有道之士」是「擇賢」的標準,「八

〔註8〕 陳奇猷:《呂氏春秋新校釋》,上海:上海古籍出版社,2002年,第1457頁。

〔註9〕 陳奇猷:《呂氏春秋新校釋》,上海:上海古籍出版社,2002年,第744頁。

〔註10〕 陳奇猷:《呂氏春秋新校釋》,上海:上海古籍出版社,2002年,第162~163頁。

觀六驗」、「六戚四隱」則是「擇賢」的方法，這是呂不韋提供的保證「臣」
必爲賢臣的方法措施。

三、達賢之徑

（一）為學

「治國主體」賢君、賢臣之「賢」都不是天生的，無不源於「學」，《呂
氏春秋・勸學》曰：「聖人生於疾學。不疾學而能爲魁士名人者，未之嘗有也。
疾學在於尊師，師尊則言信矣，道論矣。」〔註 11〕《呂氏春秋》的人才觀是
科學的，認爲優秀的人才源自於後天的學習，並不是唯心主義的先天的命定
論。《呂氏春秋》指出「聖人生於疾學，不疾學而能爲魁士名人者，未之嘗有
也」，賢君、賢臣作爲「魁士名人」自然是生於「疾學」。

《呂氏春秋》認爲古代的賢君無不「尊師」「疾學」，《呂氏春秋・尊師》
曰：「神農師悉諸，黃帝師大撓，帝顓頊師伯夷父，帝嚳師伯招，帝堯師子州
支父，帝舜師許由，禹師大成贄，湯師小臣，文王、武王師呂望、周公旦，
齊桓公師管夷吾，晉文公師咎犯、隨會，秦穆公師百里奚、公孫枝，楚莊王
師孫叔敖、沈尹巫，吳王闔閭師伍子胥、文之儀，越王句踐師范蠡、大夫
種。此十聖人六賢者，未有不尊師者也。」〔註 12〕我們會發現「賢君」學習
的對象幾乎都是其「賢臣」，這並不奇怪，儒家理想的「君」「臣」關係就是
「弟」與「師」的關係。《孟子・萬章下》載魯繆公欲「友」子思，「子思不
悅，曰：『古之人有言曰事之云乎，豈曰友之云乎？』子思之不悅也，豈不
曰：『以位，則子，君也，我，臣也，何敢與君友也？以德，則子事我者也，
奚可以與我友？』」〔註13〕這裡涉及「政統」與「道統」的關係問題，也是
「勢」與「道」孰尊孰卑的問題。「有道之士」不願意給「君」作「臣」而願
意給「君」作「師」，「君」大多希望「有道之士」來給自己作「臣」，二者的
矛盾並不是不可解決，賢君則既以「有道之士」爲「師」，又以「有道之士」
爲「臣」。在中國歷史上，「仲父」是一個很特別的稱呼，齊桓公以管仲爲「仲
父」，秦始皇以呂不韋爲「仲父」，這裡的「仲父」說的是一種什麼關係？我

〔註11〕 陳奇猷：《呂氏春秋新校釋》，上海：上海古籍出版社，2002 年，第 198 頁。
〔註12〕 陳奇猷：《呂氏春秋新校釋》，上海：上海古籍出版社，2002 年，第 207 頁。
〔註13〕 舊題孫奭：《孟子注疏》，《十三經注疏》，北京：中華書局，1980 年，第 2745
頁。

們贊同郭沫若先生的看法，郭沫若說：「始皇曾尊呂氏爲『仲父』，當然是以師禮事之，拿呂氏的著書來說，他並不『阿而諂之』，可以說是夠了師格的。」〔註14〕「仲父」之稱就包括「師」與「臣」兩種關係在裏面。這樣說，「賢君」向「賢臣」學習是合理的。

（二）去宥

「去宥」，消除認識上的局限性，對於「君」、「臣」都是很重要的。首先，「君」、「臣」不去宥就不能客觀公正地認識自己，就不能很好地聽取正確的意見；其次，「君」、「臣」不去宥就不能客觀公正地認識別人、評價別人，「君」就不能準確地「擇賢」，「臣」就不能準確地「治民」。最後，「君」、「臣」不去宥就不能虛心地去「學」，就不能成爲賢者。

可以說，「爲學」、「去宥」都有利於「治國主體」之「君」、「臣」成爲賢君、賢臣。「爲學」、「去宥」是達賢之徑。

總之，呂不韋崇尚賢人政治，即賢君、賢臣來治理國家，探討「治國主體」最重要的就是「尚賢」。

第三節　治國方略

《呂氏春秋》的「治國方略」「法天地」「審之人」。《呂氏春秋・序意》載呂不韋曰：「嘗得學黃帝之所以誨顓頊矣，爰有大圜在上，大矩在下，汝能法之，爲民父母。蓋聞古之清世，是法天地。凡《十二紀》者，所以紀治亂存亡也，所以知壽夭吉凶也。上揆之天，下驗之地，中審之人，若此則是非可不可無所遁矣。」〔註15〕「治國」歸根結底就是「治人」，「治國方略」就是「治人方略」。《呂氏春秋》的「治國方略」效法天地，意思就是《呂氏春秋》的「治國方略」主張效法天地來治人，也就是「上揆之天，下驗之地，中審之人」。

在《呂氏春秋》的「治國方略」系統裏，「法天地」、「審之人」二者是一體的。「法天地」的「治國方略」最終是爲了「治人」，必須「審之人」，可以說不以「人」爲中心、脫離「人」的實際情況的「治國方略」肯定是無

〔註14〕 郭沫若：《呂不韋與秦王政的批判》，郭沫若《十批判書》，北京：東方出版社，1996 年，第 486 頁。
〔註15〕 陳奇猷：《呂氏春秋新校釋》，上海：上海古籍出版社，2002 年，第 654 頁。

用的「治國方略」。「審之人」又必須「法天地」,「古之清世,是法天地」,「法天地」的「治國方略」才是好的「治國方略」,才能很好地「治人」。所以說,在《呂氏春秋》的「治國方略」系統裏,「法天地」、「審之人」是一個整體。

《老子》認爲「道」生天地,「道」生萬物。《呂氏春秋‧大樂》曰:「太一出兩儀,兩儀出陰陽。陰陽變化,一上一下,合而成章。」〔註16〕「太一」指「道」,「兩儀」指「天地」,《呂氏春秋》也認爲「道」生天地。《呂氏春秋》的「治國方略」「法天地」「審之人」,而「道」生天地,也就是說,「道」是《呂氏春秋》「治國方略」的終極依據。呂不韋這樣做的意思是說他所制定的「治國方略」是以萬物的本原——「道」爲最終依據的,即他所制定的「治國方略」就是最合理、最正確的「治國方略」。

一、法天地

《呂氏春秋》的「治國方略」「法天地」的一個重要方面是「四時教令」,即按照一年四季的陰陽變化來執行相應的政令。「四時教令」背後的根本思想是陰陽變化理論,而天、地是最根本的陰陽,所以說「四時教令」效法天地而生。《史記‧太史公自序》概括陰陽家曰:「夫陰陽四時、八位、十二度、二十四節各有教令,順之者昌,逆之者不死則亡……夫春生夏長,秋收冬藏,此天道之大經也,弗順則無以爲天下綱紀,故曰『四時之大順,不可失也』。」〔註17〕春生、夏長、秋收、冬藏是「天道」之大經,也是「四時教令」的依據和內容。

《呂氏春秋》「治國方略」的終極依據——「道」有一個重要的特點,王弼本《老子》第三十七章曰:「道常無爲而無不爲,侯王若能守之,萬物將自化。」〔註18〕「道」無爲而無不爲。《呂氏春秋‧君守》曰:「天無形,而萬物以成;至精無象,而萬物以化;大聖無事,而千官盡能。此乃謂不教之教,無言之詔。故有以知君之狂也,以其言之當也;有以知君之惑也,以其言之得也。君也者,以無當爲當,以無得爲得者也。當與得不在於君,而在於臣。故善爲君者無識,其次無事。」〔註19〕「天無形,而萬物以成」,「天」

〔註16〕 陳奇猷:《呂氏春秋新校釋》,上海:上海古籍出版社,2002 年,第 258 頁。
〔註17〕 司馬遷:《史記》,北京:中華書局,1959 年,第 3290 頁。
〔註18〕 高明:《帛書老子校注》,北京:中華書局,1996 年,第 421 頁。
〔註19〕 陳奇猷:《呂氏春秋新校釋》,上海:上海古籍出版社,2002 年,第 1060 頁。

無爲而萬物以成，即「天」具有「道」無爲而無不爲的特點。《呂氏春秋》的「治國方略」法「道」、法「天地」，主張「君無爲而臣有爲」，即所謂「君也者，以無當爲當，以無得爲得者也。當與得不在於君，而在於臣」。《呂氏春秋》的「治國方略」「法天地」的另一個重要方面就是主張「君無爲而臣有爲」。

「四時教令」、「君無爲而臣有爲」二者不是孤立的而是緊密相連的。「四時教令」集中於《呂氏春秋》「十二紀紀首」，即「十二月月令」，它是呂不韋爲執政的「君」、「臣」制定的行爲規範，它指導「君」、「臣」在某個月裏可以做什麼、不可以做什麼。可以說，「四時教令」是「君無爲而臣有爲」的一個指導思想，「君」、「臣」的作爲要遵循「四時教令」春生、夏長、秋收、冬藏的規律。

（一）四時教令

「四時教令」集中於《呂氏春秋》「十二紀紀首」，即「十二月月令」。「四時教令」大致春令言生，夏令言長，秋令言收，冬令言藏，如余嘉錫先生所說：「十二月紀言某時行某令則某事應之，正言天人相感之理，故其《序意篇》曰：『文信侯曰，嘗得學黃帝之誨顓頊矣，爰有大圜在上，大矩在下，汝能法之，爲民父母。凡十二紀者，所以紀治亂存亡也，所以知壽夭吉凶也，上揆之天，下驗之地，中審之人，若此，則是非可不可無所遁矣。』夫維上法大圜，下法大矩，上揆之天，下驗之地，中審之人，故十二月紀以第一篇言天地之道，而以四篇言人事，（原注：其實皆言天人相應。）以春爲喜氣而言生，夏爲樂氣而言養，秋爲怒氣而言殺，冬爲哀氣而言死，所謂春生夏長秋收冬藏也。」〔註20〕「四時教令」的執行有一個原則，即《呂氏春秋‧孟春》所說的：「無變天之道，無絕地之理，無亂人之紀。」〔註21〕

1. 春生

春季是一個「生」的季節，萬物復蘇，開始萌生，在「生」的季節裏，教令都必須「便生」、不得「害生」。《孟春》曰：「是月也，天氣下降，地氣上騰，天地和同，草木繁動。王布農事：命田舍東郊，皆修封疆，審端徑術，善相丘陵阪險原隰，土地所宜，五穀所殖，以教道民，以躬親之。田事既飭，先定準直，農乃不惑。是月也，命樂正入學習舞。乃修祭典，命祀山

〔註20〕余嘉錫：《四庫提要辯證》，北京：中華書局，1980年，第822頁。
〔註21〕陳奇猷：《呂氏春秋新校釋》，上海：上海古籍出版社，2002年，第2頁。

林川澤，犧牲無用牝。禁止伐木，無覆巢，無殺孩蟲胎夭飛鳥，無麛無卵，無聚大眾，無置城郭，揜骼霾髊。是月也，不可以稱兵，稱兵必有天殃。兵戎不起，不可以從我始。」〔註22〕孟春，草木萌動，是種植莊稼的時節，所以「王布農事」，修整土地，種植五穀，令五穀「生」。孟春，「害生」的事不能做，「禁止伐木，無覆巢，無殺孩蟲胎夭飛鳥」，「不可以稱兵」。

《季春》曰：「是月也，生氣方盛，陽氣發洩，生者畢出，萌者盡達，不可以內。天子布德行惠，命有司，發倉窌，賜貧窮，振乏絕，開府庫，出幣帛，周天下，勉諸侯，聘名士，禮賢者。是月也，命司空曰：『時雨將降，下水上騰；循行國邑，周視原野；修利堤防，導達溝瀆，開通道路，無有障塞；田獵罝弋，罝罘羅網，餧獸之藥，無出九門。』」〔註23〕季春，生氣旺盛，陽氣發洩，不可以收納財物，所以，「君」命開倉廩幫助窮困、救濟貧乏，開府庫勉勵諸侯、禮待賢士，「君」這樣做都是為了「便生」。修堤防有利於莊稼生長，通道路有利於百姓生活，也都是為了「便生」。「田獵罝弋，罝罘羅網，餧獸之藥，無出九門」，就不能「害生」，也是為了「便生」。總之，春令「便生」，不「害生」。

2. 夏長

夏季是一個「長」的季節，陽光充足，雨水豐沛，很適合「長」，教令必須「便長」。《孟夏》曰：「是月也，繼長增高，無有壞墮。無起土功，無發大眾，無伐大樹。是月也，天子始絺。命野虞，出行田原，勞農勸民，無或失時。命司徒，循行縣鄙。命農勉作，無伏於都。是月也，驅獸無害五穀。無大田獵。」〔註24〕又《季夏》曰：「是月也，樹木方盛，乃命虞人入山行木，無或斬伐。不可以興土功，不可以合諸侯，不可以起兵動眾。無舉大事，以搖盪於氣。無發令而干時，以妨神農之事。水潦盛昌，命神農，將巡功。舉大事則有天殃。」〔註25〕夏季，「繼長增高」、「樹木方盛」，所行教令不能起破壞作用，「無起土功，無發大眾，無伐大樹」、「無大田獵」、「不可以興土功，不可以合諸侯，不可以起兵動眾」，皆屬此類。五穀正在生長，需要農民的管理，所以，命有司「勞農勸民，無或失時」，「命農勉作，無伏於都」，「無發

〔註22〕 陳奇猷：《呂氏春秋新校釋》，上海：上海古籍出版社，2002年，第2頁。
〔註23〕 陳奇猷：《呂氏春秋新校釋》，上海：上海古籍出版社，2002年，第123～124頁。
〔註24〕 陳奇猷：《呂氏春秋新校釋》，上海：上海古籍出版社，2002年，第189頁。
〔註25〕 陳奇猷：《呂氏春秋新校釋》，上海：上海古籍出版社，2002年，第315頁。

令而干時，以妨神農之事」。總之，夏令「便長」，不「害長」。

3. 秋收

「收」是何意？秋天是收穫的季節，「收」有收穫、收斂的意思；秋天給人蕭殺的感覺，「收」也有「殺」的意思在裏面。秋季，農作物成熟等待收穫，農民收割莊稼，政府收斂賦稅，所以，秋令多言收穫、收斂之事，《孟秋》曰「是月也，農乃升穀。天子嘗新，先薦寢廟。命百官，始收斂」〔註26〕，《仲秋》曰「是月也，可以築城郭，建都邑，穿竇窌，修囷倉。乃命有司，趣民收斂，務蓄菜，多積聚」〔註27〕，《季秋》曰「是月也，申嚴號令。命百官貴賤，無不務入，以會天地之藏，無有宣出。命冢宰，農事備收，舉五種之要，藏帝籍之收於神倉，祗敬必飭。是月也，霜始降，則百工休。乃命有司曰：『寒氣總至，民力不堪，其皆入室。』」〔註28〕

秋季蕭殺，可以用兵，外可以征不義、誅暴慢，內可以懲邪惡、除奸凶，所以，秋令又多言「殺」，《孟秋》曰：「立秋之日，天子親率三公九卿諸侯大夫以迎秋於西郊。還，乃賞軍率武人於朝。天子乃命將帥，選士厲兵，簡練桀儁；專任有功，以征不義；詰誅暴慢，以明好惡；巡彼遠方。是月也，命有司，修法制，繕囹圄，具桎梏，禁止奸，慎罪邪，務搏執。命理，瞻傷察創，神折審斷；決獄訟，必正平；戮有罪，嚴斷刑。天地始肅，不可以贏。」〔註29〕總之，秋令言「收斂」和「殺戮」。

4. 冬藏

冬季寒冷，萬物閉藏，所以，冬令多言「藏」，《孟冬》曰：「是月也，天子始裘。命有司曰：『天氣上騰，地氣下降，天地不通，閉而成冬。』令百官，謹蓋藏。命司徒，循行積聚，無有不斂；坿城郭，戒門閭，修楗閉，慎關籥，固封璽，備邊境，完要塞，謹關梁，塞蹊徑，飭喪紀，辨衣裳，審棺槨之厚薄，營丘壟之小大高卑薄厚之度，貴賤之等級。」〔註30〕又《仲冬》曰：「命有司曰：『土事無作，無發蓋藏，無起大眾，以固而閉。』發蓋藏，起大眾，地氣且泄，是謂發天地之房。諸蟄則死，民多疾疫，又隨以喪，命之曰暢月。

〔註26〕 陳奇猷：《呂氏春秋新校釋》，上海：上海古籍出版社，2002年，第381頁。
〔註27〕 陳奇猷：《呂氏春秋新校釋》，上海：上海古籍出版社，2002年，第427頁。
〔註28〕 陳奇猷：《呂氏春秋新校釋》，上海：上海古籍出版社，2002年，第473頁。
〔註29〕 陳奇猷：《呂氏春秋新校釋》，上海：上海古籍出版社，2002年，第380～381頁。
〔註30〕 陳奇猷：《呂氏春秋新校釋》，上海：上海古籍出版社，2002年，第523頁。

是月也，命閽尹、申宮令，審門閭，謹房室，必重閉。」又曰：「是月也，可以罷官之無事者，去器之無用者。塗闕庭門閭，築囷囷，此所以助天地之閉藏也。」〔註31〕

《季冬》曰：「令告民，出五種。命司農，計耦耕事，修耒耜，具田器。」〔註32〕季冬是一年之末，即將冬盡春來，所以，又令揀擇種子、修理農具，準備開始下一輪的春生、夏長、秋收、冬藏。

（二）君無為而臣有為

「君無爲而臣有爲」這一政治思想的哲學表達是《呂氏春秋・任數》所說的：「因者，君術也；爲者，臣道也。」〔註33〕「君」爲什麼要無爲？「道」無爲，「天」無爲，「君」法「道」、法「天」，所以，「君」無爲，這是其一。其二，治國的現實情況也逼迫「君無爲」，《呂氏春秋・知度》曰：「人主自智而愚人，自巧而拙人，若此則愚拙者請矣，巧智者詔矣。詔多則請者愈多矣，請者愈多，且無不請也。主雖巧智，未無不知也。以未無不知，應無不請，其道固窮。爲人主而數窮於其下，將何以君人乎？」〔註34〕如果「君」自智、自巧凡事皆親自裁決，那麼愚拙之「臣」就會事事都向「君」請示，「君」不能事事皆知，治術必將窮盡。治術窮盡，何以爲「君」？即使治術「不盡」，天下大小之事皆由「君」一人裁決，「君」也得累死。《呂氏春秋・勿躬》曰：「用則衰，動則暗，作則倦。衰、暗、倦三者非君道也。」〔註35〕「有爲」必定衰、暗、倦，衰、暗、倦不是君道，所以，「君無爲」。秦始皇大小事皆親自裁決，秦始皇的早死當與其過度勞累有相當關係。

1. 因循

《呂氏春秋》提出「因者，君術也；爲者，臣道也」的治國思想，即「君無爲而治」的治國思想。「因者，君術也」，即爲君之道在於貴「因」，因循自然、無爲而治；「爲者，臣道也」，即爲臣之道在于忠於職守、盡職盡責、勤政有爲。「君無爲而臣有爲」是《呂氏春秋》的治國思想，哲學上的「因」即講究因循自然、清靜無爲，「君無爲」和「因」在思想上是相通的，可以說「因」

〔註31〕 陳奇猷：《呂氏春秋新校釋》，上海：上海古籍出版社，2002 年，第 574、575 頁。

〔註32〕 陳奇猷：《呂氏春秋新校釋》，上海：上海古籍出版社，2002 年，第 622 頁。

〔註33〕 陳奇猷：《呂氏春秋新校釋》，上海：上海古籍出版社，2002 年，第 1076 頁。

〔註34〕 陳奇猷：《呂氏春秋新校釋》，上海：上海古籍出版社，2002 年，第 1103 頁。

〔註35〕 陳奇猷：《呂氏春秋新校釋》，上海：上海古籍出版社，2002 年，第 1088 頁。

是「君無爲」主張的哲學依據，而「因者，君術也；爲者，臣道也」則是「君無爲而臣有爲」這一政治思想的哲學表達形式，是哲學高度的理論依據。《呂氏春秋》提出了「因者，君術也；爲者，臣道也」的觀點，是對黃老學派的「貴因」思想與法家「審分」思想的糅合，是一種職業分工，是在強調「無爲而治」、「君無爲而臣有爲」。

2. 分職

法家強調分職，《商君書·君臣》曰：「地廣民眾萬物多，故分五官而守之。」〔註36〕對於一個國家來說，需要處理的大大小小的、各種各樣的事務非常多，所以，法家指出要通過分職來處理，即「分五官而守之」。無疑，分工勞作可以提高工作效率、可以提高勞動生產率。法家的「分職」強調「臣」不得越權從事，《呂氏春秋》的「分職」則多強調「君」不得越權做「臣」之事，「君」應該「無爲」。

「君無爲而臣有爲」其實就是一種「分職」。《呂氏春秋·審分》曰：「凡爲善難，任善易。奚以知之？人與驥俱走，則人不勝驥矣；居於車上而任驥，則驥不勝人矣。人主好治人官之事，則是與驥俱走也，必多所不及矣。」〔註37〕「君」、「臣」各有分職，「君」喜歡做「臣」之事就好比人與駿馬賽跑，是荒唐之事。《呂氏春秋·分職》曰：「人主之所惑者則不然，以其智強智，以其能強能，以其爲強爲，此處人臣之職也。處人臣之職而欲無壅塞，雖舜不能爲。」〔註38〕「君」強智、強能、強爲，是「君」在做「臣」之事，必定壅塞不通。「君」就應該清靜無爲，具體的事務讓「臣」去做，讓「臣」有爲，「臣」有爲也就是「君」有爲。「君」看似「無爲」，其實「有爲」，也就是「君無爲而無不爲」。

3. 重生

《呂氏春秋》所謂的「重生」指的是「君重生」，強調「君」不承擔具體的治國事務以防「累形」。按照《呂氏春秋》的理論，「臣」和「民」是不可能做到「重生」的。《呂氏春秋》主張「君無爲而臣有爲」，「臣」承擔所有具體的治國事務，如孫叔敖幫助楚莊王治理楚國、管仲幫助齊桓公治理齊國都是日夜憂勞，極不「便生」，所以，《呂氏春秋》所謂的「重生」不是對「臣」

〔註36〕蔣禮鴻：《商君書錐指》，北京：中華書局，1986年，第129頁。
〔註37〕陳奇猷：《呂氏春秋新校釋》，上海：上海古籍出版社，2002年，第1039頁。
〔註38〕陳奇猷：《呂氏春秋新校釋》，上海：上海古籍出版社，2002年，第1666頁。

而言的。「民」遭受壓迫和剝削，辛苦勞作，不可能不「累形」，所以，《呂氏春秋》所謂的「重生」也不是對「民」而言的。《呂氏春秋》的「重生」只是對「君」而言的，如劉元彥先生所說：「《呂氏春秋》雖然也主張貴生、重己，但這一要求不是對大家說的，而是只對天子提出的，只適用於天子而不適用於其他人。」〔註 39〕

「君重生」就是「君無爲」，按照《呂氏春秋》的理論，「重生」與「無爲」是一體的，要「重生」就必須清靜無爲，只有清靜無爲才能「重生」、才是「重生」。「重生」與「無爲」被《呂氏春秋》統一在「君」的身上。「君重生」，「君無爲」，但是，國家還得治理，那就只有依靠「臣」，要「臣有爲」。

「君重生」，「君無爲」，所以，《呂氏春秋》主張「君勿躬」，即凡具體的治國事務「君」都不可躬身爲之。《呂氏春秋·勿躬》曰：「聖王之所不能也、所以能之也，所不知也、所以知之也。養其神、修其德而化矣，豈必勞形愁弊耳目哉？是故聖王之德，融乎若月之始出，極燭六合而無所窮屈；昭乎若日之光，變化萬物而無所不行。神合乎太一，生無所屈，而意不可障；精通乎鬼神，深微玄妙，而莫見其形。今日南面，百邪自正，而天下皆反其情，黔首畢樂其志、安育其性、而莫爲不成。故善爲君者，矜服性命之情，而百官已治矣，黔首已親矣，名號已章矣。」〔註 40〕「君」不必什麼技能都自己會、不必什麼事情都自己做，「君」不能而用人之「能」、「君」無爲而用人之「爲」就可以成爲「賢君」。賢君「養其神、修其德而化矣，豈必勞形愁弊耳目哉」？賢君「神合乎太一」、「精通乎鬼神」，隨順「性命之情」則百官、黔首各盡其職，天下「治」，即所謂「善爲君者，矜服性命之情，而百官已治矣，黔首已親矣，名號已章矣」。

4. 正名

「君無爲而臣有爲」，「君」要審查「臣」是不是眞的「有爲」，即「君」要對「臣」的政績進行評價。但，名實不符必然混淆視聽，影響「君」對「臣」的判斷，《呂氏春秋·正名》曰：「凡亂者，刑名不當也。人主雖不肖，猶若

〔註39〕 劉元彥：《〈呂氏春秋〉：兼容並蓄的雜家》，北京：生活·讀書·新知三聯書店，2008 年，第 53 頁。
〔註40〕 陳奇猷：《呂氏春秋新校釋》，上海：上海古籍出版社，2002 年，第 1088～1089頁。

用賢，猶若聽善，猶若爲可者。其患在乎所謂賢、從不肖也，所爲善、而從邪辟，所謂可、從悖逆也，是刑名異充而聲實異謂也。」〔註41〕名實不符，則賢與不肖、善與邪辟、可與悖逆相似，則「君」不能辨別「臣」之是非、忠奸、善惡，所以，「君」用「臣」一定要「正名」。

　　「君」聽「臣」之言一定要循名責實，《呂氏春秋·審應》曰：「人主出聲應容，不可不審。凡主有識，言不欲先。人唱我和，人先我隨。以其出爲之入，以其言爲之名，取其實以責其名，則說者不敢妄言，而人主之所執其要矣。」〔註42〕「君」「以其言爲之名，取其實以責其名」，則「臣」不敢妄言，這是「君」聽言的要領。又《呂氏春秋·勿躬》曰：「凡君也者，處平靜、任德化以聽其要，若此則形性彌贏，而耳目愈精；百官慎職，而莫敢愉綎；人事其事，以充其名。名實相保，之謂知道。」〔註43〕「君」清靜無爲，「處平靜、任德化以聽其要」，則「耳目愈精」，自然能循名責實。「君」能循名責實，則「百官慎職」，「人事其事」，「名實相保」。即「正名」是「君無爲」就能用「臣」並使「臣有爲」的一個重要方法。

二、審之人

　　在古代中國，社會的「人」可以分爲「君」、「臣」、「民」。「君」、「臣」是統治階級，是「治國主體」；「民」則是被統治階級。《呂氏春秋》認爲在「治國主體」之中，「君」是根本，即「君」、「臣」之間以「君」爲本；在整個社會，「君」、「臣」、「民」之間以「民」爲本。「君」之理想、「臣」之規劃最終都需要「民」去完成，以「民」爲本，仁政愛民有利於發揮「民」的積極性，可以更好地「用民」來建功立業。「審之人情」，要「以民爲本」。

　　「君」是「治國主體」的根本，「臣」是具體處理國家事務的主體，「民」是創造社會財富的主體。「君」、「臣」是統治階級，「民」是被統治階級。統治階級以「法」治國，通過嚴刑峻罰來治「民」，「民」因爲害怕而不得不一時俯首帖耳，但是，單純地以「法」治國必不得長久，「民」總有一天會因不堪壓迫而起義。呂不韋「審之人情」一改秦國以法治國的傳統，提出治國以

〔註41〕陳奇猷：《呂氏春秋新校釋》，上海：上海古籍出版社，2002年，第1029頁。
〔註42〕陳奇猷：《呂氏春秋新校釋》，上海：上海古籍出版社，2002年，第1151頁。
〔註43〕陳奇猷：《呂氏春秋新校釋》，上海：上海古籍出版社，2002年，第1089～1090頁。

德治為主、法治為輔，通過「德治」來教化「民」，但，同時並不放棄「法治」，用「法治」來輔助「德治」。無疑，呂不韋提出的「德治輔以法治」的治國策略要比單純的實行法家的以「法」治國高明很多。

「以民為本」、「德治輔以法治」二者不是孤立的，有緊密的聯繫。「以民為本」要求「以德治國」對「民」實行仁政，但是，又有極個別的「民」（臣、民）會作奸犯科，這又要使用「法」來輔助治理。如果不把作奸犯科者繩之以法，那麼「以德治國」也得不到很好地執行，所以，「以民為本」要求德治為主、法治為輔。另一方面，只有執行「德治輔以法治」的治國政策才能做到真正的「以民為本」。

（一）以民為本

「以民為本」包括三方面的內容：「重農」、「節用」、「義兵」。「以民為本」首先得保證「民」有飯吃，要保證「民」有飯吃就得重視農業、重視農民，即「重農」。其次，「以民為本」就得減輕「民」之賦稅，統治者的鋪張浪費必然加重「民」之負擔，「節用」可以減輕「民」之負擔，所以，「以民為本」要求「節用」。最後，「以民為本」就不能隨便殺「民」，「義兵」懲惡揚善、征伐不義，不隨便殺「民」，所以，「以民為本」要求「義兵」。

1. 重農

統治階級的「重農」主觀上都是為了自己考慮，為了鞏固統治、為了開拓疆土、為了長治久安。《呂氏春秋》主觀上也是如此，《上農》曰：「古先聖王之所以導其民者，先務於農。民農非徒為地利也，貴其志也。民農則樸，樸則易用，易用則邊境安，主位尊。民農則重，重則少私義，少私義則公法立，力專一。民農則其產復，其產復則重徙，重徙則死處而無二慮。」〔註44〕

主觀上為「君」的「重農」，客觀上也能為「民」。《呂氏春秋》重視農業，有重農措施，不害農時，不荒勞力，這在上述「四時教令」的春、夏二季都是明文規定的「教令」。不害農時、不荒勞力必然有利於農業生產，必然有利於多生產糧食。糧食生產的足夠多，在滿足國家糧食需要的情況下，「民」還有剩餘的糧食來養活自己和家人，這就客觀上為「民」了。如果統治者不重視農業或者口頭上說重視農業但是沒有實際的重農措施，那麼糧食生產都不夠統治者的需求，就更別說「民」之自養、自保了。

〔註44〕陳奇猷：《呂氏春秋新校釋》，上海：上海古籍出版社，2002 年，第 1718 頁。

2. 節用

秦王政是鋪張浪費的人，其中突出的表現之一是他對自己陵墓的修建。秦王政剛一即位就開始著手建造自己的陵墓，陵墓依驪山而建，呂不韋可以想見其規模定不一般，而今天的考古發現證明秦始皇的陵墓規模確實龐大。建造這樣規模龐大的陵墓必定需要消耗龐大的人力、物力、財力。厚葬可以說有百害而無一利，大量的金銀珠寶被埋葬於地下對死者、生者都沒有好處而只有壞處。對死者來說，人死爲土，死人不能消費金銀珠寶，墳墓埋葬大量的金銀珠寶很容易被挖掘，死者很容易因此而被拋屍野外，所以，厚葬對死者沒有好處；對生者只有壞處，大量的金銀珠寶被埋葬於地下，國家的財富自然就會減少，統治者需要新的財富只能從「民」身上榨取，「民」的負擔自然就會加重。

呂不韋看到秦王政這樣大肆揮霍地建造陵墓絕不能無動於衷，所以，呂不韋通過「安死」來勸說秦王政節葬節喪，從而來實現「節用」。長生不死是秦王政生前最關心的問題之一，所以，死後的世界是秦王政十分關心的，秦王政重視陵墓的修建就是證據。呂不韋從避免拋屍野外、從「安死」的角度來勸說秦王政節葬節喪，理論上講，不失爲一條易被接受的途徑，事實上，秦王政卻走向了反面，爲了防止盜墓賊，他於陵墓之中廣設機關。呂不韋節葬節喪的勸說失敗了，但是，其爲「民」著想的「節用」思想是值得肯定的。

3. 義兵

至戰國末期，天下已經是混戰多年，天下之「民」疲憊不堪、惶惶不可終日，天下一統可以說是「民」心所向。「偃兵」、「非攻」之說，面對戰國末期天下趨於統一的大勢，可以說是違背社會潮流的，是不現實的。呂不韋批判「偃兵」說、「非攻」說，提倡「義兵」說，主張領導「義兵」誅伐不義，統一天下，拯救天下之「民」脫離苦海。天下統一、社會安定是天下之「民」夢寐以求的世界，「義兵」統一天下響應了天下之「民」的呼聲，能夠滿足天下之「民」的願望，從這個意義上說，「義兵」統一天下就是「以民爲本」。

秦國用兵殘酷不仁，屠殺無辜，屠城之事屢見不鮮。呂不韋提倡的「義兵」則不然，《呂氏春秋·懷寵》曰：「兵入於敵之境，則民知所庇矣，黔首知不死矣。至於國邑之郊，不虐五穀，不掘墳墓，不伐樹木，不燒積聚，不

焚室屋，不取六畜。得民虜奉而題歸之，以彰好惡；信與民期，以奪敵資。若此而猶有憂恨冒疾遂過不聽者，雖行武焉亦可矣。」〔註45〕「義兵」進入敵國，絕不燒殺搶掠，只誅殺當誅之人，絕不濫殺無辜之「民」，所以，「義兵」一來，「民」就找到了庇護、知道自己不會無辜而死了。從這個意義上說，呂不韋提倡的「義兵」是保「民」之命的「以民為本」。

（二）德治輔以法治

秦國從孝公以來就用商鞅之法治國，商鞅之法固然使秦國實現了富國強兵，但是商鞅之法畢竟是以嚴酷而著稱的。秦、魏二國交戰，商鞅誘殺了自己的故交公子卬，《呂氏春秋‧無義》批判商鞅此舉大為不義〔註46〕，《史記‧商君列傳》太史公批評商鞅「刻薄」、「少恩」〔註47〕。秦王政也是「少恩而虎狼心」之人，秦王政繼承的就是商鞅純粹的法家傳統，甚至有過之而無不及，《漢書‧刑法》載：「至於秦始皇，兼吞戰國，遂毀先王之法，滅禮誼之官，專任刑罰，躬操文墨，晝斷獄，夜理書，自程決事，日縣石之一。」〔註48〕《史記‧秦始皇本紀》載侯生、盧生曰：「始皇為人，天性剛戾自用，起諸侯，併天下，意得欲從，以為自古莫及己。專任獄吏，獄吏得親幸。博士雖七十人，特備員弗用。丞相諸大臣皆受成事，倚辨於上。上樂以刑殺為威，天下畏罪持祿，莫敢盡忠。」〔註49〕秦始皇「專任刑罰」、「專任獄吏」、「樂以刑殺為威」，足見秦始皇是一個以嚴刑峻罰治理國家的君王。

秦朝二世而亡的結局證明了單純使用「法治」不能長久。呂不韋看到了單純使用「法治」的弊端，所以，他提出德治為主、法治為輔的治國策略。

1. 樂治

音樂具有教化功能，儒家提倡「德治」，向來重視音樂的教化作用，《荀子‧樂論》曰：「夫聲樂之入人也深，其化人也速，故先王謹為之文。樂中平則民和而不流，樂肅莊則民齊而不亂。」〔註50〕

《呂氏春秋》提倡「德治」，「樂治」是其實行「德治」的重要方法。《呂氏春秋‧適音》曰：「治世之音安以樂，其政平也；亂世之音怨以怒，其政乖

〔註45〕 陳奇猷：《呂氏春秋新校釋》，上海：上海古籍出版社，2002年，第417頁。
〔註46〕 陳奇猷：《呂氏春秋新校釋》，上海：上海古籍出版社，2002年，第1501頁。
〔註47〕 司馬遷：《史記》，北京：中華書局，1959年，第2237頁。
〔註48〕 班固：《漢書》，北京：中華書局，1962年，第1096頁。
〔註49〕 司馬遷：《史記》，北京：中華書局，1959年，第258頁。
〔註50〕 王先謙：《荀子集解》，北京：中華書局，1988年，第380頁。

也；亡國之音悲以哀，其政險也。凡音樂通乎政而移風平俗者也，俗定而音樂化之矣。故有道之世，觀其音而知其俗矣，觀其政而知其主矣。故先王必託於音樂以論其教。」〔註51〕音樂可以移風易俗，可以深入人心，對人實行教化。

2. 孝治

「孝」思想是儒家的重要思想，從孔子、有若再到曾參，儒家的「孝」思想發展成熟。儒家認為在家之「孝」可以轉化為在國之「忠」，《孝經·廣揚名章》曰：「君子之事親孝，故忠可移於君；事兄悌，故順可移於長；居家理，故治可移於官。」〔註52〕事親之「孝」可以很自然地「移為」事君之「忠」，事兄之「悌」可以很自然地「移為」事長之「順」，即「孝子」就是「忠臣」。

「君」需要「忠臣」，儒家的「孝」思想可以塑造「忠臣」，所以，呂不韋重視儒家的「孝」思想，將「孝」作為治國之術。《呂氏春秋·孝行》開篇曰：「凡為天下，治國家，必務本而後末……務本莫貴於孝。人主孝，則名章榮，下服聽，天下譽。人臣孝，則事君忠，處官廉，臨難死。士民孝，則耕芸疾，守戰固，不罷北。夫孝，三皇五帝之本務，而萬事之紀也。夫執一術而百善至、百邪去、天下從者，其惟孝也。」〔註53〕以「孝」治國，「君」、「臣」、「民」可以達到一種和諧的境界，所以，「孝治」是呂不韋「德治」思想的重要內容。

3. 愛治

墨家「兼愛」主張人與人之間兼相愛、交相利，「視人之國若視其國，視人之家若視其家，視人之身若視其身」，這樣世間就不會有征伐、不會有偷盜、不會有仇殺，只會有平等的「愛」。呂不韋主張「愛其同類」，《呂氏春秋·愛類》曰：「仁於他物，不仁於人，不得為仁；不仁於他物，獨仁於人，猶若為仁。仁也者，仁乎其類者也。故仁人之於民也，可以便之，無不行也。」〔註54〕「仁也者，仁乎其類者也」，提倡的就是一種無差別的「兼愛」。

秦王政「少恩而虎狼心」，只知道實行嚴刑峻罰，不知仁政愛民。呂不韋

〔註51〕陳奇猷：《呂氏春秋新校釋》，上海：上海古籍出版社，2002年，第276頁。
〔註52〕邢昺：《孝經注疏》，《十三經注疏》，北京：中華書局，1980年，第2558頁。
〔註53〕陳奇猷：《呂氏春秋新校釋》，上海：上海古籍出版社，2002年，第736頁。
〔註54〕陳奇猷：《呂氏春秋新校釋》，上海：上海古籍出版社，2002年，第1472頁。

提倡「愛治」是教導秦王政以德治國，仁政愛民，「愛治」可以作爲以德治國思想的一個重要補充，是呂不韋「德治」思想的內容。

4. 法治

單純的「法治」，即使用嚴刑峻罰來治國固然存在很大弊端，但是，單純的「德治」也不能萬無一失，只有將「法治」、「德治」相結合才能將國家治理好。呂不韋的「德治爲主，法治爲輔」要比單純的「法治」或者單純的「德治」更爲合理、更爲實用。《呂氏春秋·用民》曰：「凡用民，太上以義，其次以賞罰。」〔註55〕就是說「德治」是第一位的，「法治」是第二位的。

雖然「賞罰」被用來輔助「德治」，但是，呂不韋反對嚴刑厚賞、反對濫施淫威。呂不韋主張「賞」要「義賞」，《呂氏春秋·義賞》曰：「賞罰之柄，此上之所以使也。其所以加者義；則忠信親愛之道彰。久彰而愈長，民之安之若性，此之謂教成。」〔註56〕呂不韋主張「威」要「適威」，《呂氏春秋·適威》曰：「亂國之使其民，不論人之性，不反人之情，煩爲教而過不識，數爲令而非不從，巨爲危而罪不敢，重爲任而罰不勝。民進則欲其賞，退則畏其罪。知其能力之不足也，則以爲繼矣。以爲繼知，則上又從而罪之，是以罪召罪，上下之相讎也，由是起矣。故禮煩則不莊，業煩則無功，令苛則不聽，禁多則不行。」〔註57〕

《呂氏春秋·用民》曰：「不得其道，而徒多其威。威愈多，民愈不用。亡國之主，多以多威使其民矣。故威不可無有，而不足專恃。譬之若鹽之於味，凡鹽之用，有所託也，不適則敗託而不可食。威亦然，必有所託，然後可行。惡乎託？託於愛利。愛利之心諭，威乃可行。威太甚則愛利之心息，愛利之心息而徒疾行威，身必咎矣，此殷、夏之所以絕也。」〔註58〕「威不可無有，而不足專恃」是呂不韋對「法治」的態度，是說治國不能沒有「威」但又不能只依靠「威」。即使用「威」，也要有所依託，「託於愛利」。只有心存「仁愛」、「愛利」來用「威」，「威」才能發揮它的作用。

〔註55〕陳奇猷：《呂氏春秋新校釋》，上海：上海古籍出版社，2002 年，第 1279 頁。

〔註56〕陳奇猷：《呂氏春秋新校釋》，上海：上海古籍出版社，2002 年，第 786 頁。

〔註57〕陳奇猷：《呂氏春秋新校釋》，上海：上海古籍出版社，2002 年，第 1290～1291 頁。

〔註58〕陳奇猷：《呂氏春秋新校釋》，上海：上海古籍出版社，2002 年，第 1280～1281 頁。

第七章 《呂氏春秋》學術思想體系評析

第一節 《呂氏春秋》學術思想體系的三個支撐點

考察「《呂氏春秋》學術思想體系示意圖」，我們可以發現這一體系由三個中心性的思想觀點支撐著。《呂氏春秋》學術思想體系的三個支撐點是：「賢人政治」思想、「君無爲而臣有爲」思想、「德治輔以法治」思想。

一、賢人政治

堯、舜、禹時代的政治模式能夠成爲後世人的嚮往，原因之一就是堯、舜、禹時代實行的是「賢人政治」。「賢人政治」就是賢人治國，賢者上，不肖者下，是一種「選賢與能」、讓賢讓能的政治模式。堯掌權爲帝，不傳其子而讓舜；舜爲帝，不傳其子而讓禹。在禪讓的過程中，「賢」是讓位的唯一依據，這保證了賢人治國的模式不會改變。

「賢人政治」要求賢者爲「君」，「君」不是一家的而是天下的。這是「公天下」的「賢人政治」，是眞正的、徹底的「賢人政治」。「家天下」的「賢人政治」則只要求賢者爲「臣」，決不允許賢者爲「君」，「君」只能是一家的世襲。「家天下」的「賢人政治」是不徹底的「賢人政治」。「賢人政治」最大的魅力就是賢者爲「君」，而要實現這一點是不容易的。

《呂氏春秋》主張實行「賢人政治」，這是保證「治國主體」爲優秀團隊的最佳方法。《呂氏春秋》主張實行徹底的「賢人政治」，即「公天下」的

「賢人政治」。《呂氏春秋‧貴公》曰「天下非一人之天下也，天下之天下也」〔註1〕，認為「天下為公」。天下是天下人的天下，就要天下的賢者為「君」，所以《呂氏春秋‧恃君》主張：「廢其非君，而立其行君道者。」〔註2〕堯、舜真正做到了「立其行君道者」，所以《呂氏春秋‧去私》稱讚堯、舜的「禪讓」曰：「堯有子十人，不與其子而授舜；舜有子九人，不與其子而授禹；至公也。」〔註3〕禪讓制能夠保證「君」為賢君，所以《呂氏春秋》主張「君」實行「禪讓制」。

在中國古代社會，政治的清明往往被較多地寄託在「君」的身上，所以「君」為賢君就變得尤為重要。《呂氏春秋》主張通過實行堯、舜那樣的「禪讓」來保證「君」為賢君。「治國主體」包括「君」、「臣」，賢君需要賢臣的輔助，有了賢君，還要有賢臣。要保證「臣」為賢臣，《呂氏春秋》有自己的方法和途徑。《呂氏春秋》把「士」、尤其是「有道之士」作為「擇賢」的一個重要標準，因為「士」具備成為「賢臣」的基本素質，《呂氏春秋‧士節》曰：「士之為人，當理不避其難，臨患忘利，遺生行義，視死如歸。有如此者，國君不得而友，天子不得而臣。大者定天下，其次定一國，必由如此人者也。」〔註4〕《呂氏春秋》還有辨別「賢者」與「不肖者」的方法，這就是「八觀六驗」、「六戚四隱」。通過「八觀六驗」、「六戚四隱」，「君」就可以辨認「賢」、「愚」，選任「賢者」來作「臣」。

「治國之道」，簡單地說就是「君」、「臣」治國之道。「君」、「臣」是「治國主體」，「治國主體」的素質決定著治國的成敗。「賢人政治」是保證「治國主體」擁有高素質的最佳方法，這是《呂氏春秋》探討「治國之道」成功的關鍵之一。所以說，「賢人政治」思想是《呂氏春秋》學術思想體系的一個重要支撐點。

二、君無為而臣有為

有了賢君、賢臣，那麼賢君、賢臣分別承擔什麼職務？這是一個十分重要的問題，因為「臣」不能做「君」之事，「君」更不能做「臣」之事。「臣」

〔註1〕 陳奇猷：《呂氏春秋新校釋》，上海：上海古籍出版社，2002年，第45頁。
〔註2〕 陳奇猷：《呂氏春秋新校釋》，上海：上海古籍出版社，2002年，第1330頁。
〔註3〕 陳奇猷：《呂氏春秋新校釋》，上海：上海古籍出版社，2002年，第56頁。
〔註4〕 陳奇猷：《呂氏春秋新校釋》，上海：上海古籍出版社，2002年，第629頁。

做「君」之事有僭越的嫌疑固是不可，而「君」做「臣」之事則費精勞神亦不是爲君之道。《呂氏春秋‧分職》曰：「人主之所惑者則不然，以其智強智，以其能強能，以其爲強爲，此處人臣之職也。處人臣之職而欲無壅塞，雖舜不能爲。」〔註5〕「君」強智、強能、強爲，是「君」「處人臣之職」，不是爲君之道。「君」做「臣」之事就好比人與駿馬賽跑，《呂氏春秋‧審分》曰：「人與驥俱走，則人不勝驥矣；居於車上而任驥，則驥不勝人矣。人主好治人官之事，則是與驥俱走也，必多所不及矣。」〔註6〕「人主好治人官之事」則「人主」必定疲憊不堪，《呂氏春秋‧勿躬》曰：「夫自爲人官，自蔽之精者也。被篲日用而不藏於篋，故用則衰，動則暗，作則倦。衰、暗、倦三者非君道也。」〔註7〕「君」做「臣」之事則必定「衰」、「暗」、「倦」，不是爲君之道。

正確的爲君之道是什麼？「君」、「臣」應該如何分職？《呂氏春秋》認爲正確的「君」、「臣」分職是「因者，君術也；爲者，臣道也」。《呂氏春秋‧任數》曰：「古之王者，其所爲少，其所因多。因者，君術也；爲者，臣道也。爲則擾矣，因則靜矣。因冬爲寒，因夏爲暑，君奚事哉？故曰君道無知無爲，而賢於有知有爲，則得之矣。」〔註8〕「君」要「多因少爲」、「因而不爲」，「君道無知無爲，而賢於有知有爲」；「臣」則要「有知有爲」，有所作爲。又《呂氏春秋‧勿躬》曰：「夫君人而知無恃其能、勇、力、誠、信，則近之矣。凡君也者，處平靜、任德化以聽其要，若此則形性彌嬴，而耳目愈精；百官慎職，而莫敢愉綖；人事其事，以充其名。名實相保，之謂知道。」〔註9〕「君」要「處平靜、任德化」，「臣」則「慎其職」、「事其事」，這依然說的是「君」、「臣」的分職。《呂氏春秋‧士節》曰：「賢主勞於求人，而佚於治事。」〔註10〕賢君的重要任務之一是尋求賢人、任用賢人，即尋找自己的「賢臣」。賢君一旦找到自己的賢臣，就可以把治理國家的具體事務交給賢臣來做，賢君就可以清閒無爲了，就像齊桓公得到管仲一樣，《呂氏春秋‧任

〔註5〕 陳奇猷：《呂氏春秋新校釋》，上海：上海古籍出版社，2002年，第1666頁。

〔註6〕 陳奇猷：《呂氏春秋新校釋》，上海：上海古籍出版社，2002年，第1039頁。

〔註7〕 陳奇猷：《呂氏春秋新校釋》，上海：上海古籍出版社，2002年，第1088頁。

〔註8〕 陳奇猷：《呂氏春秋新校釋》，上海：上海古籍出版社，2002年，第1076頁。

〔註9〕 陳奇猷：《呂氏春秋新校釋》，上海：上海古籍出版社，2002年，第1089～1090頁。

〔註10〕 陳奇猷：《呂氏春秋新校釋》，上海：上海古籍出版社，2002年，第629頁。

數》曰:「有司請事於齊桓公。桓公曰:『以告仲父。』有司又請。公曰『告仲父』,若是三。習者曰:『一則仲父,二則仲父,易哉爲君!』桓公曰:『吾未得仲父則難,已得仲父之後,曷爲其不易也?』」〔註11〕齊桓公得到管仲以後,治國的具體事務都交由管仲處理。凡「有司請事」,齊桓公皆曰「以告仲父」,「仲父」則幫助齊桓公處理具體的治國事務。齊桓公所說「吾未得仲父則難,已得仲父之後,曷爲其不易也?」可以作爲「賢主勞於求人,而佚於治事」的一個很好注腳。齊桓公、管仲這樣的「君」、「臣」分工很好地闡釋了「因者,君術也;爲者,臣道也」這一正確的「君」、「臣」分職。

「君無爲而臣有爲」說的就是「君」、「臣」的分職。「君」、「臣」是「治國主體」,「君」、「臣」要明確自己的職責,要站對自己的位置,各盡其職,不可僭越,這是治理好國家的重要保證。「君無爲而臣有爲」就是《呂氏春秋》爲「君」、「臣」所設計的分職,所以說,「君無爲而臣有爲」思想是《呂氏春秋》學術思想體系的一個重要支撐點。

三、德治輔以法治

在保證了「君」爲賢君、「臣」爲賢臣並且確定了賢君、賢臣的分職之後,剩下的就是「治國」的問題了。「治國」的核心問題是「治民」,採取什麼樣的政策來治「民」是「治國」的關鍵。

先秦諸子思想之中探討如何治「民」這一問題最主要的觀點有兩種:一是儒家的「德治」,一是法家的「法治」。儒家的「德治」,主張對「民」實行教化,利用仁義來治「民」,是長治久安之計。《史記·叔孫通傳》載叔孫通曰:「夫儒者難與進取,可與守成。」〔註12〕統治階級對「民」實行仁政、以身作則對「民」實行教化,這樣,「民」就會心悅誠服地效忠於「君」,自然有利於國家的長治久安。趙瀟先生說:「儒家與中國古老的經濟社會傳統有著更深厚的現實聯繫,它不是一時崛起的純理論設想,而是以在中原具有極爲久遠的氏族血緣的宗法制度爲其深厚根基,從而能在以家庭小生產農業爲經濟本位的社會中始終保持現實的力量和傳統的有效性。因而,《呂氏春秋》抓住儒家作爲在長期的分裂之後重歸統一的大帝國的主導思想,正是看到了儒家在廣大社會成員中的巨大感召力量,和它對維護社會安定與持久所起的巨

〔註11〕 陳奇猷:《呂氏春秋新校釋》,上海:上海古籍出版社,2002 年,第 1076 頁。
〔註12〕 司馬遷:《史記》,北京:中華書局,1959 年,第 2722 頁。

大凝聚力量。」〔註13〕儒家的「德治」思想確實對維護社會安定與持久有巨大的凝聚力，但是，單純的「德治」又存在弊端。首先，「德治」不利於突發事件的處理，因爲「德治」的教化作用見效慢，需要長時間地教化才能達到治「民」的目的，急功近利之「君」往往不喜歡「德治」。其次，「德治」不能有效地懲治姦邪，因爲仁義教化不能說服頑劣的奸惡之徒改邪歸正。懲治作奸犯科之徒還得「法治」。

　　法家「嚴而少恩」，實行嚴刑峻法來治「民」，「民」由於恐懼而服從，但終不是長久之計，如《史記・太史公自序》載司馬談《論六家要旨》所說：「法家不別親疏，不殊貴賤，一斷於法，則親親尊尊之恩絕矣。可以行一時之計，而不可長用也。」〔註14〕徐復觀先生也說：「法家政治，是以臣民爲人君的工具，以富強爲人君的唯一目標，而以刑罰爲達到上述兩點的唯一手段的政治。這是經過長期精密構造出來的古典的極權政治。任何極權政治的初期，都有很高的行政效率；但違反人道精神，不能作立國的長治久安之計。秦所以能吞併六國，但又二世而亡，皆可於此求得解答。」〔註15〕單純的「法治」不能長時間地治國安邦。

　　可以說，無論單純的「德治」還是單純的「法治」，都不能很好地把國家治理好。「德治」可以治緩，「法治」可以應急；「德治」有利於揚善，「法治」有利於懲惡，「德治」、「法治」相結合才是完善的治國之策。因爲每一個統一的國家都渴望長治久安，所以要以「德治」爲主、「法治」爲輔，要「德治輔以法治」。「德治輔以法治」則「善民」喜而「惡民」懼，「善民」喜則爲「君」盡忠，「惡民」懼則不敢做惡，則「民」治、「國」治。所以說，「德治輔以法治」思想是《呂氏春秋》學術思想體系的一個重要支撐點。

　　審視《呂氏春秋》學術思想體系的三個支撐點，筆者發現二個有趣的問題，值得進一步思考。

　　第一個問題。從《呂氏春秋》的學術思想體系，可以看出，《呂氏春秋》學術思想體系的三個支撐點主要是來自於儒家、道家、陰陽家的學術思想。然而，秦國的強大卻主要得益於法家、農家、兵家的學術思想。爲什麼會出

〔註13〕　趙瀟：《呂不韋及〈呂氏春秋〉悲劇命運探源》，《山東大學學報》1993 年第 2
　　　　　期。
〔註14〕　司馬遷：《史記》，北京：中華書局，1959 年，第 3291 頁。
〔註15〕　徐復觀：《兩漢思想史》（第二卷），上海：華東師範大學出版社，2001 年，第
　　　　　31 頁。

現這樣的反差？

秦國的真正強大開始於秦孝公時期的商鞅變法。《韓非子‧和氏》曰：「秦行商君法而富強」〔註16〕《史記‧李斯列傳》載李斯《諫逐客書》曰：「孝公用商鞅之法，移風易俗，民以殷盛，國以富強，百姓樂用，諸侯親服，獲楚、魏之師，舉地千里，至今治強。」〔註17〕王充《論衡‧書解》曰：「商鞅相孝公，爲秦開帝業。」〔註18〕梁啓超《論中國學術思想變遷之大勢》曰：「及戰國之末，諸侯遊士，輻輳走集，秦一一揖而入之。故其時西方之學術思想，爛然光焰萬丈，有睥睨北、南、東而凌駕之之勢。申不害，韓產也；商鞅，魏產也。三晉地勢，與秦相近，法家言勃興於此間。而商鞅首實行之，以致秦強。」〔註19〕

商鞅變法能使秦國強大主要依賴於獎勵耕、戰的法令。《史記‧秦本紀》曰：「衛鞅說孝公變法修刑，內務耕稼，外勸戰死之賞罰，孝公善之。」〔註20〕《戰國策‧秦策三》蔡澤曰：「商君爲孝公平權衡，正度量，調輕重，決裂阡陌，教民耕戰，是以兵動而地廣，兵休而國富，故秦無敵於天下，立威諸侯。」〔註21〕鄭良樹先生通過詳細的考證，指出《商君書》中屬於商鞅自著的作品有《墾令》、《境內》、《戰法》、《立本》四篇〔註22〕。這四篇最核心的思想就是獎勵農耕、獎勵戰功。先秦諸子之中與農耕聯繫最密切是農家，與征戰聯繫最密切的是兵家。蒙文通先生認爲農家、兵家都是法家富國強兵的工具，其《法家流變考》曰：「法家莫不以富國強兵爲事，故非徒『不別親疏，不殊貴賤，一斷於法』而已也，又有其所以富強之工具焉，則農、兵、縱橫之術是也。農以致富，兵以致強，而縱橫則爲外交術：皆法家之所宜有事者。」〔註23〕此說很有道理。所以說，秦國的強大主要得益於法家、農家、兵家的學術思想。

〔註16〕 王先慎：《韓非子集解》，北京：中華書局，1998年，第97頁。

〔註17〕 司馬遷：《史記》，北京：中華書局，1959年，第2542頁。

〔註18〕 黃暉：《論衡校釋》，北京：中華書局，1990年，第1153頁。

〔註19〕 梁啓超：《論中國學術思想變遷之大勢》，上海：上海古籍出版社，2001年，第30頁。

〔註20〕 司馬遷：《史記》，北京：中華書局，1959年，第203頁。

〔註21〕 諸祖耿：《戰國策集注匯考》，南京：鳳凰出版社，2008年，第335頁。

〔註22〕 鄭良樹：《商鞅及其學派》，上海：上海古籍出版社，1989年，第142頁。

〔註23〕 蒙文通：《法家流變考》，蒙文通《蒙文通文集》第一卷《古學甄微》，成都：巴蜀書社，1987年，第286頁。

著名史學家何炳棣先生認爲秦國轉弱爲強的樞紐是秦獻公時期，「而促成這種演變的核心力量卻是來自仕秦的墨者」〔註24〕。其實，秦墨與法家在學術思想上有相通之處。秦墨重法。《呂氏春秋·去私》載墨家鉅子居秦，其子殺人，秦惠王因鉅子年長且獨有一子而免其子之罪，墨家鉅子不聽秦惠王之命，行「墨者之法」而殺之〔註25〕。一般認爲《墨子》《備城門》等最後十一篇乃秦墨後學所著。《墨子·備城門》各篇所表現出的嚴刑峻法與法家有相通之處。王桐齡《儒墨之異同》一書比較儒墨異同，認爲在「治國」方面，「儒家以道德治國；墨家以法治國」〔註26〕，《蔡尚思論墨子》概括總結「墨家的優點」時也說「墨家的法治精神，遠遠超過後來的法家」〔註27〕。其中秦墨尤爲如此。嚴耕望《戰國學術地理與人才分佈》一文論述「秦墨」曰：「（墨家）活動範圍視諸家似爲廣，且與秦之關係，除法家外，似爲他家所不及。大抵墨者紀律嚴明，銳於濟世，而尚功利，與法家爲近；而節儉薄喪，亦與秦俗較相契合也。」〔註28〕此說頗有道理。墨家與農家在精神實質上也有相通之處。張純一《墨子集解敘》認爲墨家「尚勞賤，務平等，宛爾農家」〔註29〕。張純一還撰寫《墨子與農家及其源流》〔註30〕一文探討了墨子與農家之淵源。從「尚勞賤，務平等」方面來說，張說不無道理。墨家雖然主張「非攻」，但是墨家、秦墨具有高超的守城技術和製造優良兵器的專長，這無疑有利於秦國軍隊戰鬥力的增強。可以說，在秦國轉弱爲強的過程中，秦墨的嚴刑峻法思想、重農耕思想、戰守技術發揮了極其重要的作用，而三者依次分別與法家、農家、兵家的學術思想有緊密聯繫。

據上所論，秦國的強大無論歸結爲商鞅的貢獻還是秦墨的幫助，我們都可以說，秦國的強大主要得益於法家、農家、兵家的學術思想。

秦國的強大、秦國能夠統一六國主要得益於法家、農家、兵家的學術思

〔註24〕 何炳棣：《國史上的「大事因緣」解謎——從重建秦墨史實入手》，《光明日報》2010年6月3日第010版。
〔註25〕 陳奇猷：《呂氏春秋新校釋》，上海：上海古籍出版社，2002年，第56～57頁。
〔註26〕 蔡尚思主編：《十家論墨》，上海：上海人民出版社，2008年，第45頁。
〔註27〕 蔡尚思主編：《十家論墨》，上海：上海人民出版社，2008年，第279頁。
〔註28〕 嚴耕望：《嚴耕望史學論文集》（中），上海：上海古籍出版社，2009年，第538頁。
〔註29〕 張純一：《墨子集解》，成都：成都古籍書店，1988年，第1頁。
〔註30〕 張純一：《墨子集解》，成都：成都古籍書店，1988年，第587～597頁。

想，而出現在六國統一前夕、由秦國的宰相主持編撰的《呂氏春秋》，其學術思想體系的支撐學術思想卻主要是來自儒家、道家、陰陽家。爲什麼會出現如此巨大的反差？這是有待於深入思考的問題。

第二個問題。在《呂氏春秋》的學術思想體系中，陰陽家的「月令」思想具有十分重要的作用。然而，《呂氏春秋》十二紀紀首的「月令」思想並不是秦國本土的思想。《呂氏春秋》爲什麼存在如此濃厚的陰陽家思想？

《史記・封禪書》曰：「（漢高祖）二年，東擊項籍而還入關，問：『故秦時上帝祠何帝也？』對曰：『四帝，有白、青、黃、赤帝之祠。』高祖曰：『吾聞天有五帝，而有四，何也？』莫知其說。於是高祖曰：『吾知之矣，乃待我而具五也。』乃立黑帝祠，命曰北畤。」〔註31〕楊寬據此論斷說：「以五帝配四方五色之說似秦襄公時早已有成說，以五帝配五行之說，亦秦獻公時已存在。秦獻公以前遍祭白青黃赤四帝而不及黑帝者，蓋顓頊爲黑帝之說晚起，是時黑帝之偶像屬誰，或尚無定說也。」〔註32〕楊寬認爲陰陽家的「以五帝配五行之說」本是秦國本土所產，又說：「近人以『鄒子重於齊』，始皇之用五德終始說，又齊人奏之，遂謂五行說起於齊，無當也。」〔註33〕

楊寬所言有可商榷之處。鄒衍是陰陽家的集大成者，五德終始思想是鄒衍的獨創，四時教令（月令）鄒衍同樣有十分成熟的思考，大九州說也是鄒衍的創造。這是學術界所公認的。《呂氏春秋》的陰陽家思想是從鄒衍處繼承發展而來，不是秦國本土的思想。上引《史記・封禪書》明言秦時只祭祀四帝，第五帝是劉邦所加，怎麼能說「以五帝配五行之說，亦秦獻公時已存在」？

徐復觀先生指出《呂氏春秋》的五帝系統與秦地土產的「四帝」根本就不是一個系統。徐復觀《〈周官〉成立之時代及其思想性格》曰：「五帝有兩個系統，一是歷史傳說中的五帝。五帝之說不同，但同屬於人的性質。《呂氏春秋》十二紀中的『其帝太皥』、『其帝炎帝』、『其帝黃帝』、『其帝少皥』、『其帝顓頊』，是屬於這一系統……另一系統是《史記・封禪書》上由漢高祖所完成的系統。『漢高祖二年，東擊項籍而還入關，問故秦時上帝祠何帝也，對曰：四帝，有白、青、黃、赤之祠。高祖曰：吾聞天有五帝，而今有四，

〔註31〕 司馬遷：《史記》，北京：中華書局，1959 年，第 1378 頁。
〔註32〕 楊寬：《月令考》，《齊魯學報》1941 年第 2 期。
〔註33〕 楊寬：《月令考》，《齊魯學報》1941 年第 2 期。

何也？莫知其說。於是高祖曰：吾知之矣，乃待我而具五也。乃立黑帝祠，命曰北畤』。『秦雜西戎之俗』，立四畤以祠四帝，至高祖增而爲五，這是憑空想像出來的五帝。雖因受《呂氏春秋》十二紀紀首的影響而時有混淆，但待高祖而是五，乃出於秦地，非由歷史中人物所升格的另一系統，甚爲明顯。高祖『吾聞天有五帝』，乃他將另一系統的五帝應用到出於秦國的系統。所以秦既未承周代郊祀之禮，四時四帝，亦未嘗有五帝之祀。」〔註34〕徐復觀先生所論很有道理，即《呂氏春秋》十二紀紀首的「月令」思想不是秦國本土的思想。

既然如此，那麼《呂氏春秋》爲何要吸收這一思想並將其置於十分重要的地位？這也值得我們深入思考。

第二節 《呂氏春秋》學術思想體系評價

一、理論上合理完善

上述《呂氏春秋》學術思想體系的三個支撐點是圍繞「君」、「臣」、「民」而設計的。「賢人政治」思想針對的是「君」、「臣」，因爲「君」、「臣」是「治國主體」，擁有賢君、賢臣是治理好國家的前提保證。「君無爲而臣有爲」思想針對的是「君」、「臣」的分職，賢君、賢臣也得講究分工協作才能把國家治理好。「德治輔以法治」思想針對的是如何治「民」的問題，「治民」是「治國」的核心，「德治輔以法治」是「治民」的好政策。

《呂氏春秋》學術思想體系對「治國之道」的探討緊緊抓住了君、臣、民三類人。《呂氏春秋》學術思想體系就是通過探尋君臣性質（「賢人政治」）、君臣關係（「君無爲而臣有爲」）、君臣與民的關係（「德治輔以法治」）建構起來的。治理國家主要牽涉三類人：君、臣、民，賢君、賢臣是治理好國家的根本保證，合理的君臣分工是治理國家高效率的有力保證，完善的「治民」政策則是維持國家長治久安的根本保證。《呂氏春秋》學術思想體系的三個支撐點很好地提供了這三個「保證」：《呂氏春秋》主張實行「賢人政治」，這保證了「君」爲賢君、「臣」爲賢臣；《呂氏春秋》主張「君無爲而臣有爲」，這保證了高效率的君臣分工；《呂氏春秋》主張「德治輔以法治」，這保證了國

〔註34〕 徐復觀：《徐復觀論經學史二種》，上海：上海書店出版社，2006 年，第 258 頁。

家的長治久安。

《呂氏春秋》學術思想體系探討「治國之道」緊緊圍繞君、臣、民來展開，可以說這抓住了探討「治國之道」的根本。《呂氏春秋》學術思想體系探討「治國之道」能夠重點抓住君臣性質（「賢人政治」）、君臣關係（「君無為而臣有為」）、君臣與民的關係（「德治輔以法治」），可以說《呂氏春秋》的學術思想體系是合理的、完整的，因為治理國家就主要牽涉君、臣、民這三類人。

「治國之道」就是「治國主體」執行「治國方略」來治理國家的理論。《呂氏春秋》主張實行的「賢人政治」保證了「君」為賢君、「臣」為賢臣，即保證了優秀的「治國主體」。《呂氏春秋》的「治國方略」以產生宇宙萬物的「道」為最終依據、「上揆之天，下驗之地，中審之人」、貫通天、地、人，理論上講這樣的「治國方略」是完善的。《呂氏春秋》的「治國方略」重點抓住君與臣的關係、君臣與民的關係，可以說這抓住了治理國家最重要的兩組關係。總起來說，《呂氏春秋》學術思想體系所探討的「治國之道」是優秀的「治國主體」執行優秀的「治國方略」來治理國家。如此說來，這樣的「治國之道」是優秀的，這樣的學術思想體系也是優秀的，更是合理完善的。

據上分析，我們認為郭沫若、劉元彥二位先生的假設不無道理，郭沫若先生說：「（秦始皇）假如沿著呂不韋的路線下去，秦國依然是要統一中國的，而且統一了之後斷不會僅僅十五年便迅速地徹底崩潰。」〔註 35〕劉元彥先生說：「如果呂不韋同秦王政的鬥爭獲得勝利，按《呂氏春秋》的政治綱領和主張去做，也必定能統一天下，而且，歷史將少一個不必要的曲折，而直接進入像西漢那樣的盛世。」〔註 36〕

二、執行起來有困難

優秀的「治國主體」執行優秀的「治國方略」來治理國家，無疑這樣的「治國之道」是優秀的，《呂氏春秋》的學術思想體系是合理的、完善的。但是，這樣的「治國之道」執行起來在某些具體的細節上存在困難，即《呂氏

〔註 35〕 郭沫若：《呂不韋與秦王政的批判》，郭沫若《十批判書》，北京：東方出版社，1996 年，第 470 頁。

〔註 36〕 劉元彥：《〈呂氏春秋〉：兼容並蓄的雜家》，北京：生活・讀書・新知三聯書店，2008 年，第 187 頁。

春秋》學術思想體系的某些方案不容易實現。

（一）禪讓制度

《呂氏春秋》主張實行「賢人政治」，這可以保證「治國主體」的高素質，即「君」爲賢君、「臣」爲賢臣。「賢人政治」可以分爲「公天下」的「賢人政治」、「家天下」的「賢人政治」二種。「公天下」的「賢人政治」既要求賢者爲「君」又要求賢者爲「臣」，「君」不是一家的世襲，君位實行禪讓；「家天下」的「賢人政治」則只要求賢者爲「臣」，君位實行世襲不存在討論的餘地。

《呂氏春秋》主張實行「公天下」的「賢人政治」，要求君位實行禪讓。「公天下」的「賢人政治」是很難實現的，古代中國在堯、舜禪讓之後就再也沒有出現過眞正的君位禪讓。夏啓奪取「君」位之後，古代中國就進入了「家天下」的時代。夏朝內部君位實行世襲，直至夏朝被湯推翻。湯建立商朝，商朝內部君位繼續實行世襲。武王推翻商朝，周朝建立，周朝內部又開始新一輪的君位世襲。這樣的「君位世襲」一直延續到清朝滅亡，封建帝制被推翻，世襲制也隨之消亡。

呂不韋渴望秦國統一天下之後能實行禪讓制，這是很不現實的。秦王政是一個集權專制的人，自負功蓋三皇、五帝，並妄想嬴姓天下「二世三世至於萬世，傳之無窮」〔註37〕。秦王政妄想嬴姓天下傳至萬世，決不允許將君位禪讓異姓之人。可以說，秦王政絕不會實行呂不韋所設計的「公天下」的「賢人政治」，將君位禪讓賢人。不光秦王政不會實行，在以後二千多年的封建社會中再也沒有實現眞正的君位禪讓。可以說，呂不韋所提倡的禪讓制是不現實的。

但是，禪讓制無疑是保證「君」爲賢君的最佳製度，因爲任何朝代的世襲制都沒能實現執政的每個君王都是賢君。我們應該承認呂不韋爲天下提供賢君的理想與渴望是可貴的，但是，又不能不說「禪讓制」是不現實的。「公天下」的「賢人政治」是不現實的，但是，「家天下」的「賢人政治」卻又是每個朝代的賢君都在積極提倡的。

（二）無爲而治

《呂氏春秋》主張「君」無爲而治，《呂氏春秋・任數》曰：「君道無知

〔註37〕 司馬遷：《史記》，北京：中華書局，1959年，第236頁。

無爲，而賢於有知有爲。」〔註 38〕「君」要「重生」，「重生」要求「君」清靜無爲，這也要求「君」無爲而治。「君」、「臣」要分職，《呂氏春秋・任數》又曰：「因者，君術也；爲者，臣道也。」〔註 39〕「君」要因而不爲，具體事務交由「臣」去辦，即「君」要放權給「臣」，不能事事都親自去做。

「無爲而治」這一主張在秦國不易實行，秦始皇不會實行「無爲而治」。秦始皇是個自負的人，凡事躬親爲之，《史記・秦始皇本紀》載侯生、盧生曰：「始皇爲人，天性剛戾自用，起諸侯，併天下，意得欲從，以爲自古莫及己。專任獄吏，獄吏得親幸。博士雖七十人，特備員弗用。丞相諸大臣皆受成事，倚辨於上。」〔註 40〕賈誼《過秦論》亦曰：「秦王懷貪鄙之心，行自奮之智。」〔註 41〕秦始皇自負、自智、自用，如《漢書・刑法》所說：「（秦始皇）躬操文墨，晝斷獄，夜理書，自程決事，日縣石之一。」〔註 42〕可以說，秦始皇的施政策略與《呂氏春秋》「君無爲而臣有爲」的主張恰恰相反，凡事秦始皇親自裁決，而「丞相諸大臣皆受成事」。呂不韋看到了秦始皇自負、自用的缺點，《呂氏春秋・驕恣》曰：「亡國之主，必自驕，必自智，必輕物。自驕則簡士，自智則專獨，輕物則無備。無備召禍，專獨位危，簡士壅塞。欲無壅塞必禮士，欲位無危必得眾，欲無召禍必完備。三者人君之大經也。」〔註 43〕可以說這就是針對秦王政而發的。

呂不韋想讓秦王政「無爲而治」，可以說，這不現實，但是，我們不能依據秦始皇是否實行「無爲而治」的政策就判斷這一政策的好壞，因爲歷史證明秦始皇的治國策略並不怎麼高明。從長遠來看，「無爲而治」的治國思想在中國歷史上是發揮過重要作用的。秦朝滅亡後，剛建立的漢朝統治者就「無爲而治」，與民休養生息，農業生產得到迅速恢復。可以說，漢初「文景之治」的出現主要得益於「無爲而治」的治國思想。在以後的中國歷史上，每當經過長時間的戰亂實現統一的時候，「無爲而治」的思想往往會成爲統治者首選的治國思想。

〔註 38〕 陳奇猷：《呂氏春秋新校釋》，上海：上海古籍出版社，2002 年，第 1076 頁。

〔註 39〕 陳奇猷：《呂氏春秋新校釋》，上海：上海古籍出版社，2002 年，第 1076 頁。

〔註 40〕 司馬遷：《史記》，北京：中華書局，1959 年，第 258 頁。

〔註 41〕 閻振益、鍾夏：《新書校注》，北京：中華書局，2000 年，第 14 頁。

〔註 42〕 班固：《漢書》，北京：中華書局，1962 年，第 1096 頁。

〔註 43〕 陳奇猷：《呂氏春秋新校釋》，上海：上海古籍出版社，2002 年，第 1413 頁。

（三）以德治國

秦始皇是個「少恩而虎狼心」之人，不大可能實行「德治」。《新語·無為》曰：「秦始皇設刑罰，為車裂之誅，以斂姦邪，築長城於戎境，以備胡、越，征大吞小，威震天下，將帥橫行，以服外國，蒙恬討亂於外，李斯治法於內，事逾煩天下逾亂，法逾滋而天下逾熾，兵馬益設而敵人逾多。秦非不欲治也，然失之者，乃舉措太眾、刑罰太極故也。」〔註44〕賈誼《過秦論》曰：「秦王懷貪鄙之心，行自奮之智，不信功臣，不親士民，廢王道而立私愛，焚文書而酷刑法，先詐力而後仁義，以暴虐為天下始。」〔註45〕《漢書·刑法》載：「至於秦始皇，兼吞戰國，遂毀先王之法，滅禮誼之官，專任刑罰。」〔註46〕秦始皇「專任刑罰」，純粹實行「法治」，這是秦始皇治國策略的最大特點，也是秦始皇失敗的最重要的原因。秦始皇「禁文書而酷刑法，先詐力而後仁義」，他是不會實行「德治」的。

同樣的，秦始皇不能實行「德治輔以法治」的治國思想並不意味著這一思想就不好。中國的歷史證明「德治輔以法治」的思想是一種比較成功的治「民」政策，可以說，凡是長治久安的盛世幾乎都是採用「德治輔以法治」的治「民」政策。牟鍾鑒先生說：「應當承認，《呂氏春秋》所提出的這一套治國馭民之道，對於統一的封建政權，是較為穩妥、可以長期實行的國策，雖然它沒有被秦始皇與二世所採納，但它終於成為後來封建社會治國的一般原則，這個原則的基本點是：實行寬猛相濟的政策，在堅持階級統治的同時適當緩和階級矛盾，以保持封建社會的穩定性。凡是離開這一原則，使階級矛盾激化的王朝，便不能持久地維持下去。」〔註47〕牟鍾鑒先生此說是很有道理的。純粹的「法治」就像秦始皇的統治必定不能長久，純粹的「德治」又不能懲惡也有缺陷。「德治輔以法治」這種「寬猛相濟」的政策才是穩妥、實用的治國之策，所以能成為後世「封建社會治國的一般原則」。

上述「禪讓制度」、「無為而治」、「以德治國」三種思想之中，最不現實、執行起來真正有困難的其實只有「公天下」的「禪讓制度」，因為不光秦始皇不會實行禪讓制度，就是秦始皇之後的歷朝皇帝也沒有真正實行過「公天下」

〔註44〕 王利器：《新語校注》，北京：中華書局，1986年，第62頁。
〔註45〕 閻振益、鍾夏：《新書校注》，北京：中華書局，2000年，第14頁。
〔註46〕 班固：《漢書》，北京：中華書局，1962年，第1096頁。
〔註47〕 牟鍾鑒：《〈呂氏春秋〉與〈淮南子〉思想研究》，濟南：齊魯書社，1987年，第65頁。

的「禪讓制度」。堯、舜之後，「公天下」的「禪讓制度」在古代中國社會再也沒有實現過。

趙瀟先生研究指出：「《呂氏春秋》闡述的爲政之道因其不適宜秦固有的土壤，加之領導者倡導不力，所以沒有被統治者採納。換言之，即使呂不韋沒有與秦始皇的權力鬥爭，他的主張也注定在秦行不通。可見，一種新的理論和管理體系，儘管它可能是正確的，但如果不與本民族固有的文化傳統相結合，它就可能是無效果的，受排斥的。」〔註48〕我們認爲此說很有道理。

徐復觀先生說：「一般地說，經學是兩漢學術的骨幹，也是支持、規整兩漢政治的精神力量。但兩漢人士，許多是在《呂氏春秋》影響之下來把握經學，把《呂氏春秋》對政治所發生的巨大影響，即視爲經學所發生的影響；離開了《呂氏春秋》，即不能瞭解漢代學術的特性」，「不論怎樣，沒有《十二紀·紀首》，便沒有《時則訓》。甚至可以說沒有《呂氏春秋》，便沒有《淮南子》。這決不是偶然的、突出的事情，而是《呂氏春秋》在西漢初期所發生重大影響的結果」，「兩漢思想家，幾乎沒有一個人沒有受到《十二紀·紀首》──《月令》的影響的。」〔註49〕

《呂氏春秋》不但對兩漢影響巨大，而且對東漢之後影響重大，值得我們繼續深入研究。

〔註48〕 趙瀟：《呂不韋及〈呂氏春秋〉悲劇命運探源》，《山東大學學報》1993 年第 2 期。

〔註49〕 徐復觀：《兩漢思想史》（第二卷），上海：華東師範大學出版社，2001 年，第 1、36、39 頁。

主要參考文獻

1. 蔣維喬、楊寬、沈延國、趙善詒：《呂氏春秋匯校》，北京，中華書局，1937 年。

2. 吉聯抗：《呂氏春秋中的音樂史料》，上海，上海文藝出版社，1978 年。

3. 夏緯瑛：《呂氏春秋上農等四篇校釋》，北京，農業出版社，1979 年。

4. 王范之：《呂氏春秋選注》，北京，中華書局，1981 年。

5. 吳福相：《呂氏春秋八覽研究》，臺北，臺灣文史哲出版社，1984 年。

6. 田鳳臺：《呂氏春秋探微》，臺北，學生書局，1986 年。

7. 牟鍾鑒：《〈呂氏春秋〉與〈淮南子〉思想研究》，濟南，齊魯書社，1987 年。

8. 劉元彥：《雜家帝王學──〈呂氏春秋〉》，北京，生活‧讀書‧新知三聯書店，1992 年。

9. 張雙棣、張萬彬、殷國光、陳濤：《呂氏春秋譯注》，長春，吉林文史出版社，1993 年。

10. 王范之：《呂氏春秋研究》，呼和浩特，內蒙古大學出版社，1993 年。

11. 洪家義：《呂不韋評傳》，南京，南京大學出版社，1995 年。

12. 李家驤：《呂氏春秋通論》，長沙，嶽麓書社，1995 年。

13. 李維武：《呂不韋評傳──一代名相與千古奇書》，南寧，廣西教育出版社，1997 年。

14. 張富祥：《王政全書：〈呂氏春秋〉與中國文化》，開封，河南大學出版社，2001 年。

15. 陳奇猷：《呂氏春秋新校釋》，上海，上海古籍出版社，2002 年。

16. 王利器：《呂氏春秋注疏》，成都，巴蜀書社，2002 年。

17. 王啓才：《〈呂氏春秋〉研究》，北京，學苑出版社，2007 年。

18. 劉元彥：《〈呂氏春秋〉：兼容並蓄的雜家》，北京，生活‧讀書‧新知三聯書店，2008 年。

19. 許維遹：《呂氏春秋集釋》，北京，中華書局，2009 年。

20. 許富宏：《呂氏春秋：四季的演講》，上海，上海古籍出版社，2009 年。

21. 龐慧：《〈呂氏春秋〉對社會秩序的理解與構建》，北京，中國社會科學出版社，2009 年。

22. 俞林波：《元刊〈呂氏春秋〉校訂》，南京，鳳凰出版社，2016 年。

23. 梁啟超：《墨子學案》，上海，商務印書館，1923 年。

24. 陳柱：《墨學十論》，上海，商務印書館，1928 年。

25. 衛聚賢編：《古史研究》（第二集上冊），上海，商務印書館，1934 年。

26. 盧文弨：《抱經堂文集》，上海，商務印書館，1935 年。

27. 魏徵等：《群書治要》，上海，商務印書館，1936 年。

28. 慎到撰，錢熙祚校：《慎子》，上海，商務印書館，1939 年。

29. 郭沫若：《青銅時代》，北京，科學出版社，1957 年。

30. 侯外廬、趙紀彬、杜國庠：《中國思想通史》第一卷，北京，人民出版社，1957 年。

31. 司馬遷：《史記》，北京，中華書局，1959 年。

32. 郭慶藩：《莊子集釋》，北京，中華書局，1961 年。

33. 班固：《漢書》，北京，中華書局，1962 年。

34. 徐堅：《初學記》，北京，中華書局，1962 年。

35. 于鬯：《香草續校書》，北京，中華書局，1963 年。

36. 永瑢：《四庫全書總目》，北京，中華書局，1965 年。

37. 章詩同：《荀子簡注》，上海，上海人民出版社，1974 年。

38. 蕭統：《文選》，北京，中華書局，1977 年。

39. 劉仲平：《司馬法今注今譯》，臺北，臺灣商務印書館，1977 年。

40. 徐培根：《太公六韜今注今譯》，臺北，臺灣商務印書館，1977 年。

41. 傅紹傑：《吳子今注今譯》，臺北，臺灣商務印書館，1978 年。

42. 楊伯峻：《列子集釋》，北京，中華書局，1979 年。

43. 龐樸：《公孫龍子研究》，北京，中華書局，1979 年。

44. 辛冠潔、李曦：《中國古代著名哲學家評傳》（第一卷），濟南，齊魯書社，1980 年。

45. 孔穎達：《周易正義》，《十三經注疏》本，北京，中華書局，1980 年。

46. 孔穎達：《尚書正義》，《十三經注疏》本，北京，中華書局，1980 年。

47. 孔穎達：《毛詩正義》，《十三經注疏》本，北京，中華書局，1980 年。

48. 賈公彥：《周禮注疏》，《十三經注疏》本，北京，中華書局，1980 年。

49. 賈公彥：《儀禮注疏》，《十三經注疏》本，北京，中華書局，1980 年。

50. 孔穎達：《禮記正義》，《十三經注疏》本，北京，中華書局，1980 年。

51. 孔穎達：《春秋左傳正義》，《十三經注疏》本，北京，中華書局，1980 年。

52. 徐彥：《春秋公羊傳注疏》，《十三經注疏》本，北京，中華書局，1980 年。

53. 楊士勳：《春秋穀梁傳注疏》，《十三經注疏》本，北京，中華書局，1980 年。

54. 邢昺：《論語注疏》，《十三經注疏》本，北京，中華書局，1980 年。

55. 邢昺：《孝經注疏》，《十三經注疏》本，北京，中華書局，1980 年。

56. 邢昺：《爾雅注疏》，《十三經注疏》本，北京，中華書局，1980 年。

57. 舊題孫奭：《孟子注疏》，《十三經注疏》本，北京，中華書局，1980 年。

58. 余嘉錫：《四庫提要辯證》，北京，中華書局，1980 年。

59. 史念海：《河山集》（二集），北京，生活‧讀書‧新知三聯書店，1981 年。

60. 《中國古代史論叢》編委會編：《中國古代史論叢》第一輯，福州，福建人民出版社，1981 年。

61. 羅根澤主編：《古史辨》第四冊，上海，上海古籍出版社，1982 年。

62. 顧頡剛主編：《古史辨》第五冊，上海，上海古籍出版社，1982 年。

63. 吳則虞：《晏子春秋集釋》，北京，中華書局，1982 年。

64. 馬非百：《秦集史》，北京，中華書局，1982 年。

65. 洪興祖：《楚辭補注》，北京，中華書局，1983 年。

66. 朱熹：《四書章句集注》，北京，中華書局，1983 年。

67. 王聘珍：《大戴禮記解詁》，北京，中華書局，1983 年。

68. 陳鼓應：《莊子今注今譯》，北京，中華書局，1983 年。

69. 馬非百：《鹽鐵論簡注》，北京，中華書局，1984 年。

70. 陸德明：《經典釋文》，上海，上海古籍出版社，1985 年。

71. 王念孫：《讀書雜志》，北京，北京市中國書店，1985 年。

72. 呂思勉：《先秦學術概論》，上海，中國大百科全書出版社，1985 年。

73. 蔣禮鴻：《商君書錐指》，北京，中華書局，1986 年。

74. 許抗生：《先秦名家研究》，長沙，湖南人民出版社，1986 年。

75. 王利器：《新語校注》，北京，中華書局，1986 年。

76. 孫詒讓：《周禮正義》，北京，中華書局，1987 年。

77. 向宗魯：《說苑校證》，北京，中華書局，1987 年。

78. 盧元駿：《新序今注今譯》，天津，天津古籍出版社，1987 年。

79. 蒙文通：《蒙文通文集》第一卷《古學甄微》，成都，巴蜀書社，1987 年。

80. 王先謙：《荀子集解》，北京，中華書局，1988 年。

81. 尸佼著，汪繼培輯：《尸子》，上海，上海古籍出版社，1989 年。

82. 劉文典：《淮南鴻烈集解》，北京，中華書局，1989 年。

83. 余明光：《黃帝四經與黃老思想》，哈爾濱，黑龍江人民出版社，1989 年。

84. 方授楚：《墨學源流》，北京、上海，中華書局、上海書店，1989 年。

85. 潘鼐：《中國恒星觀測史》，上海，學林出版社，1989 年。

86. 胡適：《胡適文存三集》，《民國叢書》編輯委員會編《民國叢書》第一編第 95 冊，上海，上海書店，1990 年。

87. 黃暉：《論衡校釋》，北京，中華書局，1990 年。

88. 袁珂：《山海經全譯》，貴陽，貴州人民出版社，1991 年。

89. 張秉楠：《稷下鉤沉》，上海，上海古籍出版社，1991 年。

90. 裘錫圭：《古代文史研究新探》，南京，江蘇古籍出版社，1992 年。

91. 王利器：《鹽鐵論校注》，北京，中華書局，1992 年。

92. 黃懷信：《〈逸周書〉源流考辨》，西安，西北大學出版社，1992 年。

93. 王琯：《公孫龍子懸解》，北京，中華書局，1992 年。

94. 陳鼓應主編：《道家文化研究》第 1 輯，上海，上海古籍出版社，1992 年。

95. 陳鼓應主編：《道家文化研究》第 2 輯，上海，上海古籍出版社，1992 年。

96. 陳鼓應主編：《道家文化研究》第 4 輯，上海，上海古籍出版社，1994 年。

97. 陳鼓應主編：《道家文化研究》第 6 輯，上海，上海古籍出版社，1995 年。

98. 胡家聰：《管子新探》，北京，中國社會科學出版社，1995 年。

99. 陳鼓應主編：《道家文化研究》第 10 輯，上海，上海古籍出版社，1996 年。

100. 郭沫若：《十批判書》，北京，東方出版社，1996 年。

101. 高明：《帛書老子校注》，北京，中華書局，1996 年。

102. 黃懷信：《逸周書校補注譯》，西安，西北大學出版社，1996 年。

103. 高流水、林恒森：《慎子、尹文子、公孫龍子全譯》，貴陽，貴州人民出版社，1996 年。

104. 王洲明、徐超：《賈誼集校注》，北京，人民文學出版社，1996 年。

105. 王先慎：《韓非子集解》，北京，中華書局，1998 年。

106. 白奚：《稷下學研究：中國古代的思想自由與百家爭鳴》，北京，生活‧讀書‧新知三聯書店，1998 年。

107. 胡家聰：《稷下爭鳴與黃老新學》，北京，中國社會科學出版社，1998 年。

108. 馮友蘭：《中國哲學史新編》（上），北京，人民出版社，1998 年。

109. 任繼愈：《墨子與墨家》（增訂版），北京，商務印書館，1998 年。

110. 陳鼓應主編：《道家文化研究》第 14 輯，北京，生活‧讀書‧新知三聯書店，1998 年。

111. 陳鼓應主編：《道家文化研究》第 15 輯，北京，生活‧讀書‧新知三聯書店，1999 年。

112. 陳鼓應主編：《道家文化研究》第 17 輯，北京，生活‧讀書‧新知三聯書店，1999 年。

113. 楊丙安：《十一家注孫子校理》，北京，中華書局，1999 年。

114. 傅斯年：《傅斯年全集》（第二卷），長沙，湖南教育出版社，2000 年。

115. 閻振益、鍾夏：《新書校注》，北京，中華書局，2000 年。

116. 孫詒讓：《墨子閒詁》，北京，中華書局，2001 年。

117. 梁啟超：《論中國學術思想變遷之大勢》，上海，上海古籍出版社，2001 年。

118. 熊鐵基：《秦漢新道家》，上海，上海人民出版社，2001 年。

119. 徐復觀：《兩漢思想史》（第一卷），上海，華東師範大學出版社，2001 年。

120. 徐復觀：《兩漢思想史》（第二卷），上海，華東師範大學出版社，2001 年。

121. 徐復觀：《兩漢思想史》（第三卷），上海，華東師範大學出版社，2001 年。

122. 徐元誥：《國語集解》，北京，中華書局，2002 年。

123. 馬承源主編：《上海博物館藏戰國楚竹書（二）》，上海，上海古籍出版社，2002 年。

124. 〔美〕艾蘭著，孫心菲、周言譯：《世襲與禪讓：古代中國的王朝更替傳說》，北京，北京大學出版社，2002 年。

125. 〔英〕葛瑞漢著，張海晏譯：《論道者：中國古代哲學論辯》，北京，中國社會科學出版社，2003 年。

126. 余英時：《士與中國文化》，上海，上海人民出版社，2003 年。

127. 黎翔鳳：《管子校注》，北京，中華書局，2004 年。

128. 李純一：《先秦音樂史》（修訂版），北京，人民音樂出版社，2005 年。

129. 鄭傑文：《中國墨學通史》，北京，人民出版社，2006 年。

130. 范祥雍：《戰國策箋證》，上海，上海古籍出版社，2006 年。

131. 陳鼓應：《管子四篇詮釋：稷下道家代表作解析》，北京，商務印書館，2006 年。

132. 陳鼓應：《黃帝四經今注今譯：馬王堆漢墓出土帛書》，北京，商務印書館，2007 年。

133. 李零：《郭店楚簡校讀記》（增訂本），北京，中國人民大學出版社，2007 年。

134. 王運熙、顧易生主編：《中國文學批評史新編》，上海，復旦大學出版社，2007 年。

135. 解文超：《先秦兵書研究》，上海，上海古籍出版社，2007 年。

136. 諸祖耿：《戰國策集注匯考》，南京，鳳凰出版社，2008 年。

137. 楊義：《老子還原》，北京，中華書局，2011 年。

138. 錢穆：《先秦諸子繫年》，北京，商務印書館，2015 年。

後　記

　　此書是在我博士學位論文的基礎上修改完善而成。二零零九年孟秋我考入山東大學文史哲研究院有幸師從鄭傑文先生攻讀古典文學博士學位，一晃十年，猶在昨天。

　　讀博三年，吾雖潛心鑽研，然資質愚鈍，無七竅玲瓏之心，致使鄭師頗費精神。鄭師儒者風範，嚴厲而溫良，雖多耳提面命之時，更多諄諄教誨之意。在撰寫博士論文的過程中，吾每思緒鬱結，一籌莫展，求助於先生，先生則深入淺出，啓發點化，吾多能領悟一二，然後細加思考琢磨，融會貫通，修正再三，終成小文。鄭師雖有點石成金之法，頑石卻乏成金之料，故小文雖成，然辜負師長之期許，吾慚愧不已。小書出版，又思慮再三，修改完善，或調整結構，或增刪內容，或修改格式，然多爲細枝末節，提升有限，幸又蒙恩師不棄，惠賜《序言》。如此種種，心懷感恩。我深深感謝恩師的教育之恩、愛護之情、包容之意！

　　在撰寫博士論文的過程中，我的碩士導師林繼中先生也時常關心拙文的寫作進度，並給予指導。林師是我走上學術道路的啓蒙引路之人。憶往昔，孤身人，遠赴異鄉，形隻影單，初感歡獨在異鄉爲異客；遇恩師，得指點，窺讀書門徑，學海初泛舟，知學術天下公器，古今皆可爲友，始盡忘異客在異鄉；一二同窗，共坐先生書齋，聆聽教誨，幾多時，先生循循善誘，令學生如沐春風，多少次，先生指點迷津，令學生柳暗花明，遂覺異鄉是吾鄉；師生共處一室，探尋學術來龍去脈，評點先賢優劣短長，暢談智者才華文章，其樂融融，已認異鄉是故鄉。久住閩南三載，花開花落，孤獨寂寞，幸有木棉可作伴；初遊書林之畔，無知無畏，空虛迷茫，幸得恩師多指點。觀

今日，山高水長，天各一方，遙祝恩師歲月綿長，長壽安康！

我人生的許多重要事情都發生在這十年之中。二零一二年孟夏畢業之後，我獲得教職於濟南大學文學院。工作之中，我多得蔡先金教授、張兵教授的教導和幫助，感謝二位先生！七年之前，蔡先金教授曾被請評閱拙文，對拙文提出寶貴修改意見。時至今日，小書出版又有幸得蔡先金教授惠賜《序言》，深情厚誼，十分感謝！

二零一二年季秋，我和郝甜女士結婚，二零一四年大兒子俞逍遙出生，二零一八年二兒子俞北冥出生。《莊子‧逍遙游》曰「水之積也不厚，則其負大舟也無力」，「風之積也不厚，則其負大翼也無力」，名吾兒逍遙、北冥者，思生活不易，期許吾兒學真知、明真理、通人情、曉世故、能負大舟、負大翼而逍遙北冥自由快樂也！吾妻質樸賢良，持家勤苦，感謝妻子生育兒子，相夫教子！感謝二個兒子給我們帶來歡樂！感謝父親俞根臣、母親任秋芝的生育養育培育之恩！

十年之中，有師長之關愛，有父母之期許，有妻兒之依賴，雖奔波終日，然不敢言苦，雖勞碌疲憊，然不敢鬆懈，怕辜負故也。

上個十年已逝，心懷感恩；下個十年可期，任重道遠。借小書出版之際，對十年生活的軌跡稍作總結。總結是終點，也是起點。新的起點，吾當繼續砥礪前行，奮鬥不止。

小書不當之處，敬請讀者不吝賜教。

俞林波記於山東濟南

2019 年 3 月 21 日春分